南开旅游案例丛书

U0846090

旅游业资本运营理论研究与案例分析

尹美群 主编

南开大学出版社
天 津

图书在版编目(CIP)数据

旅游业资本运营理论研究与案例分析 / 尹美群主编.
—天津:南开大学出版社，2013.8
(南开旅游案例丛书)
ISBN 978-7-310-04246-3

Ⅰ.①旅…　Ⅱ.①尹…　Ⅲ.①旅游业—资本运营—研究　Ⅳ.①F590

中国版本图书馆 CIP 数据核字(2013)第 154960 号

版权所有　侵权必究

南开大学出版社出版发行
出版人:孙克强
地址:天津市南开区卫津路 94 号　　邮政编码:300071
营销部电话:(022)23508339　23500755
营销部传真:(022)23508542　　邮购部电话:(022)23502200
*
天津泰宇印务有限公司印刷
全国各地新华书店经销
*
2013 年 8 月第 1 版　　2013 年 8 月第 1 次印刷
148×210 毫米　32 开本　8.75 印张　252 千字
定价:20.00 元

如遇图书印装质量问题，请与本社营销部联系调换，电话:(022)23507125

总　序

改革开放以来，我国旅游业一直保持较快的增长速度，2010 年，我国已成为世界第三大出境旅游客源国和第四大入境旅游目的地国，实现了从旅游资源大国向世界旅游大国的历史性跨越，今后还将由世界旅游大国向世界旅游强国迈进。旅游业已经确立为国家“战略性支柱产业”。世界旅游组织预测，到 2015 年，中国将成为世界第一旅游大国，中国入境旅游和出境旅游均将超过 1 亿人次，国内旅游将超过 28 亿人次。

旅游业在我国国民经济发展中的地位日益提升，国家对旅游产业、旅游企业发展的关注度提高。2007～2009 年间，国务院及各省政府及办公厅出台了 5000 多个文件，其中 151 个与旅游业相关。2009 年底，《国务院关于加快发展旅游业的意见》（国发〔2009〕41 号）提出“把旅游业培育成国民经济的战略性支柱产业和人民群众更加满意的现代服务业”。这些文件充分说明，旅游业在我国国民经济中的战略性地位已经确立。

伴随着我国旅游产业的迅速发展，我国旅游产业服务能力和服务水平有了非常大的改进和提高。我国的旅游产业服务已经呈现出规范化、国际化的特点。旅游业基于其自身的扩张能力和较好的渗透性，在原有生活性服务核心业态的基础上，受到生产服务业、专业服务业、信息服务业、创意服务业的明显影响，引致旅游业内部结构和能级提升，出现了高增值性、高层次性、高功能性、高技术性、高知识性的新特点。

伴随着我国旅游产业的迅速发展，旅游企业也出现了一些新的发展特征：第一，企业规模不断增大，涌现出了一批在全球范围内都名列前茅的公司（例如饭店业中的如家、锦江、首旅、香港中旅、开元，旅行社业中的携程、国旅，会展业中的中青旅会展公司、中旅会展公司，以及餐饮业中的俏江南、海底捞、小肥羊）；第二，连锁经营企业数量急剧扩张，经营地域不断扩大；第三，越来越多的旅游企业采用了全新的商业模式与管理模式，旅游企业中的创新日益增长，新业态如游轮、高尔夫、旅游综合体等不断涌现；第四，旅游企业的产业实践发展变化速度很快，集团化、品牌化、信息化、国际化发展正处于高速进化期。但是我们也应该看到，我国旅游企业与国际上的大型旅游跨国集团相比仍存在较大差距。因此，在未来很长一段时间里，能否提高中国旅游企业的竞争力，将是我国能否从旅游大国向旅游强国转变的关键。通过对旅游企业的市场营销、资本运营、新业态创新、信息化管理、多元化发展、国际市场开拓等方面进行分析研究，很好地总结旅游企业以往经营中的经验、教训，这必将有助于推动一批高效率的本土旅游企业的快速成长。

北京第二外国语学院是一所以外国语言文学为主体学科、以旅游管理为特色学科，文、管、经、法等多学科门类协调发展的大学。作为国家级特色专业和北京市特色专业的旅游管理专业，顺应国际化背景下旅游产业发展的要求，依托学校的外语优势，以“全球旅游产业领袖”人才培养目标为导向，树立全球愿景，强调置身于真实的全球旅游产业环境，走“产学研”一体化与国际化并重之路，注重学生专业理论知识和实践创新能力的结合，建立了包括港中旅、洲际、雅高、香格里拉、希尔顿酒店集团等国际旅游集团以及首都旅游集团、国旅集团、青旅集团、沙湖旅游集团等国内旅游企业集团在内的一批实践教学基地，其中首旅集团为北京市级校外人才培养基地。多年来，学校旅游管理专业教学研究团队一直关注旅游业发展中热点问题，在旅游产业发展、旅游企业管理、旅游经济学、旅游市场营销、旅游区域规划、会展经济与管理、现代服务业运营、文化创意产业管理等多方面进行了卓有成效的教学和研究，取得了丰收成果，为全国特别是首都经济建设和社会发展培养输送了一大批优秀的经营管理人才。

为了适应旅游业新形势发展的需要，本着对旅游相关问题的执著探索精神以及服务教学的宗旨，北京第二外国语学院旅游管理教学科研团队致力于编撰这样一套案例丛书，高屋建瓴地将旅游产业发展中的关键问题通过案例的形式加以回顾、总结和分析，期待和旅游界同仁共同探讨。丛书选题紧紧围绕“大旅游学科”，囊括了诸多国内外著名旅游企业的经典案例。丛书包括：《旅游业资本运营理论研究与案例分析》、《旅游饭店经营经典案例》、《旅游企业管理信息系统案例》、《会展活动策划与管理经典案例 》、《旅游营销经典案例》和《创意旅游经典案例》。丛书紧密结合国际、国内旅游发展的实际，从较高的理论起点阐述了现代旅游企业管理和经营的一般规律，总结旅游产业发展中的经验教训，以最新的案例和旅游研究成果展现旅游学科体系的理论知识和实践技巧。

旅游学是一门发展中的学科，丰富的理论内涵和综合的知识结构，飞速发展的社会实践，均需要进行不断深入研究和精心归纳。我们希望通过这套教材的出版，能与同仁共同推进与提高旅游教材的编写水平，为中国旅游事业贡献绵薄之力。

当然，丛书中尚有许多不尽如人意的地方，希望各位读者多提宝贵意见和建议，以便于我们不断修订、完善。

邱鸣

博士　教授

北京第二外国语学院副校长

2011.9

前言

进入21世纪以来，我国旅游业凭借巨大的资源优势，在国际和国内两大市场需求的拉动下，迅速发展。从1949年11月第一家旅行社诞生起，我国旅游业产业形象日益鲜明，产业规模不断壮大，成为国民经济中发展速度最快的行业之一，同时也是具有明显国际竞争优势的产业之一。

旅游企业是旅游业发展的载体，随着旅游业的不断发展，我国旅游企业也在逐步发展壮大。中国旅游研究院发布的《中国入境旅游发展年度报告2012》显示，我国入境旅游接待人数从1978年的181万人次增长到2011年的1.35亿人次，增长近75倍，年平均增长率为28.3%。我国入境旅游外汇收入从1978年的2.6亿美元增长到2011年的470亿美元，增长近181倍，年平均增长率为28.9%。我国接待过夜旅游者人次数和入境旅游外汇收入的世界排名分别从1980年的第18位和第34位上升至2010年的第3位和第5位。2012年我国入境旅游接待人数有望达1.37亿人次，入境旅游外汇收入有望达到510亿美元。

2009年国务院通过《关于加快旅游业发展的意见》，将旅游业作为国民经济战略型支柱产业，这给我国旅游业带来了前所未有的机遇。从1993年6月7日上海新锦江大酒店股份有限公司（现称上海锦江国际实业投资股份有限公司）成为国内第一家旅游上市公司起，到目前为止，沪深两市共计有23家旅游板块上市公司。

2012年2月16日，由人民银行、发改委、旅游局、银监会等七部委联合发布了《关于金融支持旅游业加快发展的若干意见》(后简称《意见》)。此次《意见》的出台，旨在加快和改进旅游业金融服务，支持和促进旅游业的快速发展。根据此前正式发布的《旅游业“十二五”发展规划纲要》，中国旅游业收入到 2015 年将达 2.5 亿元，年均增长率为 10%。

随着我国国民经济的稳健发展和快速增长，资本市场的不断发展壮大，相应法律法规的不断完善，中介机构、投资者队伍以及投资品种的不断增加，我国资本市场进入比较规范的发展阶段。在旅游业利好政策的引导下，可以预测，随着旅游业在国民经济中地位的提升将会有越来越多的旅游企业进入资本市场。

那么，如何培育一个健康的旅游产业？一方面需要国家法律法规的规范与政策的扶持，另一方面要依靠资本运营来做大做强旅游产业。目前我国旅游企业的发展状况可以概括为大而不强——旅游企业总体数量规模已居世界前列，但国际竞争能力却大相径庭，小、弱、散、差的现象严重。我国旅游企业管理机制老化，企业平均规模小，经营管理分散，营销手段滞后，技术依托和网络化水平低，服务质量高低不一，经济效益差，竞争手段单一，过度竞争现象严重。问题就是旅游上市公司总体比例太小，旅游业进行资本运营的经验不足，不能充分利用我们的金融政策进行合理的资本运营。因此，如何利用好我们的资本市场，运用资本运营的手段将旅游产业做大做强，是目前紧迫的任务。

本书从关联交易、股份回购、兼并与收购、资产剥离与财务分割、分拆上市与利益分享几个方面阐述了旅游业资本运营的理论方法，并通过相关实际案例分析介绍了旅游业资本运营的操作方法。希望能总结目前国内外旅游业资本运营的经验教训，对学习或从事旅游业经营管理的人员有所启发与帮助。

本书分为六章：第一章总论；第二章旅游业关联交易与财务判断；第三章旅游业的并购及其案例分析；第四章旅游业资产剥离及财务分

割；第五章旅游企业的分拆上市与利益分享；第六章旅游业的股份回购与财务评价。本书内容丰富，通俗易懂，适合作为旅游管理专业和相关经济管理类专业旅游管理课程教材，以及经济管理类人员在职培训的教材和自学参考书。

本书由尹美群任主编，参与本书初稿编写的还有硕士研究生江海霞、朱兆博、张丽静、王琦、王祚、张华心、陶蕾、张海霞。初稿完成后，由尹美群进行了统一定稿。特别感谢北京第二外国语学院国际财务与会计研究中心李伟副教授、陈咏英副教授在本书写作过程中提出的宝贵意见。

由于编者水平有限，书中难免存在不妥之处，请广大读者批评指正。

编 者

2012 年 8 月 30 日

目　录

第一章　总　论

第一节　资本的性质与构成

随着社会主义市场经济的深入发展，企业资本运营已经毋庸置疑成为我国现代经济生活中的重要内容。因此，我们必须对资本的性质及构成有一个全新的、更加准确的认识，才能使企业资本运营研究更加深入、全面。

一、资本的性质

根据马克思的资本观，我们可以把资本分解为两部分，也就是说，资本具有二重属性，即资本具有自然属性及社会属性。所谓资本的自然属性是指，任何资本从本质上说都要实现价值的增值，它与商品经济相联系，反映社会化大生产和生产力发展需要。所谓资本的社会属性是指资本归谁所有的问题，它与一定社会的基本经济制度相联系，反映社会生产关系发展的需要。资本的自然属性存在于资本的使用价值之中，属于生产要素，是生产力的构成部分，在不同经济制度的社会中资本的自然属性都是一样的。资本不管掌握在谁手中都要实现价值的增值，即资本运营的利润最大化。因此，资本的自然属性就是资本的共性，不会因其所处的社会制度的性质而改变。资本的社会属性就是其所有权到底归谁所有，以及由此决定的生产关系，它主要与一定的社会基本经济制度相联系。它体现为，资本的运营总是要为一定的社会经济主体服务，总还有某种占统治地位生产关系的印记，反映着社会生产关系发展需要的性质。因此，资本的社会属性就是资本的个性。资本的自然属性和社会属性既有一定区别又相互联系，是同一个客观实在性的两个不同方面，其中资本的社会属性是由其自然属性决定的。认识到资本的二重属性，我们对资本的认识就更深一层，有利于揭示资本的本质，更加准确地定义资本。

所谓资本的特殊属性，是指在社会里资本的所有权属于谁即资本的归属问题，也即资本所有者依据资本所有权享有相应权利的属性。运用到现实生活中，也就是资本所有权拥有者有权自主决定将资本投向何处、投入多少以及投入后如何实现收益等。虽然，有时资本所有者会把资本的管理权、经营权暂时转移到别人手中，但这并不会影响到其对资本最后去留的决策。而资本的一般属性是指资本作为一种客观存在具有一定要实现价值增值的属性。资本与我们日常所用的衣服、电器等东西一样具有物的属性，其物的属性可通过不同的形态表现出来。但是，资本必须投入到社会经济体系中，参与社会生产或经营，才能体现其增值的特性。从这种意义上说，资本不是普通的物，两者有着质的区别。而且，哪个地方更有利于资本实现增值或增值量更大，它就会流到哪里，全然不顾阶级性、地域性。事实上，资本就是按照这一规律在不停地运动着，不管这种运动形态是明显的还是不明显的，是被人们察觉还是没有被人们所察觉，这一事实客观存在着。与马克思的资本观相比，资本的一般属性是相对于马克思的资本的物质属性（生产资料、生产工具、劳动对象）以及产生剩余价值属性的组合而言，而资本的特殊属性则体现了马克思“资本是一种制度的象征”这一观点，只是相比之下这一概念更加具有普遍性。

二、资本的构成

根据马克思主义政治经济学的基本原理和现代经济学理论对资本的新认识，结合剖析参与国民经济运行的各种因素，可以简单地将资本划分为有形资本和无形资本。

所谓有形资本，是指企业中一切可以具体形象地描述、度量并转换的资本。它可以从形态和功能上分为货币资本和实物资本。就货币资本来说，主要包括企业自有资金和各种借贷资本等要素。严格地说，借贷资金不能算作企业的资本，但是它作为一种特殊形态的资本（社会资本金）自始至终参与了企业资本的营运过程，并对企业资本的增值或减值产生了重大的影响。就实物资本来说，主要包括企业固定资产（厂房、机器、设备等）和流动资产及人（简单劳动力）这一特殊的实物要素。所谓无形资本是指与有形资本相比不具备独立具体的资本形态，无法度量和形象地描述为一种潜在的企业财富，主要包括作为再生劳动力的人（智能）、信息、管理、信誉等要素。企业资本的营运过程是有形资本与无形资本共同作用的过程。但是这种营运过程却是以有形资本中的货币与实物通过流通—生产—流通的运动转换形式来表现的。因而人们往往只注重对有形资本中资金运动的研究和把握，而严重地忽视了对无形资本的认识、研究和把握。在企业实际资本营运过程中，必须要处理好有形资本与无形资本的关系。有形资本总是有限的，无形资本才是无限的。有限的有形资本能否实现效益最大化，关键在于它与无形资本结合的程度。因此，企业资本营运的状况发展到现阶段面临的严酷现实，就在于能否使无形资本的能力得到最大限度的释放。这就充分说明，有形资本是企业资本营运的基础，无形资本是企业资本营运的潜力。

三、旅游资本

旅游由远离个人通常生活环境的相关活动组成。世界上绝大多数国家都在致力于研究、测算旅游对经济的影响。因为旅游业投资及资本形成是旅游经济活动的重要环节，所以我们首先从旅游资本这一概念分析旅游企业资本营运的过程。

旅游资本是非金融资产的一部分，是指可能投入到游客消费中的各种具有实物形态的有形旅游固定资产和各种不具有实物形态或依附于某种实物形态的无形旅游固定资产及出于旅游目的的土地改善。有形旅游固定资产如旅游风景区、旅游建筑物、旅游艺术品和珍贵物品、旅游设备等；无形旅游固定资产如各种商标、计算机软件等。旅游资本的关键特征是它可以被投入到那些被游客消费的商品和劳务的生产中。例如在专门的航行计算机系统中，空运控制软件或者生产过程中其他耐用品的投入，将有助于旅游商品和劳务的生产，因此被认为是旅游固定资本形成的投资的一部分。旅游资本又有狭义和广义之分：狭义的旅游资本是指旅游行业获得的各种资产，如旅馆、饭店的资产净获得；广义的旅游资本是指旅游所需的资产，不论是什么性质的单位购买，都记录为旅游资本。

第二节　资本运营的概念和特点

一、资本运营的概念

所谓资本运营就是对集团公司所拥有的一切有形与无形的存量资产，通过流动、裂变、组合、优化配置等各种方式进行有效运营，以最大限度地实现增值。从这层意义上来说，我们可以把企业的资本运营分为资本扩张与资本收缩两种运营模式。以资本最大限度增值为目的，对资本及其运动所进行的运筹和经营活动，有两层意思：第一，资本运营是市场经济条件下社会配置资源的一种重要方式，它通过资本层次上的资源流动来优化社会的资源配置结构。第二，从微观上讲，资本运营是利用市场法则，通过资本本身的技巧性运作，实现资本增值、效益增长的一种经营方式。

1. 资本运营的主体可以是资本的所有者，也可以是资本所有者委托或聘任的经营者，资本运营主体承担资本运营的责任。

2. 资本运营的对象，或是一种形态的资本，如运营金融资本；或是两种以上形态的资本，如运营生产资本、商品资本、房地产资本等。

3. 资本的各种形态必须投入到某一个或多个经营领域之中，即投入到某一产业或多个产业之中，才能发挥资本的功能，有效利用资本的使用价值。

4. 资本作为生产要素之一，必须同其他生产要素相互组合，优化配置，才能发挥资本的使用价值，才能创造价值。

5. 资本运营的目的是要获取理想的利润，并使资本增值。

二、资本运营的特点

（一）资本运营具有价值性

价值性是资本运营的首要特征，资本运营也要以实物资产为基础，但它侧重的并不是实物资产本身，而是注重各类资产所表现的价值。

（二）资本运营具有流动性

运动是资本的内在属性，资本只有通过不断的流动才能实现合理配置和增值。对于资本运营来说，存量资产已经不单纯具有实物意义，资本运营要求的不仅仅是实物形态的完整，而是注重实物资产的利用效率。只要有利于存量资产效率的提高就会进行资本的流动和组合。

（三）资本运营具有市场性

资本运营离不开资本市场，从根本上说，资本本身就是市场经济发展的产物，市场是资本运营的必要条件。无论资本是作为一种生产关系，还是作为一种生产要素，都要通过市场才能实现。资本价值的大小和运营效率的高低，通过市场才能得到检验。资本的竞争、产权交易、资本产权主体和经营主体的选择，也必须通过市场活动才能完成。

（四）资本运营具有增值性

实现资本增值是资本运营的根本目的，也是资本的本质所要求的。无论资本的配置还是产权重组，其核心是实现利润的最大化，以最少的资本成本去获取最多的资本收益。资本运营不注重资产规模的简单扩张，而是侧重于追求增加新的价值，注重生产要素运营的实际和有效。

第三节 资本运营的分类

从资本运营的概念层面上来说，可以把企业的资本运营分为资本扩张与资本收缩两种运营模式。

一、资本扩张

资本扩张是指在现有的资本结构下，通过内部积累、追加投资、吸纳外部资源即兼并和收购等方式，使企业实现资本规模的扩大。

（一）横向型资本扩张

横向型资本扩张是指交易双方属于同一产业或部门，产品相同或相似，为了实现规模经营而进行的产权交易。横向型资本扩张不仅减少了竞争者的数量、增强了企业的市场支配能力，而且改善了行业的结构，解决了市场有限性与行业整体生产能力不断扩大之间的矛盾。

（二）纵向型资本扩张

处于生产经营不同阶段或者分处不同行业、有直接投入产出关系的企业之间的交易称为纵向资本扩张。纵向资本扩张将关键性的投入产出关系纳入自身控制范围，通过对原料、销售渠道及用户的控制来提高企业对市场的控制力。

（三）混合型资本扩张

两个或两个以上相互之间没有直接投入产出关系和技术经济联系的企业之间进行的产权交易称为混合资本扩张。混合资本扩张适应了现代企业集团多元化经营战略的要求是跨越技术经济联系密切的部门之间的交易。它的优点在于可以分散风险，提高企业对经营环境的适应能力。

我们比较常见的资本运营类型关联交易、兼并与收购均属于资本扩张模式。

二、资本收缩

收缩性资本运营是指企业把自己拥有的一部分资产、子公司、内部某一部门或分支机构转移到公司之外，从而缩小公司的规模。它是对公司总规模或主营业务范围进行的重组，其根本目的是为了追求企业价值最大以及提高企业的运行效率。收缩性资本运营是扩张性资本运营的逆操作，其主要实现形式有：

（一）资产剥离

资产剥离是指把企业一部分不适合企业发展战略目标的资产出售给第三方，这些资产可以是固定资产、流动资产，也可以是整个子公司或分公司。

资产剥离主要适用于以下几种情况：（1）不良资产的存在恶化了公司财务状况；（2）某些资产明显干扰了其他业务组合的运行；（3）行业竞争激烈，公司急需收缩产业战线。

（二）公司分立

公司分立是指公司将其拥有的某一子公司的全部股份按比例分配给母公司的股东，从而在法律和组织上将子公司的经营从母公司的经营中分离出去。通过这种资本运营方式形成一个与母公司有着相同股东和股权结构的新公司。在分立过程中，不存在股权和控制权向第三方转移的情况，母公司的价值实际上没有改变，但子公司却有机会单独面对市场，有了自己独立的价值判断。公司分立通常可分为标准式分立、换股式分立和解散式分立。

（三）分拆上市

分拆上市指一个母公司通过将其在子公司中所拥有的股份按比例分配给现有母公司的股东，从而在法律上和组织上将子公司的经营从母公司的经营中分离出去。分拆上市有广义和狭义之分：广义的分拆包括已上市公司或者未上市公司将部分业务从母公司独立出来单独上市；狭义的分拆指的是已上市公司将其部分业务或者某个子公司独立出来，另行公开招股上市。分拆上市后，原母公司的股东虽然在持股比例和绝对持股数量上没有任何变化，但是可以按照持股比例享有被投资企业的净利润分成，而且最为重要的是，子公司分拆上市成功后，母公司将获得超额的投资收益。

（四）股份回购

股份回购是指股份有限公司通过一定途径购买本公司发行在外的股份，适时、合理地进行股本收缩的内部资产重组行为。通过股份回购，股份有限公司达到缩小股本规模或改变资本结构的目的。股份公司进行股份回购，一般基于以下原因：一是保持公司的控制权；二是提高股票市价，改善公司形象；三是提高股票内在价值；四是保证公司高级管理人员认股制度的实施；五是改善公司资本结构。股份回购与股份扩张一样，都是股份公司在公司发展的不同阶段和不同环境下所采取的经营战略。一般来说，一个处于成熟或衰退期的、已超过一定规模经营要求的公司，可以选择股份回购的方式收缩经营战线或转移投资重点，开辟新的利润增长点。

本书主要是通过分析兼并与收购、分拆上市、资产剥离、关联交易以及股票回购这五种资本运营的方式来对旅游资本的运营情况及财务表现进行研究。

第四节　旅游资本运营的目标和意义

一、企业资本运营的目标与意义

资本运营指通过资本交易或使用获取利润，以达到资本增值为目的。

（一）企业资本运营的目标

资本运营的目标，就是实现资本最大限度的增值。资本最大限度增值对于企业来说可表现为：

1. 利润最大化。

企业将资本投入生产经营后，将所得收入与耗费相比，如果收入大于耗费则表示企业实现利润，如果收入小于耗费则表明企业发生亏损。在资本运营中，企业为实现资本最大限度的增值就必须降低成本，因此，企业在资本运营中：（1）不仅要注重增加当期利润，更要注重增加长期利润。（2）不仅要注重增加利润额，同时要注重提高利润率。（3）不仅要考察自有资本利润率，而且要考察全部资本（包括自有资本和借入资本）利润率。

2. 股东权益最大化。

股东权益是指投资者对企业净资产的所有权，包括实收资本、资本公积金、盈余公积金和未分配利润。企业实现的利润越多，从税后利润中提取的盈余公积金和分配就越多。盈余公积金既可用于弥补企业亏损，也可用于转增资本，使投入企业的资本增多。将企业期末股东权益总额与期初股东权益总额对比，如果前者大于后者，则企业的自有资本发生增值。两者之差即为本期股东权益增加额，本期股东权益增加额除以期初股东权益总额，即为本期股东权益增加率。

3. 企业价值最大化。

企业在资本运营过程中，不仅要注重利润和股东权益的最大化，更要重视企业价值的最大化。企业在连续经营的情况下，将未来经营期间每年的预期收益用适当的折现率体现，累加得出某一估值，据此估算出企业价值。如果企业价值大于企业全部资产的账面价值，那么企业资本增值，反之就贬值。将企业价值减去企业负债后得出的数值与企业股东权益的账面价值相比较，如果前者大于后者，表明企业的自有资本增值。企业资本运营的三个“最大化”是相辅相成的。只有实现利润最大化，才能实现股东权益最大化，进而实现企业价值最大化。

（二）企业资本运营的意义

资本运营是迄今为止管理最先进、奖金分配最高、风险最小、合作最人性化的一种投资理财模式。随着市场经济体制的建立与完善，资本运营将成为企业发展的重要手段。资本运营在美国被称为“亮点经济”，它是一个新兴事物。在美国、新加坡、日本、韩国等发达国家，资本运营已经有近100年的历史了。在具有中国特色社会主义经济环境下，企业资本运营对于我国具有尤其特殊的意义。

1. 实现企业资产的保值和增值。

资本天生并不具有竞争力，是人对它的操控赋予其竞争力。如果没有人的控制、管理和驾驭，资本只不过是一个僵死的东西。而资本作为企业的血液，只有在运营的条件下才能使企业充满活力，才能实现企业资产的保值和增值。

2. 有利于加速企业的发展进程，扩充企业的发展规模。

企业需要整合资源以促进其自身快速、健康、稳步地发展。企业整合资源有两个层次：一是低层次的，就是把已有的资源用好，如员工、厂房设备、技术团队等，通过资本的注入，可以为公司技术改造、人才引进、厂房扩建等众多方面提供资金支持，可以实现公司生产运营效率的提升和生产规模的扩大；二是高层次的，即在企业的发展过程中为了有效地获得所需要的外部资源，通过资本运作达到资源整合。例如，联想收购IBM的PC业务就是为实现进入世界市场而进行的一种有效的资源整合，采用收购的形式以一种相对简单、成本较低的方式迅速打开海外市场，加速企业发展。

3. 强化企业的管理水平，提高企业的社会形象。

资本运营是提高企业管理水平的一种有效的途径和方式。如并购后的整合对劣质资产的剥离，在市场低估股票价格时对股票的回购等，充分提高和体现了企业的管理水平。知名的新奥燃气就通过资本运作的方式实现了其在国内数十个城市的迅速发展，不仅扩充了企业的实力，而且也有效地提升了企业的社会形象，在短短数年间就成为了国内顶尖的能源企业。

二、旅游业资本运营的目标与意义

当今中国旅游业的运营模式已开始升级换代，产业化、资本化运作悄然而至，吸引着更多的业外人士热情投奔，旅游成为风险投资最热爱的产业，而资本化运作也成为地方旅游发展腾飞的有效模式。

（一）旅游业资本运营的目标

随着我国旅游业的飞速发展，旅游企业间的竞争也越来越激烈。如何在日益激烈的市场上生存并以稳定的速度发展成为旅游企业关键的问题之一。传统的资本营运——对人力、物力的操作和管理已经不能满足企业良好发展和应对危机的需要，高层次的资本营运能力正在成为旅游企业新的竞争力。旅游企业资本运营的目标与一般企业资本运营的目标并无太大的差别，只是由于旅游行业日益规范化、竞争日益激烈，因此其目标比其他企业更迫切，更强调短期的业绩反映。

（二）旅游业资本运营的意义

1. 资本运营是旅游企业实现规模经济的有效手段。

我国旅游企业经营分散，规模较小，导致资源严重浪费、规模不经济。规模不经济是制约旅游业进一步发展的因素。要解决这一问题，可以采取扩大企业规模的方式，也可以促使旅游业各生产环节、各部门联合，取得联合规模效益。但是，旅游企业目前的资本投入、技术投入、人力投入、市场容量等各种资源有限，企业很难完全通过自身的实力来扩大规模，而资本运营为其提供了一条捷径。

2. 资本运营是旅游企业竞争战略选择的有效形式。

资本运营是由市场配置资源的原则决定的，市场配置资源即要求各生产要素在国民经济各行业和企业之间进行流动，从而达成资源有效配置的动态优化。资本运营作为竞争战略实施的有效途径，其意义在于：从微观层面，通过资本运营可以提高企业的经营效益，迅速扩张企业规模，增强企业的竞争力。传统经济体制下的企业投资具有条块分割的特征，行业内各企业的优势比较分散：有的旅游企业有品牌优势和市场优势，但没有形成规模，缺乏发展后劲；有的旅游企业缺乏品牌优势和市场优势，它所具有的规模优势和技术优势很难淋漓尽致地发挥。通过资本运营实现企业间的优势互补，在保证品牌优势和市场优势的同时，实现在产品结构重组和优化基础上的规模扩张。因为有品牌优势，在行业中形成了差别化；因为有规模优势，必然会提高资源的配置效率，降低成本；品牌、规模两种优势双管齐下，必然会全面提高企业的竞争优势，提高企业在国际市场上的地位。从中观层面，通过资本运营可以调整产业结构，提高产业整体效应。我国旅游业的组成结构以中小企业为主，只有极少数大企业，而且规模相对于国外跨国旅游企业也偏小。我国知名旅游企业集团规模太小、产品单一，无法同世界大企业相抗衡。解决这一问题的最好途径就是推进资本运营。通过资产重组的方式，把以中小企业为主的组织结构转变为以大企业为龙头的组织结构，从而促进龙头企业产品结构的优化组合：扩大龙头企业的规模，提高市场占有份额，扩大市场影响力；促进不同优势企业之间的互补，使重组后的企业既有市场又有领先技术和发展后劲，提高规模效益，以增强产品开发和创新的经济实力，带动产业整体发展，推动产业结构优化升级。总之，通过资本运营的形式推动产业结构的优化调整，使以大企业为龙头的产业结构有充分的实力和灵活的应变能力来面对激烈的市场竞争。

3. 资本运营是旅游企业集团化的重要途径。

“以资本为纽带，通过市场形成具有较强竞争力的跨地区、跨行业、跨所有制和跨国经营的大企业集团”是党的十五大报告中提出的目标。企业通过资本运营向集团化发展，已成为当前我国旅游业发展的新动态，旅游企业集团化是适应旅游业社会分工、专业化协作、网络化连锁式服务走向的一种必然趋势，也是由旅游业的特点和市场竞争环境所决定的。

在我国，由于长期计划经济体制所形成的“条块分割”、“各自为政”等弊端，再加上我国旅游产业的发展还处在早期阶段，旅游企业大多是单体经营，地域性色彩浓重，兼并、收购、联合等企业组织调整行为因受体制性因素和市场发育不成熟的影响而成效甚微。“形散神也散”的产业组织特征使得旅游企业无法有效利用规模经济提高自己的经营效率，降低成本，提高竞争力。无论是从资产规模、营业收入规模、盈利能力角度看，还是从业务地点分布、业务类型多样性角度看，我国旅游企业与国外有竞争力的旅游企业相比较还存在相当大的差距。发达国家的旅游企业往往通过企业组织结构的调整，依靠各种各样的集团化和联合——既包括本行业内部的联合，也包括行业间的联合；既包括组织一体化和横向一体化等涉及产权整合的联合，也包括联盟、特许经营、管理合同等不涉及产权的联合——来克服旅游产业组织中“小”、“散”的不利因素，从而造就了众多强大的旅游企业集团。

第二章　旅游业关联交易与财务判断

第一节　关联交易概述

一、关联交易相关概念

（一）关联方

关联方（related parties）包括自然人和法人，主要指上市公司的发起人、主要股东、董事、监事、高级行政管理人员及其家属，以及上述各方所控股的公司。由一方控制、共同控制另一方或对另一方施加重大影响，以及两方或两方以上同受一方控制、共同控制或重大影响的，构成关联方。在企业财务和经营决策中，如果一方有能力直接或间接控制、共同控制另一方或对另一方施加重大影响，则他们之间存在关联方关系；如果两方或多方同受一方控制，则他们之间也存在关联方关系。

在《企业会计准则——关联方关系及其交易的披露》中列举了关联方关系的主要形式：

（1）该企业的母公司。

（2）该企业的子公司。

（3）与该企业受同一母公司控制的其他企业。

（4）对该企业实施共同控制的投资方。

（5）对该企业施加重大影响的投资方。

（6）该企业的合营企业。

（7）该企业的联营企业。

（8）该企业的主要投资者个人、关键管理人员或与其关系密切的家庭成员。主要投资者个人是指能够控制、共同控制一个企业或者对一个企业施加重大影响的个人投资者。

（9）该企业或其母公司的关键管理人员及与其关系密切的家庭成员。关键管理人员是指有权力并负责计划、指挥和控制企业活动的人员。与主要投资者个人或关键管理人员关系密切的家庭成员是指在处理与企业的交易时可能影响该个人或受该个人影响的家庭成员。

（二）关联交易

关联交易（related transactions）又称关联方交易、关联人士交易，是指关联方之间直接转移资源、劳务或义务的行为，而不论是否收取价款。

（三）关联交易舞弊

关联交易舞弊（related party transactions fraud）指管理当局利用关联方交易掩饰亏损，虚构利润，并且未在报表及附注中按规定作恰当、充分的披露，由此生成的信息将会对报表使用者产生极大误导的一种舞弊方法。

一般情况下，上市公司会采用以下几种关联交易来虚构利润：

1. 关联购销舞弊。

关联购销舞弊是指上市公司利用关联方之间的购销活动进行的舞弊。

2. 受托经营舞弊。

受托经营舞弊是指管理当局利用我国目前缺乏受托经营法规的制度缺陷，采用托管经营的方式服务于利润操纵的目的的一种报表欺诈的新方法。在实务中，上市公司往往将不良资产委托给关联方经营，按双方协议价收取高额回报。这样就避免了不良资产生成的亏损，还可获得额外利润，而这笔回报常常挂在往来账上，并没有真正的现金流入，只是虚假的“报表利润”。

3. 资金往来舞弊。

尽管我国法律不允许企业间相互拆借资金，但仍有很多上市公司因募集到的资金没有好的投资项目，就拆借给母公司或其他不纳入合并报表的关联方，并按约定的高额利率收取资金占用费，以此虚增利润。

4. 费用分担舞弊。

费用分担舞弊指的是上市公司通过操纵与关联方之间应各自分摊的销售和管理费用实现利润调节的目的。

二、关联交易的类型

在经济活动中，存在着各种各样的关联方关系，也发生着多种多样的关联方交易。财政部于 2006 年 2 月发布的《企业会计准则第 36 号——关联方披露》[①]按交易的内容列示了关联交易的类型，一般包括下列各项：

（一）购买或销售商品

购买或销售商品是关联方交易最常见的交易事项。例如，企业集团成员之间相互购买或销售商品而形成的关联方交易。这种交易将市场交易转变为公司集团的内部交易，从而节约交易成本，减少交易过程中的不确定性，确保供给和需求，并在一定程度上保证产品的质量和标准化。此外，通过公司集团内部适当的交易安排，实现公司集团利润的最大化，提高其整体的市场竞争能力。

（二）购买或销售商品以外的其他资产

购买或销售商品以外的其他资产，也是关联交易的主要形式。比如，母公司向其子公司销售设备或建筑物等。

（三）提供或接受劳务

关联方之间相互提供或接受劳务，也是关联交易的主要形式。作

① 2006 年 2 月 15 日财政部对《企业会计准则》（财政部令第 5 号）进行了修改，发布了 39 项修改后的企业会计准则（财政部令第 33 号），于 2007 年 1 月 1 日起执行。

为企业外部的报表使用者，需要了解这种提供或接受劳务的定价标准，以及关联方之间的交易是否在正常的情况下进行。在附注中披露这类关联交易的有关情况，为报表使用者分析集团的财务状况和经营成果提供了依据。

（四）担保

关联企业之间相互提供担保，能有效解决企业的资金问题，有利于经营活动的有效开展，但也形成了或有负债，增加了担保企业的财务风险，有可能因此而引发经济纠纷。因此，在附注中披露关联方相互之间担保的相关信息，对于分析判断企业的财务状况是非常有用的。

（五）提供资金（贷款或股权投资）

提供资金是包括以现金或实物形式提供的贷款或股权投资。例如：母公司利用集团内部的金融机构向子公司提供贷款，母公司向子公司投入资金、购入股份，等等。

（六）租赁

租赁通常包括经营租赁和融资租赁等。关联方之间的租赁合同也是主要的交易事项。

（七）代理

代理主要是指依据合同条款，一方可为另一方代理某些事务，如代理销售货物或代理签订合同等。

（八）研究与开发项目的转移

在存在关联方关系时，有时某一企业所研究与开发的项目会由于另一方的要求而放弃或转移给其他企业。例如：B 公司是 A 公司的子公司，A 公司要求 B 公司停止对某一新产品的研究与试制，并将 B 公司研究的现有成果转给 A 公司最近购买的、研究和开发能力超过 B 公司的 C 公司继续研制，从而形成关联方交易。

（九）许可协议

当存在关联方关系时，关联方之间可能达成某种协议，允许一方使用另一方的商标等，从而形成关联方交易。

（十）代表企业或由企业代表另一方进行债务结算

这也是关联方企业之间比较普遍存在的一种关联交易形式，例如，母公司为子公司支付广告费用，或者为子公司偿还已逾期的长期借款等。

（十一）关键管理人员薪酬

支付给关键管理人员的薪酬也是一种主要的关联交易形式。因为企业关键管理人员之间构成了关联方关系。

三、关联交易的相关理论概述

关联交易是目前经济社会中存在的一种特殊的交易方式，与其所处的国家产权制度、法律保护环境、企业环境、企业制度等密切相关。目前，国内外学者对关联交易产生的根源进行了深入系统的研究，主要理论成果主要有以下几种：

（一）契约理论

契约理论（contract theory）在特定交易环境下研究分析不同合同人之间的经济行为与结果，往往需要在假定条件下一定程度地简化交易属性，建立模型来分析并得出理论观点。而现实交易十分复杂，很难由统一的模型来概括，从而形成了从不同的侧重点来分析特定交易的契约理论学派。契约理论主要包括委托代理理论、不完全契约理论以及交易成本理论三个理论分支，这三个分支都是解释公司治理的重要理论工具，它们之间不存在相互取代的关系，而是相互补充的关系。

契约理论中最具影响的是交易成本理论和委托代理理论。

1. 交易成本理论。

从交易成本理论的角度来看，契约联结体——企业的实质就是为了节约交易成本，如搜寻信息费、谈判和契约变更费等。在现实经济生活中交易成本不可能为零，因此，每个企业在收益不变的情况下总是力图降低交易成本。关联交易所需的信息成本、监督成本、执行成本低于一般的市场交易，因而会被理性的企业所采用。

2. 委托代理理论。

从这个理论的角度看来，企业资产的所有者（即委托人）把自己的资产委托给企业的经营者（即受托人）经营，委托人中有控股股东，也有其他非控股的中小股东，而控股股东和其他股东之间存在利益冲突，为控股股东和企业经营者联手制造不当的关联方交易提供了可能。且作为受托人的企业经营者需要接受各委托人的业绩考评，往往有动力选择关联交易。

（二）内部人控制理论

内部人控制理论的源头是所有权与经营权的分离，该理论主要指内部人（通常是控股股东和公司经营者）或独立或合谋控制公司的一种现象。由于这种现象的存在，为了自己的利益，内部人就有能力也有动力安排关联交易。可以说，正由于事实上的“内部人控制”现象的存在，一些非公平关联交易才会产生。

随着现代企业规模的扩大和股权的分散，股东对财产经营的控制越来越困难，从而出现了企业权力中心由所有者向经营者转移的现象，这个现象说明了企业的所有权与经营权分离，经营权越来越多地被经营者所掌握。《现代公司与私有产权》一书研究表明：现代公司中股权越来越分散，所有者权利实际上越来越成为名义上的，企业实际上是把持在职业经理人手中，由此控制着公司主要权力且不受监督的职业经理人可能会以损害股东利益的方式追求他们自己的利益。

现代公司的根本特征就是所有权与经营权的分离。股东虽然是公司的出资人，但他们却不直接从事企业的经营管理；经营者接受所有者的委托，在委托人授权范围内从事经营，其经营行为的风险由作为委托人的所有者来承担。在这里，公司股东是公司的所有者，即代理理论中所指的委托人，经营者是代理人。经营者是自利的经济人，具有不同于公司所有者的目标函数，具有机会主义的行为倾向。所以，公司治理结构的中心问题就是解决代理问题，即如何使代理人维护委托人利益问题。

国内学者认为，我国非公平关联交易是在企业股权分散且所有权与经营权相分离的情况下才有可能出现。在经营者控制型公司中，由于公司股权高度分散并分属众股东所有，股东的所有权控制力极为有限，经理阶层对公司有较强的控制力。如果监管不严，公司高管人员完全可以滥用经营权将公司的利益通过非公平关联交易转移至高管人员自己控制的公司中。由于经营者持有公司的股权很少，基本上不用承担非公平关联交易给企业带来的亏损，因此对企业的危害性更大。

（三）信息经济学理论

信息经济学从本质上看是非对称信息博弈理论在经济学中的应用。非对称信息指的是某些参与人拥有而另一些参与人不拥有的信息，即信息的分布在这些人中是不对称的。因此，这种情况在信息经济学中被称为信息的不对称性。对于上市公司的控股股东、中小股东、债权人、公司高管人员、公司的合营者、公司的监管方等契约人，信息在他们之间的分布是不对称的，其中，控股股东、公司高管人员就可能获得比其他人更多的信息，这样就有可能导致控股股东、公司高管人员等出现逆向选择和道德风险，从而可能导致非公平关联交易的发生。

（四）盈余管理动机理论

关联交易产生的根本原因在于权力控制主体的利益最大化。这里所指的控制主体可能是股权控制主体，也可能是信息控制主体。股权控制主体为了实现一定的经济利益，可以利用关联交易获取超额利润率，或者通过关联交易转移部分利润以达到获取超过非控股股东平均利润率的超额利润；信息控制主体可以通过关联交易产生最符合其收益最大化的经济信息，如净利润、资产水平和净资产收益率等经营成果或财务状况。无论公司进行关联交易的目的是获取超额利润还是调节当前利润或抽逃利润，都涉及通过定价等会计处理方式影响公司的经济收益，从而成为盈余管理的重要手段。

而基于盈余管理的非公平关联交易的产生需要两个条件：一是契约摩擦，一是沟通摩擦。

1. 契约摩擦。

根据契约理论，公司生存和发展的一个重要条件是尽量降低契约成本。某些关联交易可以降低契约成本，实现整体利益最大化，保护公司及经营者自身的利益。如果委托人与代理人之间没有契约摩擦，没有摩擦成本，也不存在信息不对称，那么此类盈余管理发生的概率不大。当委托人与受托人——股东与代理人——公司管理当局两者的目标不一致，公司管理当局利用信息优势谋求自身利益最大化的倾向十分明显。因此，股东与公司管理当局通过签订管理合约使两者的目标趋同。但同时，寻租行为也因此产生，驱使公司管理当局会计政策选择以使自己的经济利益最大化。因此，盈余管理应运而生。盈余管理常被用来解决由于管理契约和报告规则与现实情形发生摩擦所引起的问题，而管理契约和报告规则就成为盈余管理问题存在的内生变量。

2. 沟通摩擦。

沟通摩擦主要来自信息不对称，信息不对称阻碍了信息交流和沟通。公司管理当局是信息提供者，信息在传递过程中会产生一定成本，从而使管理当局倾向有计划、有选择地披露部分信息，使得盈余管理成为可能。当公司内部人利用财务报告的随意性构造关联交易时，就会产生盈余管理，它误导了公司外部投资者对公司潜在经济绩效的理解。至于这种影响的正负与否则依赖于报告盈余的契约结果。

（五）“隧道挖掘”理论（掠夺理论）

隧道挖掘[①]（tunneling）指的是企业的大股东将企业资产和利润转移到自己手中的各种合法或违法的行为，它会导致对中小股东利益的侵犯。这一概念形象地指出大股东通过挖掘见不得光的地下“隧道”，将公司和小股东的利益输送到自己手中的不光彩手段。在股权集中型公司中，控股股东可以通过多种方法掠夺小股东的财富，他们可能采

---

① 隧道挖掘（tunneling）是 Johnson、La Porta，Lopez-de-Silanes 和 Shleifer（JLLS）在 2000 年提出的一个概念，指拥有公司控制权的大股东或高层经理人员通过资产和利润的转移来获得私人收益，从而损害了其他投资者的利益。有时，亦译为“掏空”。

取多种非公平关联交易手段掠夺小股东，如支付给公司高级管理者过高的报酬（高级管理者常常由控股股东派出自己的代表担任），控股股东通过上市公司担保而取得贷款，股权稀释，窃取公司的投资机会或者迫使公司投资于不获利但却有利于控股股东的投资项目，等等。当控股股东通过金字塔结构和交叉持股方式分离所有权与经营权，或者担任公司的高级管理者，以及当法律对小股东的保护不到位时，这种掏空行为更加严重。

大股东隧道挖掘的实施途径包括：直接占用、关联交易、担保、配股、现金股利等。

第二节　企业关联交易文献综述

一、国内研究现状

从现有的文献来看，国内对于关联交易问题的研究源于第一个具体会计准则《关联方关系及其交易的披露》。1997 年，证监会首次要求上市公司在中期报告中按照会计准则的要求披露关联交易事项。此后关联交易问题才引起了人们的关注，关注的重点主要体现在下面几个问题上。

（一）关联交易的披露

最初人们对关联交易披露问题的研究主要是通过上市公司信息披露的统计分析，揭示信息披露方面存在的问题。

陆宇峰、李树华[①]（1997）在《上市公司关联方关系及关联交易披露的分析》中通过对 1997 年的半年度报告进行统计分析，发现在 678 份样本中仅有 6 份能满足准则的披露要求，说明关联交易的披露质量

① 陆宇峰，李树华．上市公司关联方关系及关联交易披露的分析．证券市场导报．1997（12）：47-52

亟待进一步加强。文章认为我国上市公司关联方关系及其交易信息披露中存在的主要问题是：（1）披露含混，未分清交易类型，不愿意披露比例或比较数据，以使关联交易的严重程度不引人注目，报表反映的经营业绩比较好看；（2）敏感问题不披露，如关键管理人员报酬、关联资变动等，定价政策往往用“协议价”这一含义不明的词来表述。这些问题表明上市公司初次执行准则的结果与准则要求有差距。

原红旗[①]（1998）在《从中期报告看关联交易：现实问题与理性思考》中对沪市披露1997年中期报告的364家公司的关联方交易行为即信息披露进行了统计分析，发现关联方和关联交易是上市公司普遍存在的现象。在关联方关系及其交易的信息披露方面存在的主要问题有：（1）对何为关联交易及其内容的理解偏差很大；（2）对关联方关系和关联交易要素的会计信息揭示不全面；（3）关联方和关联交易揭示模糊。另外，文章也指出上市公司在运用准则时，对准则理解不够深入。

曾学波[②]（1998）在《披露情况总体趋好，规范监管尚需加强——沪深A股上市公司1997年度关联交易及其披露情况综合分析》中阐述中国上市公司在进行关联交易披露时还存在以下问题：（1）在关联交易信息披露中重形式轻实质的倾向比较严重；（2）一些上市公司利用关联交易修饰财务报告；（3）上市公司与关联方之间在提供或接受资金、提供或接受担保、应收应付款项方面的不对等日趋加剧，关联企业侵占上市公司权益的问题比较严重；（4）部分从大型国企改制而来的上市公司的市场主体功能不强，经营自主权易受限制；（5）关联交易协议定价弹性很大，成为某些上市公司的“利润蓄水池”。因此，他建议：（1）充分考虑我国上市公司的特点，制定一套比较灵活的、操作性强的关联交易定价政策；（2）对上市公司经营业绩或经营发展存在重大影响的关联交易不仅应予以披露，而且必须披露其影响程度；

① 原红旗．从中期报告看关联交易：现实问题与理性思考．会计研究．1998（04）：1-6

② 曾学波．披露情况总体趋好，规范监管尚需加强——沪深A股上市公司1997年度关联交易及其披露情况综合分析．1998

（3）加大会计师事务所对重大关联方关系及其交易的审计力度。

肖虹[①]（2000）在《我国关联方关系及其交易披露规范研究》中对关联交易及其交易的披露规范进行了研究。在关联交易利益输送之后，上市公司财务报告附注未就关联交易条件、关联交易盈余对公司当期盈余的影响等方面作出真实披露，关键信息披露模糊不清，不愿披露比例或交易数据，定价政策往往用“协议价”这一含义不明的词语来表达。她在比较中外关联方关系及其交易信息披露会计准则的基础上，对完善我国关联方关系及其交易的信息披露提出了建议，这些建议包括：（1）准则指南应尽可能全面、具体地对关联方关系范围作出说明；（2）借鉴台湾的做法，规定投资公司持有被投资公司的表决权之股份百分比最高者为投资公司对被投资公司有重大影响力的标志，以此完善关联方关系的界定；（3）会计准则应强调对关联交易价格确定依据的充分披露，可以明确可供上市公司选择的几种定价方法。对资金往来、担保、托管以及股权转让等重要而亟须规范的交易类型作出详细的披露要求，规定必须同时提供其定量金额和相应比例，并说明决定价格水平的相关因素；（4）应披露集团内部的关联交易；（5）应制定关联交易披露的标准格式；（6）考虑披露企业经济依赖性信息。

陈瑜[②]（2001）在《充分披露原则内涵剖析》中对关联交易披露的充分性作出了解释，他将“充分披露”的含义概括为以下几点：（1）披露的全面性，这里指只要是对使用者决策有影响及只要是反映经济事项及其影响的信息都应予以披露。披露的全面性要求从横向看，只要是反映企业生产经营全貌的信息，不论对企业有利或不利都应予以披露；从纵向看，不能仅仅停留在披露对象的表面，还要进行深层次的披露，即应遵循实质重于形式的原则进行关联交易的披露；（2）披露的完整性，完整性体现在：一方面是定量与定性信息相结合。表内披露的是定量信息，表外披露的是定量、定性信息的结合，从而使财

① 肖虹．我国关联方关系及其交易披露规范研究．会计研究．2000（07）：22-28

② 陈瑜．充分披露原则内涵剖析．财会月刊．2001（06）

务报告整体从量和质两个角度对企业经济事项完整地进行反映；另一方面表内确认和表外披露相结合；（3）披露的适当性，充分披露并不是无限度的披露，企业应该根据重要性原则对会计信息进行披露；（4）披露的有效性，有效性包括报表的可理解性和及时性。

向凯[①]（2004）在《上市公司关联方关系及其交易信息披露质量——来自上市公司的初步证据》中以被中国证监会及其派出机构勒令整改的945家上市公司的关联方关系及其交易信息披露质量情况为对象，经过统计分析发现，除上述学者有关信息披露不完整、不及时、避重就轻、流于形式等结论外，还有的上市公司披露虚假信息，即上市公司的管理层实际上没有做到现行制度规范要求的“保证信息披露的真实、完整、不虚假披露和误导性陈述”。

黄绍军[②]（2005）在《我国上市公司关联方关系及其交易的信息披露研究》中研究关联方关系及其交易强制信息披露的原因，分析关联交易的一般特点，探讨关联方关系及其交易信息披露的目标、原则、披露方式、披露内容要求以及进一步完善关联方关系及其交易信息披露的措施。

尹艳丽[③]（2005）在《我国上市公司关联方交易及其会计信息披露研究》中对我国上市公司关联交易类型、动机进行探讨，结合我国针对关联交易及披露而制定的一些准则和规定，分析了引起我国上市公司关联交易不规范的主要因素，针对我国会计准则及相关规定中存在的一些问题提出了一系列的建议，使会计准则充分发挥对上市公司关联交易披露的约束作用，以保护证券市场中小股东的合法权益。

李火亘[④]（2006）在《国有旅游企业“内部关联公司”造成国有资

① 向凯．上市公司关联方关系及其交易信息披露质量——来自上市公司的初步证据．价值工程．2004（07）

② 黄绍军．我国上市公司关联方关系及其交易的信息披露研究[D]．西南财经大学．2005

③ 尹艳丽．我国上市公司关联方交易及其会计信息披露研究[D]．天津财经学院．2005

④ 李火亘．国有旅游企业“内部关联公司”造成国有资产流失问题及其思考[J]．桂林旅游高等专 科学校学报．2006（05）

产流失问题及其思考》一文中揭示了一些国有旅游企业利用“内部关联公司”将国有旅游企业的优质资产、经营业务中的高盈利部分转移到这些公司经营，造成巨额隐性国有资产流失，揭示了这种违法操作规程，并提出了相应的对策和建议。

（二）关联交易的确认和计量

从各国准则制定机构对关联交易确认和计量的规定来看，大部分准则对关联交易采用与非关联交易一样的确认和计量方法。但加拿大会计准则《CICA3840——关联交易》和我国财政部发布的《关联方之间出售资产等有关会计处理问题暂行规定》对关联交易的确认和计量则作出了特别规定。

周阳敏[①]（2001）在《关联交易的经济分析及实证研究》一文中认为关联交易的非效率性、攫取利益的动机和信息不对称程度决定了是否使用机会主义性质的关联交易，关联方对上市公司经营业绩的期望决定了关联销售比重以及关联交易利润贡献。

应唯[②]（2002）在《关联交易——政策及技术层面解析》中认为，关联交易的关注焦点在于交易价格，充分披露交易价格是关联交易的关键所在。显失公允的关联交易价格部分不允许确认收益是遏制非公允关联交易的强硬措施，实质重于形式是确定关联方关系的关键。

李明辉[③]（2002）在《试论关联交易的公司法规制》中根据我国上市公司与关联方之间的交易类型和目的，将上市公司与关联方进行的交易划分为两大类：输入利益型关联交易和抽取利益型关联交易。

陈晓、戴翠玉[④]（2004）在《A股亏损公司的盈余管理行为与手段研究》中以1998～2000年发生亏损的上市公司作为样本，同样发现关联交易是亏损公司扭亏为盈的主要手段。

① 周阳敏．关联交易的经济分析及实证研究[J]．郑州工业大学学报．2001（02）
② 应唯．关联交易——政策及技术层面解析[J]．财务与会计．2002（03）
③ 李明辉．试论关联交易的公司法规制[J]．证券市场导报．2002（04）
④ 陈晓，戴翠玉．A股亏损公司的盈余管理行为与手段研究[J]．中国会计评论．2004（02）

黄文锋①（2003）在《论关联方交易的实质及其治理——兼评世纪星源一案的判决结果》中认为治理关联交易必须有新的视角，即发挥投资者对关联交易行为的信号甄别功能，强调以历史成本作为主要的计量基础。

林黎、姚玲②（2006）在《关联方会计准则的最新发展与比较研究》中研究认为，《暂行规定》的核心内容是规范上市公司与关联方之间的交易，如果没有确凿证据表明交易价格是公允的，对显失公允的交易价格部分不得确认为当期利润，应当作为资本公积处理，而且不得用于转增资本或弥补亏损。这样出售资产交易将不再可能带来“超额利润”；关联方承担债务和费用也将无法带来任何利润，即上市公司通过关联方承担债务或费用来调节利润的行为被控制。

（三）关联交易行为的监管和治理

关于关联交易行为的监管和治理问题的研究和文献较多。

李高中③（1998）在《论关联交易与我国公司法完善》一文中从《公司法》、《证券法》上关联人专章立法、关联人地位确认、股东大会批准制度、股东表决权排除制度等若干方面提出了完善我国公司法的若干建议。

张雅斌、蔡爱平④（1997）在《论我国公司不公平关联交易行为的公司法规制》中主张引入“揭开公司面纱”的公司法立法原则，设立股东表决权排除制度，借鉴股东派生诉讼制度等。

程海霞⑤（2002）在《论控股股东在上市公司关联交易中的角色与义务》中发达市场经济公司运作的历史表明，公司股权集中度与公司

① 黄文锋．论关联方交易的实质及其治理——兼评世纪星源一案的判决结果[J]．当代财经．2003（07）

② 林黎，姚玲．关联方会计准则的最新发展与比较研究[J]．Communication of Finance and Accounting. 2006 (11)

③ 李高中．论关联交易与我国公司法完善[J]．华东政法学院学报．1998（01）

④ 张雅斌，蔡爱平．论我国公司不公平关联交易行为的公司法规制[J]．政治与法律．1997（01）

⑤ 程海霞．论控股股东在上市公司关联交易中的角色与义务[D]．中国政法大学．2002

治理有效性之间的曲线是倒U形的：一方面，如果股权过度分散，所有股东都怀着“搭便车”的心理，对公司的经营状况不闻不问，对经理人员的监督会变得十分软弱无力；另一方面，如果一股独大，控股股东擅权独断，高层经理人员唯控股股东之命是从，也不利于公司有效治理机制的建立。提出要改善控股股东滥用控制力的现象，防范控股股东在关联交易中的利益冲突，必须从源头上抓起，建立合理制衡的股权结构，改善上市公司的治理结构。

王来群[①]（2003）在《公允价值计量基础与关联交易监管》中认为关联交易市场监管的首要问题是关联关系的认定。对关联交易的市场监管也可以绕过关联关系的认定而直接监控交易价格，交易价格监管是对企业的交易行为的结果进行监管。一般来说，人们通常认为企业提供的财务报告是以公平交易为基础的，因此如何消除关联交易中可能出现的价格操纵对会计信息公允性的影响，就成为会计面临的重要课题。

刘峰、贺建刚、魏明海[②]（2004）在《控制权、业绩与利益输送——基于五粮液的案例研究》通过五粮液案例分析表明，目前我国的法律总体上并不保护中小股东的利益免受大股东和其他内部人的侵犯，由于缺乏对中小股东利益加以保护的法律机制，价值相应约束大股东的市场机制尚未建立，导致大股东侵害中小股东利益的利益输送现象。

吴秋生、胡玉可[③]（2005）在《关联方交易监管：充分公开》中表示，上市公司关联交易的存在有利也有弊。不公允性是关联交易的本质特征，因此，对关联交易的监管重点不应放在禁止不公平关联交易的发生上，也不宜放在对关联交易的显失公允价格的会计处理上。关联交易监管的重点应当是保证关联交易的充分公开，保证公司现在的中小股东能参与公司关联交易的决策和日常监督，保证公司的投资者、

① 王来群．公允价值计量基础与关联交易监管[J]．山东大学学报．2003（03）

② 刘峰，贺建刚，魏明海．控制权、业绩与利益输送——基于五粮液的案例研究[J]．管理世界．2004（08）

③ 吴秋生，胡玉可．关联方交易监管：充分公开[J]．当代财经．2005（03）

债权人、监管者及其他有关人士能及时、全面、如实地获悉公司关联交易的相关信息。

郑玉刚、龙成长[①]（2005）在《企业关联交易及其审计对策探析》一文中重点从关联方交易存在的主要问题出发，从确定关联方关系及其交易、审查关联交易的性质及金额是否合理合规、评判关联交易信息披露三个方面给出审计对策。

彭晓洁[②]（2005）在《信息不对称与非公平关联交易的透视》一文中运用契约理论系统地分析了上市公司关联交易中的信息不对称问题，认为在我国现行证券市场上逆向选择的现象还难以避免，对道德风险的监督还没有形成机制，中小投资者的利益还得不到保护。同时，对规范上市公司的关联交易和完善我国证券市场的法制建设提出了建议。

刘建民[③]（2007）在《中国上市公司非公平关联交易的影响因素研究》中分析了目前西方学者对关联交易理论的研究，并从公司治理机制角度对非公平关联交易的影响因素进行了深入剖析，认为应积极营造有利于大股东发挥治理优势的公司内部治理机制条件，同时尽快完善我国证券市场的投资者保护机制。只有这样，我们才能在发挥大股东治理优势的同时积极避免大股东侵占上市公司和其他股东的利益。

姚岚[④]（2008）在《上市公司关联方交易监管规则的比较与评价研究》一文中分析了我国关联交易的监管规则体系，系统梳理了相关的法律法规，并通过比较国内外关联交易监管规则的差异揭示出我国关联交易监管规则中关联方界定范围偏小、关联交易要素披露不完善、缺少细化的关联交易披露等级以及公司治理结构不健全等问题。最后提出了完善我国关联交易监管规则体系的建议：公司法方面，要完善独立董事制度的相关规则，完善对关联交易受害人的事后救济规则，

---

① 郑玉刚，龙成长．企业关联交易及其审计对策探析[J]．企业经济．2005（12）

② 彭晓洁．信息不对称与非公平关联交易的透视[J]．会计研究．2005（08）

③ 刘建民．中国上市公司非公平关联交易的影响因素研究[D]．重庆大学．2007

④ 姚岚．上市公司关联方交易监管规则的比较与评价研究[D]．天津财经大学．2008

明确控股股东在关联交易中的法律责任；证券法规方面，提议关联交易的规范应纳入法规轨道，完善企业上市资格审查中关联交易的监管规则，完善关联交易信息披露豁免规则和分类监管规则；会计准则方面，要完善对关联关系及其交易的范围界定，同时也要改进对关联交易定价政策披露的规则。

二、国外研究现状

La Porta、Rafeal、Florencio Lopez-de-Silanes 和 Adrei Shleifer[①]在1997～2002 年先后发表了 Legal Determinants of External Finance、Law and Finance、Corporate Ownership around the world、Investor Protection and Corporate Governmence、Investor Protection and Corporate and Corporate Valuation 等文章，首先从法律对投资者保护好坏的制度环境角度对股权结构、资本市场的发展、股利政策和公司价值等影响进行了研究，表明大股东空置会造成对小股东的利益侵占，这种侵占程度显著地受到法律环境对投资者保护好坏的影响。

Johnson、Simon[②]等（2000）发表的 Tunnelling 从一个国家法律环境对投资者保护好坏的角度出发，研究了欧洲国家一些关联交易的判例，表明即使在发达的资本市场上大股东也会为了私人收益将资产或利润从上市公司转移到自己所控制的公司中，一国的法律环境对投资者的保护好坏显著影响大股东的利益输送活动。

Ming Jian 和 T.J.Wong[③]（2003）在 Earning Management and Tunneling through Related Party Transactions: Evidence from Chinese Corporate Groups 一文中通过对 131 个中国基础材料行业的上市公司关联方交易的样本进行托宾 Q 和市净率检验发现，关联方贷款和公司

---

① La Porta, Rafeal, Florencio Lopez-de-Silanes and Adrei Shleifer. Legal Determinants of External Finance [J]. Journal of Finance. 1997. 1131-1150

② Johnson, Simon. Tunnelling. American Economic Review.2000 (05): 22-27

③ Ming Jian,T.J.Wong. Earning Management and Tunneling through Related Party Transactions: Evidence from Chinese Corporate Groups.Accounting Research.2003 (04).

价值呈负相关。该文指出，在某种程度上，中国投资者已经意识到通过关联交易是一种掏空行为，存在关联销售情形的公司其股票年度回报率比没有关联销售的公司要低，投资者为向其关联方提供资金的公司支付较低的股票价格。该项研究的贡献在于解释了关联交易信息披露的市场反映。从文章的结论来看，揭示了当销售收入是来自关联交易而非公允交易时，投资者认为公司报告的收入数字的可信度较低这一现象。这个结论也为进一步加强关联交易信息的披露提供了理论基础。

从以上国内外理论界对关联交易问题的研究状况总结中不难发现，中外学者们一致赞同必须对关联交易进行监管，对关联交易问题的研究主要集中在如何恰当地披露关联交易，如何准确地对关联交易进行会计确认和计量，如何从完善公司治理结构角度规制关联交易。

第三节　关联交易的特征及我国旅游业企业关联交易现状

一、关联交易的特征

（一）关联交易的一般特征

通过对近年来注册会计师审计报告的分析，发现在非标准无保留审计意见中，上市公司关联交易的样本显示出如下一些特征：

1. 形式的多样性。

关联交易的形式多种多样，包括：（1）通过出售资产给关联方的正常商品销售交易和非正常的商品销售交易，非正常的商品销售交易还包括转移应收债权，出售固定资产、无形资产、长期投资和其他资产，或者同时出售资产、负债等。（2）关联方之间承担债务或费用。（3）关联方之间通过资产托管获取收益。（4）关联方之间占用资金的形式。总之，尽管关联交易手段表现各异，但企图粉饰会计报表的目的却相同。不管其采用何种方式，只要交易的价格显失公允，注册会计师审计时都应引起特别的重视。

2. 利益的相关性。

关联交易在形式上总表现为一方对资源或利益的索取，另一方对利益的奉献，如输送利润、提供担保或抵押等，但实际上交易的双方始终是利益相关的共同体。在一定时期内，集团公司为支持股份公司上市将优质资产注入上市公司，或为了上市公司能够扭亏为盈而替上市公司承担债务与费用，支付托管费用、资金占用费等，实际上，这些举动的最终目标依旧是为了能从上市公司攫取更长远的利益或为了避免遭受更大的损失。另外，上市公司也离不开集团公司，如果缺少关联方的配合，许多上市公司不具备上市的资格，同时也可能无法从公允的交易中获取重组收益等。因此，在双方共同利益的驱使下，关联交易才会以如此高的频率发生。

3. 关联交易具有隐蔽性。

当上市公司经营业绩出现滑坡而无法达到配股的条件或上市公司为避免沦为“ST”公司时，上市公司与其控股方之间开展的关联交易尤其值得关注，因为大凡此时达成的关联交易从动机上明显地表现为对财务报表的粉饰和操纵。关联交易所制造的业绩在会计处理上一般表现为“投资收益”、“营业外收益”、“其他业务收入”或管理费用、财务费用的冲减等，这样实际上将造成利润总额的等量增加。

一般信息使用者很难从报表中分辨哪些是公平的关联交易，哪些是不公平的关联交易，更无法确定关联交易对该企业业绩的影响。关联交易的隐蔽性为上市公司随意调整利润提供了方便之门。

4. 关联交易主体的地位在法律形式上平等，但在经济实质上并不平等。

在独立的交易中，交易双方不仅在法律上是两个独立的实体，地位平等，而且在经济实质上也是完全平等的，交易的一方对另一方没有控制权或影响力，交易是在遵循市场公平竞争原则的情形下进行的。

在关联交易中，双方当事人在法律上是平等的，均是独立的法人组织，因而从表面上看，关联交易应归属于市场交易。但事实上由于关联交易当事人之间存在控制与被控制、影响与被影响的关系，有可能导致交易按某一方的意愿达成，而另一方则失去了平等谈判的机会，从这个意义上说，关联交易更像是管理交易。正是由于双方在法律上平等而在事实上不平等，不公平的关联交易才可以在合法的外衣下产生。

5. 结果的危害性。

上市公司通过关联交易制造业绩，这些行为的发生带有很大的偶发性，如果一家上市公司要利用这种关联交易项目来制造业绩，说明其正常生产经营肯定出现了困难，制造的业绩也只能短期内使上市公司的财务报表得以改观，这种业绩实际上并不能用来认定企业具有长期的获利能力。因此，这种企业的持续经营能力带有很大的不确定性。另外，上市公司通过这种虚假繁荣制造的业绩获取配股资格，在证券市场募集配股资金，从而造成社会财富的分配不公或资源配置的失当，这是一种对资源的浪费，结果或许会使广大投资者的利益受到损害。

（二）我国上市公司关联交易的特征

1. 我国上市公司关联交易的对象大多为国有企业。

这种现象产生的原因在于我国的上市公司大部分是由国有企业部分改制而来的，这种改制使上市公司与原国有企业之间在财务、人员和资金上存在着千丝万缕的关系。例如，有的国有企业以优质资产部分改制为上市公司，而后勤、行政等资产部分则作为母公司存在，这就导致了产供销系统的不完善，从而使得二者之间产生大量的关联交易，该国有企业常常成为上市公司关联交易的主要对象。

2. 关联交易内容集中度较高。

我国的关联交易大部分集中在关联购销和关联往来这两项上，分析其原因如下：

首先，目前许多上市公司与其关联方之间存在着各种服务性协议，通过协议约定每年收取或支付各种服务费，这些费用相当多。

其次，关联交易不仅可以大大节约交易成本，还可以将所得利益保留在公司内部，因此对整个集团有利，所以无论上市公司还是其关联方，在选择交易对象时，不论是否能从中获取特别利益，都会首先考虑其关联方。

3. 关联交易存在行业差别。

在我国，上市公司的关联交易金额除担保、抵押、质押、关键管理人员报酬外，发生平均交易金额最多的行业是采掘业、电力煤气供应业、建筑业等，其次是农林牧渔业、制造业、批发零售业、社会服务业、金融保险、传播文化业。交通仓储业、信息技术业、房地产行业、综合类则最少。

4. 上市公司的资金被关联方长期占用。

这表现为上市公司向关联方收取的资金占用费明显高于上市公司向关联方支付的资金占用费。

5. 关联方地位和利益的不平等性。

关联交易的发生主要取决于具有实质控制权的一方。双方的地位只具有法律意义上而非经济实质上的平等性。地位上的不平等必然导致交易结果的经济利益的不平等性。

6. 关联交易方式及过程的隐蔽性。

关联交易的交易过程和方式对外界来说是非透明的，很少受到外界的监督，其可靠性与公允性均受到一定质疑。对于外部信息使用者来说，其具有一定的隐蔽性。

二、我国上市公司关联交易的动机研究

（一）我国上市公司关联交易产生的制度根源

对我国上市公司关联方交易的动机进行研究，必须先弄清我国上市公司关联方交易产生的制度根源。关联方交易作为企业寻求市场竞

争优势的一种工具的同时，也有操纵利润的嫌疑。无论动机如何，都有它深刻的制度根源，主要有以下几个方面：

1. 不合理的股权结构。

上市公司股权结构不合理，国有股“一股独大”的现象相当普遍。并且，国有股和法人股均为非流通股，造成非流通股本比重过大，使得国有资产大量沉淀。同时，国有股股权行使的固化使得国有产权配置难以变动，违背了“同股同权”的原则。而股权行使的主要途径不外乎两种方式：一是直接介入公司内部，参与运作；二是在股票市场中出售股票，从外部影响公司的决策和运转。对于上市公司控股股东来说，国有股的非流通性在很大程度上阻碍了他们获取与社会公众股股东相同的收益机会。因此，这些控股股东行使股权的途径主要集中到对上市公司事务的介入和干预上来，并通过不公平的关联交易获取收益。

2. 不完善的公司治理结构。

我国上市公司的治理结构很不完善，股东大会实际操纵在大股东手中，中小股东的利益难以在公司的决策和实际运作中体现。董事会由大股东和内部人控制的现象较为严重，监事会实际上只是一个受到董事会控制的议事机构，独立董事数量很少，难以对董事会进行约束。在这种情况下，上市公司控股股东有可能利用手中的控制权为自身谋取最大化的利益，使得企业经营行为更多地呈现非市场化。

3. 上市公司改制的不彻底。

我国的股票市场因经济体制改革而设立，因国有企业改革而得到发展。它的设计和组建并不是像欧美国家那样完全以市场化的方式进行，而是带有明显的计划经济和行政控制的色彩，融资是企业改制上市的主要目的。这就导致原有企业单纯为了上市融资而实行股份制，制度改造和机制转换不彻底，仅仅停留在表面和形式上，造成了大量的控股股东和上市公司之间不公平的关联方交易的产生。

上市改制的基本模式大致有四种：

第一种模式是“整体改组上市”；第二种模式是“共同重组上市”；第三种模式是“整体改组，分立上市”；第四种模式是“部分改组上市”。

四种模式中，除第一种不会产生新的关联企业之外，其他三种模式由于涉及非经营性资产的剥离、资产重组等问题，都不可避免地会产生关联交易。因此有人说，上市改制的过程就是关联交易产生的过程。在不彻底的改制下形成的我国上市公司，从严格意义上来说并不是真正独立的法人实体。由于在改组上市过程中大量采用了“剥离”和“分立”的形式，导致一些上市公司对控股股东存在着较大的经济依赖性，二者之间进行的关联交易是难以避免的。以济南轻骑为例，它是由轻骑集团的三个产品生产车间改组上市的，自1993年底改制上市后直到2000年的7年里，上市公司都没有尝试建立独立的材料供应与产品销售网络，而一直依赖集团公司，并且没有独立的研发能力，实质上仍然是一个摩托车和发动机生产车间。加之在“一股独大”的股权结构和不合理的公司治理结构的作用下，上市公司的经营活动完全控制在控股股东手中，也丧失了公司的独立性。

4. 上市公司中大量的“债转股”模式。

具有相互控股关系的巨大网络由这种模式而形成，同时也造就了最为庞大的关联交易。以剥离工商银行不良资产的华融资产管理有限公司为例，涉及债转股企业333家，涉及总金额1100亿元人民币，直接或间接控股深、沪两市上市公司达40多家，超过国内上市公司总数的5%，直接或间接控股的其他企业更不计其数。

根据以上分析可以得出这样一个结论，我国股票市场中股权融资制度、融资机制、融资程序的错位而导致的上市公司制度改造和机制转换的不彻底，是控股股东与上市公司之间不公平的关联交易产生的根源。

5. 关联交易产生的间接原因：信息不对称。

传统经济学是把完全信息作为基本的假设前提来研究市场经济中资源的优化配置和充分利用问题的，在经济分析中，几乎所有理论都是在假定市场主体充分掌握了市场价格等有关信息的基础上展开的。但是，在现实的经济活动中，市场参与者往往并不能获得上市公司的完全信息，或是不同的市场参与者所获取的信息是非对称的。由于现实中信息的不完全性和非对称性导致了市场资源配置的低效率，因此，它是导致市场失灵的重要原因之一。

从信息不对称的角度看，拥有私人信息的参与人为代理人，而不拥有私人信息的参与人为委托人。信息在上市公司与投资者之间传递的阻隔和不对称是世界股票市场的普遍特征，是其委托—代理关系中所处不同地位这一客观状况所造成的。上市公司是代理人，对自身的真实状况有十分准确的了解，而投资者作为委托人，对代理人的真实状况只有不完全信息，因而信息传递阻隔和不对称便客观存在。当然，中国股票市场也具有这一共性，但是由于中国股票市场产生和发展于从计划经济向市场经济转轨过程之中的这一特性，其上市公司与投资者之间信息传递的阻隔和不对称则表现得更为明显、更加突出。

中国证券市场的信息不对称集中体现在上市公司信息的公开披露制度上。信息公开披露制度的目的是为了实现证券市场信息的完全对称，是保持证券市场有效性的充分必要条件。但是，在现实证券市场运作过程中存在着大量的、种类繁多的信息不对称。当前，我国证券市场的信息不对称集中反映在上市公司关联交易的信息披露方面。由于我国仍然处在经济转轨过程中，上市公司存在严重的内部人控制问题，内部人利用自己的信息优势，获得了对企业会计的控制权。这样，企业的会计报表是由内部人编制的，会计报表成为内部人滥用控制权的工具，必然会在需要时不加任何选择地粉饰会计报表。关联交易与会计报表的粉饰虽然不存在必然的联系，如果关联交易确实以公允价格定价，则不会对交易的双方产生异常的影响。事实上，我国大部分上市公司主要由国有企业改组和改制而来，关联交易广泛地存在于我国上市公司的生产经营中，有些公司的关联交易采取了协议定价的原则，定价的高低取决于公司的需要，使得利润在关联公司之间转移。

（二）我国上市公司关联方交易的动机研究

我国上市公司进行关联交易，其动机无非是以下几项：获得新股发行、配股和增发的资格，避免被处罚，提高股票的发行价格，进行股票炒作，获取报酬和奖励，确保职位和获得升迁以及减少应纳税额等。主要归纳如下：

1. 上市公司发展的特殊需要。

关联交易作为满足上市公司发展特殊需要的工具而存在已经不是秘密。主要原因如下：

（1）在我国证券市场上，只有符合规定业绩水平的公司才能取得上市资格。所以，上市公司是一种稀缺的“壳资源”，具有较高经济价值。当上市公司因业绩不良面临退市时，难免会利用各种手段操纵利润，而通过关联交易进行的突击重组、非公允的交易条件、交易价格粉饰利润是其中最常见的手段。

（2）另外，上市公司为了在证券市场上进行再融资，必须符合《公司法》、《证券法》的有关规定，同时符合证监会的相关要求。根据《关于上市公司配股工作有关问题的通知》上市公司“净资产收益率必须最近 3 年平均达到 10%以上”，同时还规定“每一年的净资产收益率都必须达到 6%”，才能享受相关的配股资格。因此上市公司难免会利用种种手法粉饰会计报表，取得在证券市场再融资的资格，达到“圈钱”的目的。

（3）根据我国证券市场监管政策的规定：对于财务状况异常，如公司连续 2 年亏损及资不抵债的上市公司要进行特别处理；对于连续 3 年亏损的上市公司要摘牌，终止其在股票交易所挂牌交易。为避免公司被作 ST 或暂停交易处理，上市公司在当年扭亏无望的情况下只能靠利润操纵将亏做“盈”。而关联交易是最快、最直接的方式。同时，在新兴市场中，由于监管法律不完备和现有法规执行力度不够，使得证券市场中存在严重的股价操纵现象。机构投资者往往利用资金和信息优势掠夺广大中小投资者的财富。在这个过程中，非法机构往往会借助一定的“题材”来迷惑外部投资者，其中关联交易是其重要手段。机构首先通过虚假股权转让取得上市公司关联方地位，利用关联方之间的资产重组为外部投资者构造良好盈利预期，然后在虚假股权置换和资产重组的掩护下，达到剥削和掠夺中小投资者权益的目的。

（4）当然，上市公司的控股股东利用关联交易将上市公司的资金转移到自己手中，也是关联交易的重要动机之一。

2. 上市公司发展的正常需要。

指关联交易是作为上市公司的正常生产经营活动中的普通环节，交易过程中不附带其他目的，且有利于上市公司发展。

随着我国资本市场日益完善，上市公司的行为愈加理性化。公司进行关联方交易也不再单纯以操纵利润为目的，而是更加侧重交易的本身能否对公司的发展有贡献，能否有利于资源的合理配置。上市公司与关联企业的关系实质上是适应市场竞争日益激烈的挑战而在企业之间所形成的一种战略联盟，其中包括了供应商关系、制造商关系、服务关系、销售商关系等，它们通过某种契约达到信息共享。这种信息共享大大减少了交易的不确定性，降低了交易成本和生产成本，使上市公司与关联企业在合法的基础上共同发展。

三、关联交易的利弊分析

关联方交易既有利又有弊。从理论上讲，关联方交易经济活动是有利于交易双方的，因为它可以使企业集团充分利用内部资源，提高资本运营能力，降低交易成本，从而扩大经营规模，实现多元化经营。但在实际操作中，由于关联方交易的隐蔽性、交易价格的非市场性等，关联方交易也为操纵利润、垄断市场、避税、转移或分散投资风险等行为提供了操作渠道。这实际上严重侵害了中小投资者、债权人和其他利益相关者的利益。

（一）关联交易的积极影响

1. 节省交易费用，降低交易成本，提高经营效率。

交易费用包括：

第一，事先的交易费用，即为获取市场信息、签订契约、规定交易双方的权利、责任所花费的费用。

第二，签订契约后，为解决契约本身存在的问题，如变更条款、撤销契约等所花的费用。

2. 优化资源配置，增强企业发展的潜力。

母公司或关联方通过资产重组、借壳上市等途径，整合集团内业务、人员、资源，向上市公司注入优质资源，置换出不良资产，扩大企业生产经营规模，优化企业资产和资本结构，实现资源最优配置，增强企业发展的后劲和盈利能力，提高企业利润水平，实现其战略目标。

3. 合理避税，减少整体纳税支出。

在实际的经济交易中，跨国公司经常利用转移定价在公司集团内部以及关联方之间进行税务筹划，以减轻公司总体的税务负担。随着经济的发展，我国企业开始利用关联交易转移定价来进行合理避税，这对减少企业集团整体纳税支出具有重要作用。我国在税制改革以后，尽管国内企业之间税率差别变小了，但不同地区、不同企业之间的税收政策仍然不同。企业集团可以通过在关联企业之间人为地提高或降低交易价格，在国家税收允许的范围内进行收益转移，从而达到合理避税的目的。

4. 规避风险，提高企业集团的整体抗风险能力。

组建企业集团进行内部财务和经营政策协调可以构筑市场竞争优势。它们组成企业集团后，在政策制定中进行充分协调，在产品市场上采取一致行动，形成战略协同效应，对抗激烈市场竞争，降低单个企业经营风险。

（二）关联交易的消极影响

关联交易之所以引起广泛关注，并不是因为它带来的积极影响，而是因为它所带来的消极影响。为了更好地了解这些消极影响并加以规避，我们将其分类如下：

1. 关联交易可能损害国家利益。

关联交易可能导致优质资产被从国有企业低价转让给上市公司，或利用关联交易偷逃税致使得大量税源流失，从而造成国家财政收入的减少。另外，有些关联交易将企业资产和利润转移到主要投资者、关键管理人员及其家属所控制或有重大影响的企业，从而达到为少数人谋取私利的目的。所有这些，都会造成对国家利益的损害。

2. 大量不规范关联交易的存在，会危害证券市场的稳定和发展。

关联交易中隐含的非正常定价有悖于公平交易原则，助长了不正当竞争的风气，加剧了市场垄断，破坏市场公平和效率，扰乱了交易秩序。

3. 关联交易导致公司业绩评估不可信，损害债权人、中小投资者和相关利益人的利益。

目前我国绝大多数上市公司都存在关联交易，且从发展趋势来看愈演愈烈，交易形式不断翻新。在所有关联交易中，关联购销业务占较大比重，上市公司生产所需原材料来自关联方，产品又销售给关联方，这种关联购销价格确定具有非常大的随意性，可采用协定价格、国家指定价格、成本加成法等各种定价方法。这些定价方法与一般市场定价的差别却没有清晰揭示，这使得外部投资者很难获得客观信息进行企业价值评估，投资决策缺乏科学依据。

另外，上市公司关联方可能出于各种目的操纵关联交易定价，大量关联购销使上市公司业绩发展完全失去连续性和可预测性，业绩预测与价值评估失去实际意义。资产重组是近来上市公司关联交易的重要内容，在上市公司出现重大亏损、面临特别处理和退市的情况下，关联方就会采取各种手段拼命包装上市公司利润，使上市公司业绩受到操纵，业绩评估失去客观基础，严重损害了债权人、中小投资者和相关利益人的利益，这种损害中小投资者和相关利益人利益的行为主要有以下几种：

第一，控股大股东与上市公司进行不公平的资产买卖。

在全球兼并风潮中，不公允的资产买卖大量存在，这种不公允的关联交易已屡屡成为大股东掠夺中小股东利益的一种隐蔽手段，即使在证券法律较为健全的西方国家，这种情况也经常发生。其中主要有两种情况：上市公司向控股大股东输出资产，控股大股东向上市公司注入资产。据相关资料统计，在关联方之间进行的资产买卖中，上市公司向控股大股东输出资产的比例达到78%，而控股大股东向上市公司注入的资产只有22%，并且输出的资产大多是低价的上市公司的优质资产，很少真正把上市公司的劣质资产处理掉，而注入的却是高价出售的劣质资产。通过这样的资产买卖，大股东让上市公司“管理”了这批资产，而最后受到损害的一定是公司的小股东。

第二，上市公司为控股大股东提供担保。

在市场经济条件下，对外担保作为一种正常的融资保证行为，可以加强资金融通，促进经济发展。然而近年来一些上市公司因为大股东或关联方提供担保引发财务危机甚至导致公司破产的案例时有发生。上市公司为关联方违规担保成为大股东和实际控制人侵占上市公司利益、掏空上市公司资产的一种伎俩，同时也是阻碍上市公司发展的重大隐患。

第三，大股东挪用上市公司配股得来的资金或无偿拖欠公司货款。

上市公司配股得来的资金，应按配股说明书予以使用，但有的却被其控股公司挪作他用。在上市公司与其母公司的关联交易中，也存在母公司拖欠上市公司货款而不付逾期违约金的情况，该货款在公司的账簿中长期体现为应收款项。这些不公平的关联交易必然损害股东的利益。

第四，多数股东利用不公平买卖掠夺公司利润。

由于许多公司与对其控股的多数股东存在行业上的依存关系，多数股东可能利用其表决权的优势向其控股的公司高价出售原材料或低价购买产成品，甚至抢占公司投资前景较好的项目，从而掠夺公司利润。这种不公平的关联交易给多数股东带来了额外利润，但是却极大地损害了少数股东的利益。

第五，以上市或配股为由长期占用上市公司资金。

当上市公司经营业绩下滑、不符合上市或配股条件时，母公司通过关联交易向上市公司输入利润，实现保牌、配股成功。这样一方面会使广大中小投资者被上市公司“优良的业绩”所欺骗，从而作出错误的投资决策；另一方面，母公司拿出自己的优质资产输入上市公司，其目的是为了将上市公司作为其直接融资的工具，当上市公司得以包装上市或配股融资后获取资金时，就会被母公司视为“提款机”，再通过关联交易将从中小股东那里募集的资金套回集团公司使用，这一过程中受损害最大的是中小投资者。

第六，通过隐蔽的关联交易非关联化危害中小股东利益。

关联交易逐步“非关联”化，是我国上市公司关联交易发展进程中出现的一个重要趋势。由于我国公司治理方面的缺陷，一些上市公司与大股东之间存在通过关联交易转移经济利益的行为。但是为了规避监管，这些公司常常通过一些不违规的形式来掩饰其违规的实质。

4. 关联交易过多会降低上市公司的竞争能力和独立性，降低上市公司的自生能力。

自生能力是企业的一种自我发展能力，是企业在市场竞争中培养出来的。上市公司大量关联交易的存在会导致企业的自我发展能力不断降低。购销方式的关联交易使上市公司对关联方依赖性过大，独立能力被弱化。一旦母公司不再承担这种义务，或者市场竞争进一步加剧，上市公司抗击外部风险的能力将不断衰弱甚至最终丧失，主营业务必然陷入困境。显然，这对于上市公司的持久发展不利。

四、我国旅游类企业关联交易现状及存在的问题

（一）国有旅游企业的优质资产被转让给“内部关联公司”

为大力发展新兴旅游业，20 世纪 80 年代，部分国有旅游集团公司得到不少行政划拨土地，并在其上建起诸多商业用房。随着城市经济发展，这些土地逐渐变成城市中心区域黄金地段，每年物业出租收入颇丰，成为旅游集团公司利润主要来源。但近来一些国有旅游公司通过关联交易，以非公允价格将租金收入较高的临街物业转让给关联方，使增值的大量国有资产流失到非国有的关联方。

（二）将国有旅游集团公司重要子公司股权转让给关联方或其控股的子公司

一些国有旅游集团公司将其重要的子公司以非公允价格转让给关联方，而这家子公司往往是国有旅游集团公司培育多年、具有良好市场前景与预期回报率的支柱产业。关联交易的存在导致国有旅游集团公司收回现金资产的收益率大大降低。

（三）国有旅游公司承担项目开发风险及费用，关联方摘取胜利果实

一些国有旅游企业会将其公司内部具有粮油投资前景的项目先交由旅游集团公司或者是其子公司进行前期的调研、可行性论证以及项目的培育与孵化，当项目的实施逐步成熟时再转让给关联公司。事实上，这就是旅游集团公司做牵头的“探路”，等到确认无危险或危险较小时，关联公司便安心前行。这样一来，项目开发风险和费用都由国有公司承担，项目收益却进了员工持股的民营公司腰包。

（四）关联方买单，国有旅游公司付账

关联方为了完成上述的收购和投资需要大量资金，而相对弱小的关联方却难以解决资金问题。于是，一些关联公司干脆向资金实力雄厚的国有旅游集团公司借钱，利用国有旅游集团公司提供的资金收购了国有旅游集团公司资产、股权和投资，完成了对旅游集团公司资产

和股权的“杠杆收购”。

为了解决我国旅游公司在关联交易方面存在的问题，不仅应该加强立法监督，还应该加强对国有旅游企业产权转让的监督。例如，在产权转让中，国有旅游企业不能为民营企业提供资金支持，或是为民营企业提供融资担保，国有旅游企业领导不得兼任民营企业高层管理者，更不能同时代表不同所有者，互相签订产权转让协议，等等。此外，还要加强对国有旅游企业成本费用分摊检查，杜绝关联交易中存在的费用划分不清、成本分摊不明等问题，明确关联交易的性质和责任，严格划分国有与民营成本费用分摊界限。

第四节　旅游业关联交易的案例

案例一：2010 年丽江旅游关联交易

一、交易概述

丽江玉龙旅游股份有限公司（后简称“丽江旅游”）已与丽江市玉龙雪山景区投资管理有限公司（后简称“景区公司”）于 2010 年 9 月 28 日签署了《发行股份购买资产框架协议》。根据协议，公司拟通过定向发行股份的方式购买景区公司持有的丽江玉龙雪山印象旅游文化产业有限公司（后简称“印象旅游”）51%的股权。交易完成后，印象旅游成为丽江旅游的控股子公司。标的资产以具有证券业务资格的评估机构的评估结果为作价参考依据，并经交易双方协商确定最终股权转让价格。根据中威正信出具的中威正信评报字[2010]第 1148 号《资产评估报告书》，以 2010 年 9 月 30 日为基准日，本次拟购买的标的资产印象旅游 51%股权评估价值为 21004.21 万元，交易双方最终确定交易价格为 21004.21 万元。

公司实际控制人丽江玉龙雪山省级旅游开发区管理委员会（后简称“雪山管委会”）持有公司控股股东丽江玉龙雪山旅游开发有限责任公司 46.64%的股权，持有交易对方景区公司 100%股权，与景区公司均由雪山管委会控制，与公司构成关联方关系，因而本次交易构成关联交易。

二、交易背景

（一）交易方简介

丽江旅游主要从事旅游客运索道和酒店服务业务。通过多年的发展，公司业务逐步扩展，已构建起包括雪山索道、度假酒店、旅行社及附属旅游经营项目的产业联合体，从“食、住、行、游”四方面为游客提供服务，成为丽江地区的旅游龙头企业。其经营范围：经营旅游索道及其他相关配套服务；对旅游、房地产、酒店、交通、餐饮等行业投资、建设。截至 2011 年 5 月 31 日，公司股本总额为 15122.00 万股，其中前十大股东如表 2–1 所示。

表 2–1

序号	股东名称	股东性质	持股数量（股）	持股比例
1	雪山开发公司	国有法人	34097984	22.55%
2	云南联合外经股份有限公司	境内非国有法人	26583060	17.58%
3	云南省旅游投资有限公司	国有法人	22100000	14.61%
4	中国农业银行—中邮核心成长股票型证券投资基金	境内非国有法人	6573195	4.35%
5	上海浦东发展银行—长信金利趋势股票型证券投资基金	境内非国有法人	5477376	3.62%
6	中国银行—华夏大盘精选证券投资基金	境内非国有法人	4547475	3.01%
7	丽江摩西风情园有限责任公司	境内非国有法人	4484181	2.97%

续表

序号	股东名称	股东性质	持股数量（股）	持股比例
8	中国建设银行—信达澳银领先增长股票型证券投资基金	境内非国有法人	3936585	2.60%
9	中国农业银行—中邮核心优选股票型证券投资基金	境内非国有法人	2487877	1.65%
10	中国农业银行—中邮核心优势灵活配置混合型证券投资基金	境内非国有法人	2362000	1.56%

公司控股股东雪山开发有限公司股权结构如表 2-2 所示。

表 2-2

序号	股东	出资金额（万元）	持股比例
1	雪山管委会	3525.59	45.64%
2	丽江山峰旅游商贸投资有限公司	1583.58	20.50%
3	重庆华邦制药股份有限公司	1561.18	20.21%
4	重庆汇邦旅业有限公司	1054.43	13.65%
合计		7724.79	100.00%

公司实际控制人为雪山管委会，该机构为丽江市人民政府下属的对丽江玉龙雪山省级旅游区进行统一管理的行政主管部门。目前，雪山管委会除持有雪山开发公司 45.64%的股权外，还持有景区公司、云南丽江东巴拉走廊 100%权益。

（二）交易对方简介

景区公司经营范围主要是：管理玉龙雪山景区门票资金；融资，景区投资开发；景点景区整合；管理景区内国有公共基础设施等资产，景区内土地开发及景区的基础设施建设；管理雪山索道环保基金；景区旅游经营管理。雪山管委会持有景区 100% 股权，为其控股股东、实际控制人。景区公司参股企业情况如表 2-3 所示：

表 2-3

序号	公司名称	法定代表人	注册资本（万元）	持股比例	主营业务
1	丽江玉龙雪山印象旅游文化产业有限公司	和献中	6000	51.00%	《印象·丽江》雪山篇
2	丽江玉龙雪山国际高尔夫俱乐部有限公司	宣海涛	7965	25.11%	雪山高尔夫球场经营
3	丽江玉龙雪山盛达旅游发展股份有限公司	初育国	5000	20.00%	雪山高尔夫二期

（三）交易标的公司基本状况

印象旅游经营范围主要是：文艺演出，音像制品，餐饮，图书零售，旅游文化产品开发、制作和销售，茶叶、茶具、纪念品、工艺品、小商品销售。印象旅游目前无控股、参股公司。印象旅游股权结构如表 2-4 所示：

表 2-4

序号	股东名称	出资额（万元）	出资比例
1	丽江市玉龙雪山景区投资管理有限公司	3060	51%
2	丽江花马旅游文化产业发展有限公司	2940	49%
合计		6000	100%

三、关联交易的动因

（一）增强上市公司盈利能力

《印象·丽江》雪山篇实景演出经过数年的市场培育，已成为丽江地区文化演艺产业的代表作品，游客接待数量逐年上升，经营管理已进入良性循环，经营业务稳步提升。2010 年印象旅游实现净利润 6056.54 万元，根据经审计的备考合并报表，本次交易完成后公司每股收益将由合并前的 0.09 元/股大幅提高至 0.39 元/股，净资产收益率由合并前的 1.88%提高至 7.19%，公司的盈利能力和经营效率显著提升。

（二）优化上市公司业务结构

印象旅游的注入有效改变了公司目前在玉龙雪山景区主要提供客运索道运输服务的单一业务结构，同时公司的业务范围也将扩展至“吃、住、行、游、购、娱”六大旅游要素中的五个要素，进一步延伸了公司的旅游服务产业链条，优化了公司的业务结构，有利于推动公司旅游服务的产业升级。

（三）提升上市公司竞争优势

目前，公司已经构建了旅游索道、度假酒店、旅行社及附属旅游经营项目的产业联合体，成为丽江地区旅游龙头企业。《印象·丽江》雪山篇实景演出地点紧邻玉龙雪山景区，是玉龙雪山景区游览的重要一环。将景区内的优质旅游资源整合至上市公司业务平台，不仅扩大了公司在玉龙雪山景区的旅游服务市场份额，而且巩固和提高了公司在玉龙雪山景区内的竞争优势，大大增强了公司的风险抵抗能力。

（四）发挥经济协同效应

本次交易完成后，公司的业务平台将更加丰富。通过一体化的营销整合和市场推广，充分挖掘各业务平台自身的资源优势，制定多种组合的度假酒店、索道运输、文艺表演的促销方案，在时间、线路等方面为游客提供更加人性化和高品质的旅游观光服务，以增加游客的舒适度和满意度，进一步发挥公司各业务资源的协同效应，提升公司的旅游服务品牌。

四、关联交易的财务判断

（一）财务指标的选择

通过财务分析此次关联交易后的公司财务状况时，要对本次交易的财务绩效进行科学合理的评价才能对丽江旅游关联交易的财务判断给出较好的评价，因此采取什么样的财务指标对于衡量一个公司的关联交易绩效十分关键。在选择这些指标时，我们要以全面性、代表性、一致性为原则，使得财务指标既能够进行纵向比较，也能够进行横向比较，同时又能全面系统地反映本次关联交易的各方面财务绩效。另外，选取的指标代表性强又易于理解也是选取财务指标时十分重要的标准。

通过分析年度报表所提供的财务数据，可以反映企业在经营管理各方面的状况。因此，通过丽江旅游公布的年度财务报表，我们可以分析该公司在发生本次关联交易前后的偿债能力、营运能力、盈利能力、现金流量以及综合投资价值这五方面的财务指标变化。我们选取了本次关联交易前后共 3 年（2009～2011）的数据进行对比分析。

丽江旅游本次关联交易的最终目的是增强公司的盈利能力，优化公司业务结构，提升公司竞争优势，发挥经济协同效应。由于 2010 年丽江旅游只发生这唯一一次重大交易，所以本次交易必然会导致公司的偿债能力、营运能力、盈利能力、现金流量等方面发生一定的变化。在选取偿债能力指标时，我们选用流动比率和资产负债率这两个具有代表性的财务指标进行分析。企业的营运能力指标我们选用应收账款周转率、存货周转率和总资产周转率三个指标。企业的盈利能力指标我们选用主营业务利润率、净资产收益率、资产报酬率三个指标。最后，我们选用每股经营现金流量和每股收益来衡量企业的现金流量情况和综合投资价值。

（二）关联交易的财务判断

1. 关联交易性质分析。

首先应该确认此次丽江旅游公司与景区公司交易的性质，我们分析了丽江旅游公司及其股东、实际控制方、交易对方以及交易标的公司之间的产权及控制关系，从而确定此次交易是否为关联交易。然后通过对 2010 年印象旅游营业收入与丽江旅游同期经审计的合并财务会计报告营业收入的比较，确定此次关联交易是否构成重大资产重组。

图 2-1 为丽江旅游公司与实际控制人之间的产权及控制关系的方框图。丽江旅游公司的最大股东为雪山开发公司，占其股权的 22.55%，而公司实际控制人却是雪山管委会，除持有雪山开发公司的 45.64%的

股权外，还持有景区公司100%的股权。景区公司也持有印象旅游51%的股权。雪山开发公司与景区公司均由雪山管委会控制，因此此次景区公司与丽江旅游公司关于印象旅游51%股权的交易为关联交易。

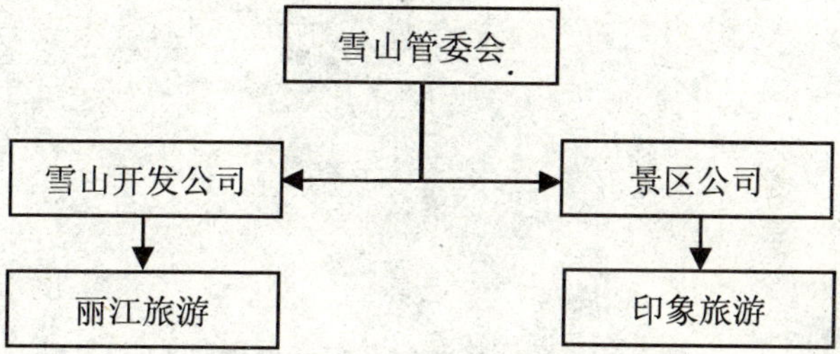

图 2–1

图2-2为2010年印象旅游营业收入与丽江旅游同期经审计的合并财务会计报告营业收入的比例关系图。本次交易标的为印象旅游51%的股权，交易完成后丽江旅游取得印象旅游控股权。印象旅游2010年度营业收入为18311.90万元，上市公司同期经审计的合并财务会计报告营业收入为19044.68万元，印象旅游2010年度所产生的营业收入占上市公司同期经审计的合并财务会计报告营业收入的比例达到96.15%。根据《上市公司重大资产重组管理办法》第十一条第一款第二项和第十二条第一款第一项的规定，本次交易构成上市公司重大资产重组。同时，根据该办法第四十六条的规定，本次发行股份购买资产需并购重组委审核并需中国证监会核准。

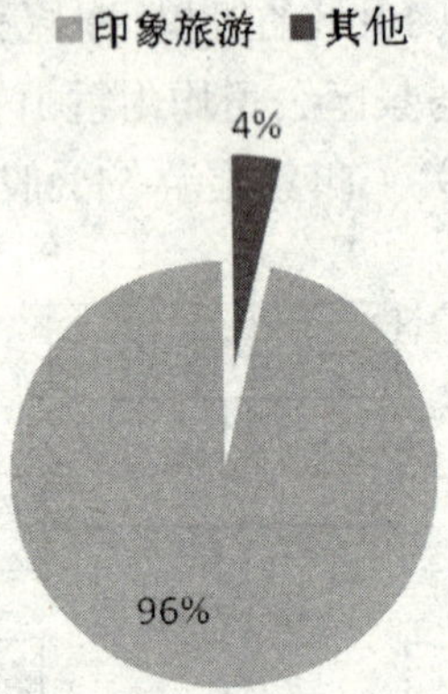

图 2-2　丽江旅游合并财务报表收入

2. 交易前后的股价变化分析。

2010 年 9 月 28 日，丽江旅游第三届董事会第二十九次会议审议通过了《关于丽江玉龙雪山景区投资管理有限公司发行股份购买资产暨关联交易的议案》等议案，并与景区公司签订了《附生效条件的发行股份购买资产框架协议》和《发行股份购买之利润补偿框架协议》。2010 年 9 月 28 日是本次交易的关键时间点，但由于当日股票停盘，因此我们认为 2010 年 9 月 30 日（星期一）的股价变化反应才能代表投资者对于本次关联交易的反应。

图 2-3 为 2010 年 9 月 30 日丽江旅游当日的股票走势，我们可看出当日股市刚开盘，丽江旅游股票走势极其强劲并迅速涨停，涨幅为 10.02%，成交价为 25.69 元/股，且几乎所有投资者都买进该公司股票。由此，我们认为此次关联交易事件给投资者以积极的信号，而投资者对于此次事件的反应也是非常积极的。

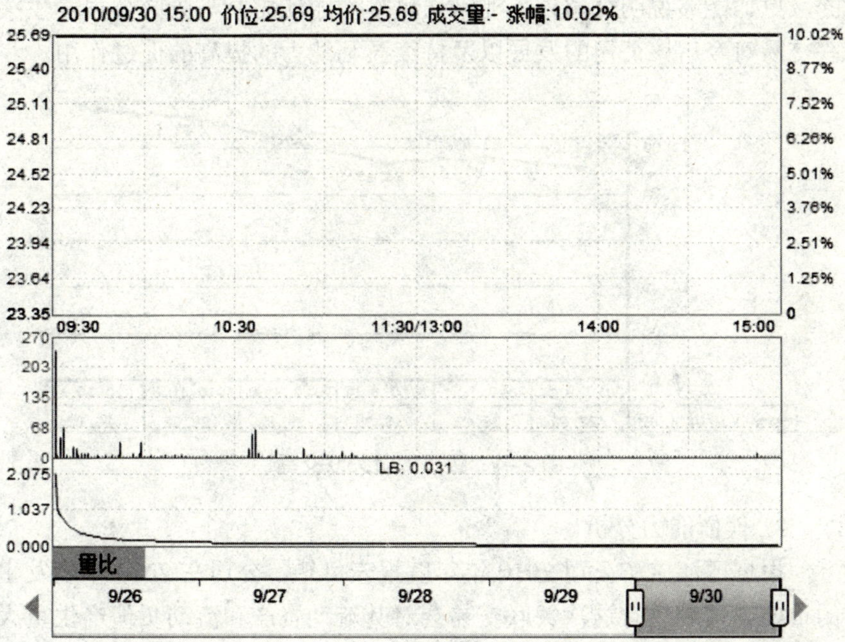

图 2-3

资料来源：新浪财经。

图 2-4 给出了交易前后共 6 天的股票市场数据，我们分别选用了每日的股票收盘价作为当日分析股价。由于丽江旅游股票从 2010 年 8 月 13 日至 2010 年 9 月 29 日一直为停盘，所以交易前的股票市场数据的选取日分别为 8 月 10 日、11 日、12 日，又因为 9 月 30 日后为“十一”长假，因此交易后的股票市场数据的选取日为 9 月 30 日、10 月 8 日、10 月 11 日。由下图可知，在交易前的 8 月 10 日、11 日、12 日丽江旅游股价较为平稳，一直在 23.00 元/股左右小幅震荡。但在交易日 9 月 28 日之后，9 月 30 日、10 月 8 日、10 月 11 日连续三日该公司股票均已上涨收盘，而且前两日该公司股票均为涨停，表现极其强劲，这三日总计该公司股票上涨总幅为 22.82%。因此，我们认为市场上大部分投资者以及整个市场对于本次关联交易的态度是十分支持、积极

的，更加能够说明公司外界非常认可本次丽江旅游与景区公司发生关联交易对今后该公司的发展以及持续盈利能力的提高的促进作用。

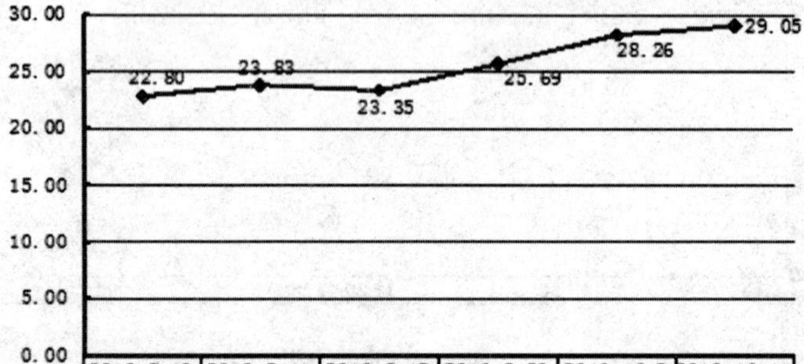

	2010.8.10	2010.8.11	2010.8.12	2010.9.30	2010.10.8	2010.10.11
收盘价（元）	22.80	23.83	23.35	25.69	28.26	29.05

图 2–4　丽江旅游关联交易

3. 偿债能力分析。

根据丽江旅游公司 2010 年年度报表可知，公司在 2010 年度发生的重要事项中只有这次关联交易会对其流动资产和流动负债产生重大影响。而由图 2–5 可知，丽江旅游的流动比率在 2011 年出现了大幅的上升，而且总的来看，在发生关联交易之后，该公司的流动比率总体呈上升趋势。该公司的资产负债率在 2009 年之前一直维持在 54%左右的水平，这一数据表明其资产与负债的配比情况是比较乐观的。随着关联交易的发生，2010 年和 2011 年丽江旅游的资产负债率有大幅下降，从而反映出企业偿还债务的综合能力越来越强。

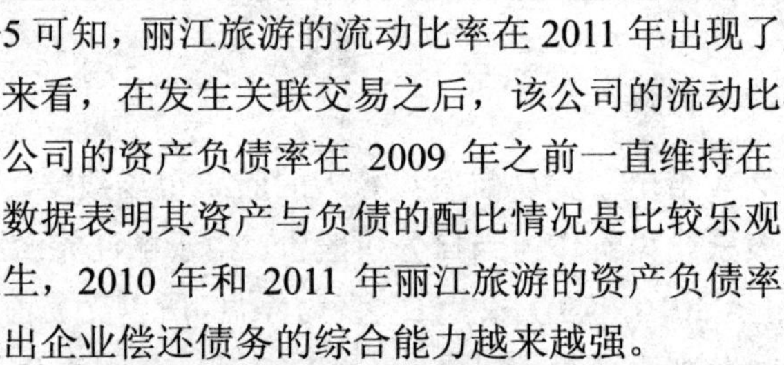

	2009	2010	2011
—— 资产负债率	0.5411	0.3509	0.3047
—— 流动比率	0.6038	0.6542	1.4293

图 2–5　丽江旅游偿债能力分析

通过丽江旅游年度报表继续分析，其2009年资产负债率之所以维持在54.11%，主要是由于银行借款增加所致，由此导致流动比率低至60.38%左右，负债的大幅增加导致公司偿债能力有所下降。2010年公司发生关联交易，向特定对象景区公司发行股份募集大量资金，而大部分用于归还银行贷款，因此2010年末公司资产负债率大幅下降到35.09%，从而流动负债、流动资产均明显下降，因此年末流动比率略有提高。2011年由于公司总体负债规模的下降导致资产负债率降至30.47%，其索道恢复营运后运输收入大幅增加，同期酒店业务亦快速增长，带动公司经营活动现金流量状况明显好转，公司各项偿债能力指标均明显提高，流动比率及资产负债率表现尤为明显。

4. 营运能力分析。

应收账款周转率反映了企业应收账款的周转速度，是评价应收账款流动性大小的一个重要财务比率。由图2-6可知，该公司的应收账款周转率在2011年有大幅的提升。2010年公司应收账款周转天数为67.88天，而在发生关联交易后的2011年公司的应收账款周转天数增加到202.8天，是2010年的3倍之多，这说明通过关联交易丽江旅游公司的应收账款周转速度大幅增加，企业资金利用效率大大增强了。

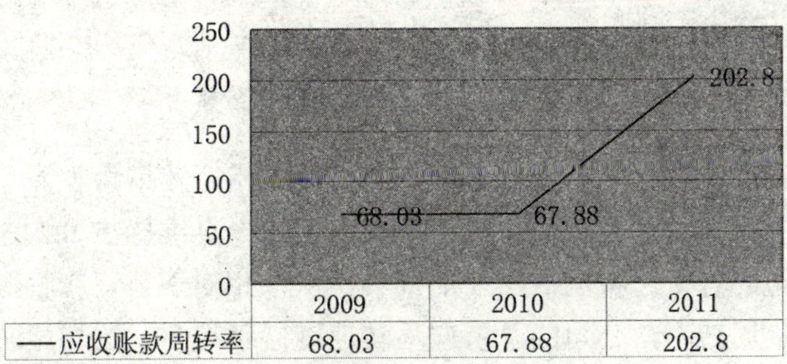

图2-6　丽江旅游营运能力分析

存货周转率，也称存货利用率，是企业一定时期的销售成本与平均存货的比率，反映了存货的周转速度。由图2-7可知，从2009年到

2011 年，该公司的存货周转率总体呈上升趋势，特别是在 2011 年出现大幅上升，说明在发生关联交易后企业销售能力增强，营运资金占用在存货上的金额减少，加强了对存货的管理。

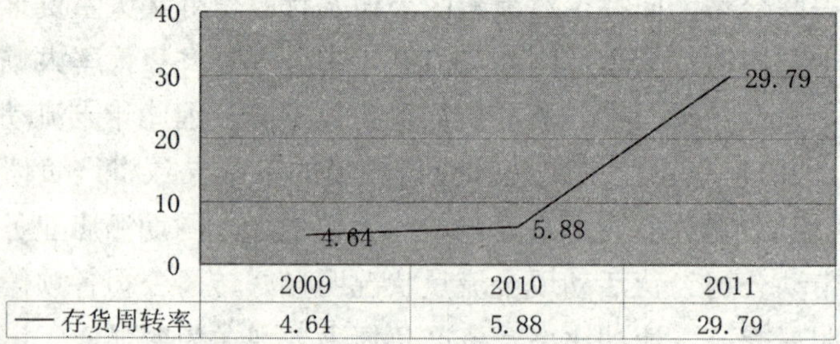

图 2-7 丽江旅游营运能力分析

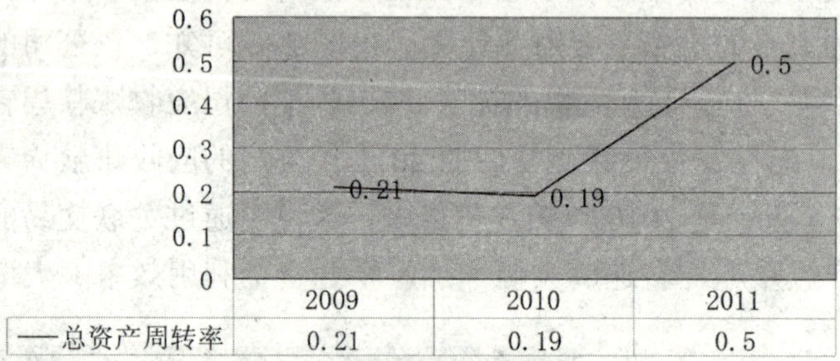

图 2-8 丽江旅游营运能力分析

总资产周转率，也称总资产利用率，是指企业销售收入与资产平均总额的比率。该公司的总资产周转率之前一直维持在 0.2 左右，这说明公司的总资产将近 5 年才能周转一次，相对于公司应收账款周转率和存货周转率，公司的总资产周转速度慢了很多。这与旅游公司资产中非流动资产所占份额较大有关。由图 2-8 可知，该公司的总资产周转率在 2010 年出现了小幅下滑，而 2011 年又出现大幅上升。这是由于丽江旅游发生关联交易之后，在 2011 年玉龙山景区索道恢复营运后运输收入大幅增加，同期酒店业务亦快速增长，带动公司经营活动现金流量状况明显好转，从而提高了总资产利用率。

5. 盈利能力分析。

由图 2-9 可知，该公司的主营业务利润率从 2009 年到 2011 年一直呈现上升趋势。此外，该公司的净资产收益率以及资产报酬率均在 2010 年度有不同程度的下降，而且都在 2011 年有提升。出现这一情形是由于 2010 年玉龙雪山索道停工技改，索道运输收入大幅下降，所以导致净资产收益率及资产报酬率均在 2010 年出现下滑趋势。而本次交易结束后的 2011 年，玉龙雪山索道技改完成，而且根据 2011 年 5 月 31 日云南省国家税务局下发的《云南省国家税务局关于丽江玉龙雪山印象旅游文化产业有限公司执行西部大开发企业所得税优惠政策问题的通知》（云国税函[2011]207 号），印象旅游自 2010 年度起在西部大开发税收优惠政策执行期限内按 15%的税率缴纳企业所得税，据此计算的备考合并报表的主营业务利润率、净资产收益率、资产报酬率均有不同程度的明显提高。因此，本次交易置入的资产有利于提升公司的可持续盈利能力。

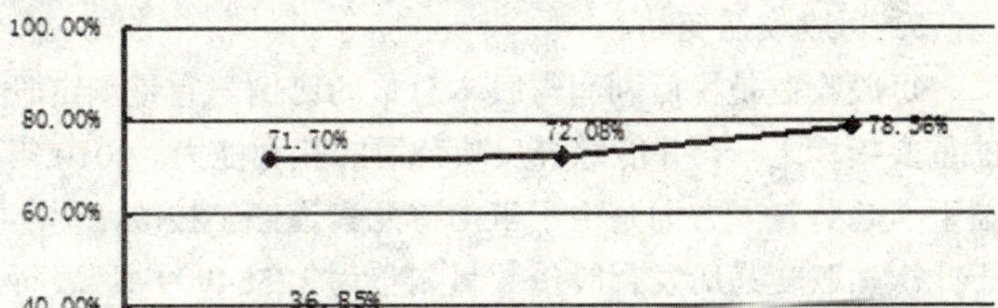

	2009	2010	2011
主营业务利润率	71.70%	72.08%	78.56%
净资产收益率	36.85%	16.84%	33.09%
资产报酬率	25.62%	10.93%	15.19%

图 2-9　丽江旅游盈利能力分析

6. 现金流量变动分析。

由图 2-10 可知，该公司的每股经营现金流量呈现出“U”发展趋势，在 2010 年时达到最低点。2010 年经营活动所产生的现金流量净额有所下降，主要是由玉龙雪山索道技改导致营业收入下降所致。随着玉龙雪山索道的恢复营运和本次交易的顺利完成，未来丽江旅游公司经营活动产生现金能力将进一步提高。

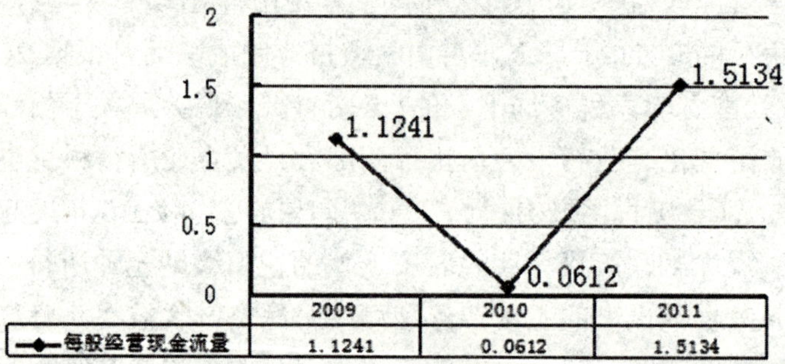

图 2-10 丽江旅游现金流量变动分析

7. 每股收益变动。

每股收益是税后利润与股本总数的比例。它是测定股票投资价值的重要指标之一，并能综合反映公司的获利能力。2010 年出现每股收益下滑趋势，一方面是由于玉山雪龙索道停工技改，另一方面则是由于此次关联交易所发行股份数量调整为 12584909 股，发行后丽江旅游股本为 163804871 股，此次发行股份数量占发行后总股本的 7.68%。而 2011 年出现剧烈上升趋势，该公司利润变化的主要原因我们已经在之前的分析中作了详尽的说明，这里不再赘述。

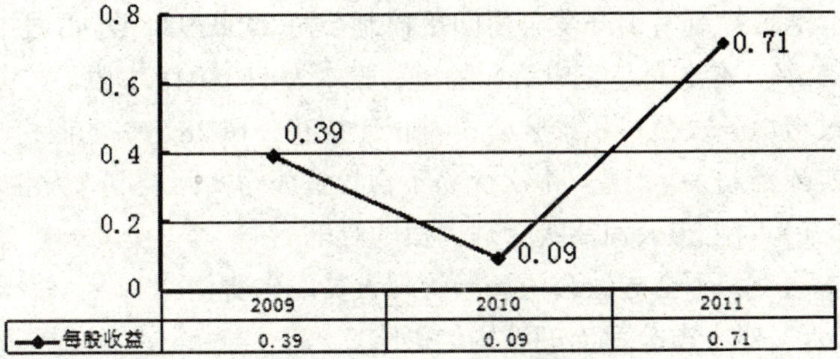

图 2–11　丽江旅游每股收益分析

五、本次交易对丽江旅游的影响

（一）对上市公司主营业务的影响

目前，公司已经构建了雪山旅游索道、五星级度假酒店、国际旅行社等多项旅游业务，是能够提供旅游六要素“吃、住、行、游、购、娱”中前四大要素的综合性旅游企业。本次交易完成后，公司新增旅游文化演艺业务，业务结构进一步得以优化，增强了公司的市场风险抵抗能力。

（二）对上市公司财务状况的影响

本次交易完成后，公司的资产和净资产规模均有提高，总体负债水平合理，经营活动产生的现金流量将有较大幅度增加，经营活动获取现金能力进一步提高，且公司现有的融资渠道仍能保持通畅，财务结构合理安全。

（三）对上市公司持续盈利能力的影响

本次交易完成后，公司通过现有的旅游业务平台进一步扩大公司的旅游市场占有率，通过加强对品牌、资金和业务资源的整合，不断优化公司的业务规模和盈利模式，巩固公司在丽江地区的竞争优势，提升公司的持续盈利能力。

（四）对上市公司股权结构的影响

本次交易前，公司总股本为 151219962 股，公司实际控制人雪山管委会通过控制雪山开发公司间接控制公司34097984股，占股本总额的22.55%。本次交易完成后，公司总股本为163804871股，雪山管委会通过雪山开发公司和景区公司将合计持有公司28.50%的股份，仍为公司实际控制人，因此，本次交易不会导致公司实际控制人发生变化。

（五）对上市公司高级管理人员的影响

本次交易不会导致公司高级管理人员发生变化。

（六）对上市公司治理结构的影响

本次交易前，公司已经按照有关法律法规建立了规范的法人治理结构和独立运营的公司管理体制，做到业务独立、资产独立、财务独立、人员独立和机构独立。本次交易向景区公司非公开发行12584909股，公司实际控制人的控制权地位未发生改变。本次交易不会对现有的公司治理结构产生任何影响，本次交易不会损害公司及中小股东的利益。

（七）对上市公司同业竞争和关联交易的影响

本次交易前，公司具有明确的经营范围和独立的自主经营能力，与控股股东、实际控制人及其控制的其他企业不存在同业竞争或显失公平的关联交易。在公司经营管理过程中，公司重大决策的程序和规则主要依据《公司章程》、三会议事规则和公司内部管理规章的规定进行，董事会对公司重大决策和重大投资事项进行认真讨论，并充分听取独立董事和专家意见，独立作出决策，须经股东大会决定的事项报经股东大会审议批准。本次交易完成后，交易对方景区公司不再拥有或控制与印象旅游、上市公司类似的企业或经营性资产，因此，交易对方与印象旅游及上市公司之间不存在同业竞争的情况。

六、案例评价

综上，本次交易完成后，公司的资产和净资产规模均有提高，总体负债水平合理，经营活动产生的现金流量较大幅度增加，经营活动获取现金能力进一步提高，且公司现有的融资渠道仍能保持通畅。虽然公司存在资产抵押事项，但属于正常经营范畴，且风险可控。总体上看公司财务结构安全，不存在重大财务风险。

随着国内经济的稳步增长和国际金融危机影响的逐渐消除，国内旅游行业未来发展前景看好。国内居民收入的稳定增长也进一步推动了消费升级，刺激了国内旅游经济快速增长，同时也促进了旅游经济与文化消费的结合，文化旅游概念也逐渐被消费者接受。《印象·丽江》雪山篇是张艺谋导演团队打造的“印象系列”实景演出的代表作之一，这种文化与旅游的有机结合为印象旅游未来保持盈利持续增长提供了有力的保障，从而更加丰富了丽江旅游公司旅游产品业务链的发展。但是，众所周知，旅游业是人均收入弹性很大的行业，因此旅游业内公司引进新业务或新产品时的风险亦很大。本次丽江旅游关联交易所引进的《印象·丽江》雪山篇到目前为止对丽江旅游的营运能力、盈利能力、偿债能力、现金流量以及股价等方面都产生了一定积极的影响，但是公司此时必须清醒地认识到由此新业务所带来的各种风险。本案例中，丽江旅游今后在此新业务方面将面临市场需要变化的风险、《印象·丽江》雪山篇著作权使用的风险、盈利预测的风险、由于演出收益支付比例提高导致的盈利水平下降的风险等。因此，公司为了保障印象旅游以及自身的可持续发展能力，就必须要强化内部管理，提升经营绩效；加强品牌建设，巩固竞争优势；加大推广力度。实现整体营销；优化资源配置，扩大规模效益。

第三章　旅游业的并购及其案例分析

第一节　兼并与收购概述

一、兼并与收购的概念

（一）兼并

兼并（merger）指两家或更多的独立的企业、公司组成一家企业，通常由一家占优势的企业吸收一家或更多的公司。[①]兼并的方法包括：用现金或证券购买其他公司的资产；购买其他公司的股份或股票；对其他公司股东发行新股票以换取持有的股权，从而取得其他公司的资产和负债。

（二）收购

收购（acquisition）是指一家企业用现金、股票或者债券等支付方式购买另一家企业的股票或者资产以获得该企业控制权的行为。

收购有两种形式：资产收购和股权收购。资产收购是指一家企业通过收购另一家企业的资产以达到控制该企业的行为。股权收购是指一家企业通过收购另一家企业的股权以达到控制该企业的行为。

（三）合并

合并（consolidation）是指两个或两个以上的企业相互合并成立一个新的企业。合并包括两种法定形式；吸收合并和新设合并。吸收合

---

① 来源于《大不列颠百科全书》。

并是指两个或两个以上的企业合并后，其中一个企业存续，其余的企业失去法人资格，用公式可以表示为：A+B+C=A。新设合并是指两个或两个以上的企业合并后，参与合并的所有企业都失去法人资格，成立一个新的企业，用公式表示为：A+B+C=D。

合并主要有如下特点：第一，合并后消灭的企业的产权人或股东自然成为存续或者新设企业的产权人或股东；第二，因为合并而消灭的企业的资产和债权债务由合并后存续或者新设的企业继承；第三，合并不需要经过清算程序。

（四）并购

兼并、收购和合并三者有区别，例如：收购与合并中债权人新担负的义务不同。当公司决定合并时，应立即编制资产负债表及财产目录，以明确其财产状况，提供给债权人查阅。所以，合并有保护债权人的程序和义务。合并中，依据有关规定，股东会的决议和资产负债的结算必须征询债权人的意见，如债权人在一定期限内没有提出异议，即为承认此合并案。可见，如果采取合并的方式防护某家企业的经营权，必须先取得该公司经营者的同意，经股东会议决定后才能达到目的。而收购在程序上就相对简单，如果收购方想通过收购某家公司的股权而取得经营权，只要收购到目标公司一定比例的股权就可以达到目的。在程序上只要取得股权上的优势，再进行董事会、监事会改组即可。

但兼并、收购和合并三者也存在一定的交集，目前国内外没有标准的区分方法，因此，人们一般习惯性地将它们通称为并购（merger and acquisition，M & A）。并购是指一个企业购买其他企业的全部或部分资产或股权，从而影响、控制其他企业的经营管理，其他企业保留或者放弃法人资格。

并购的实质是在企业控制权运动过程中，各权利主体依据企业产权作出的制度安排而进行的一种权利让渡行为。并购活动是在一定的财产权利制度和企业制度条件下进行的，在并购过程中，某一或某一部分权利主体通过出让所拥有的对企业的控制权而获得相应的收益，另一个部分权利主体则通过付出一定代价而获取这部分控制权。企业并购的过程实质上是企业权利主体不断变换的过程。

二、并购的类型

按照不同的分类标准，企业的并购可分为不同类型。

（一）横向并购、纵向并购和混合并购

按并购双方的行业关系，并购可以划分为横向并购、纵向并购和混合并购。

1. 横向并购，是指处于同行业，生产同类产品或生产工艺相似的企业间的并购。这种并购实质上是资本在同一产业和部门内集中，迅速扩大生产规模，提高市场份额，增强企业的竞争能力和盈利能力。

按照新古典企业理论的解释，企业是根据其生产函数和成本函数进行生产的。企业的生产存在一个临界点。在临界点的左侧，企业的生产成本会随着企业规模的扩大而降低；在临界点的右侧，情况刚好相反。这个临界点是企业的规模经济和规模不经济的临界点。规模经济的实现是厂商在市场经济条件下的最优选择。[①]企业为了获得规模经济就必须扩大生产经营规模，获取调整技术结构和组织结构的空间，从而降低平均生产成本。扩大企业规模速度最快、效率最高的方法就是进行兼并和收购。新古典经济学的规模经济来自生产相同产品的生产规模的扩大，因此就为横向并购模式提供了一个很好的解释。

2. 纵向并购，是指生产和经营过程相互衔接、紧密联系的企业之间的并购。其实质是通过处于同一产品不同生产阶段的企业之间的并购，实现纵向一体化。纵向并购除了可以扩大生产规模、节约共同费用之外，还可以促进生产过程各个环节之间的密切配合，加速生产流程，缩短生产周期，节约运输、仓储费用和能源。

交易成本理论全面回答了纵向并购模式的运作机理。该理论认为，

① A．马歇尔．经济学原理[M]．商务印书馆．1981

企业的存在就是为了节约交易费用（科斯[①]，1937）。当企业通过市场完成一笔交易的成本高于企业内部完成同样交易的成本时，企业便有动力通过并购活动将市场交易内化，以节约交易成本。两个独立的企业在买卖交易中存在普遍的机会主义行为。这是市场交易成本较高的主要原因。并购正是将两个所有权主体合并为一个一体化的所有权结构，利用一体化结构内部的权威机制和信息交流减少机会主义行为，从而降低交易成本。这个一体化的所有权结构在现实中主要表现为垂直一体化。垂直一体化沿着产业链的两个方向实现一体化，包括前向一体化和后向一体化。垂直一体化可以重新安排企业生产要素的配置格局，节约存储、运输和生产环节的流通费用，提高生产管理的组织协调效率，减少投入品供给的不确定性和风险，纠正外部化市场的失灵，规避政府管制。这些都有助于交易成本的降低。

3. 混合并购。是指处于不同产业部门、不同市场，且这些产业部门之间没有特别的生产技术联系的企业之间的并购。混合并购可以降低一个企业长期从事一个行业所带来的经营风险，另外通过这种方式可以使企业的技术、原材料等各种资源得到充分利用。

混合并购模式可以通过资产组合理论得到全面的解释。资产组合理论根据资产组合假说认为市场环境是不确定的和充满变数的，为了降低和分散经营风险，企业通常会采取多元化经营战略。实施多元化经营可以采用两种途径：一是通过自建项目来从事多元化经营；二是通过并购活动进入其他行业和市场。自建项目可以使企业更好地掌握与产品和服务相关的技术，但投入产出时间过长，产品和服务的迅速换代也使这一方式面临较大的风险。因此，企业通常采用混合并购的方式，低成本地迅速进入其他行业。该理论隐含的假设前提是，通过多元化经营所降低的市场风险足以弥补并购后增加的管理成本和产生的新风险。[②]

---

① R.H.Coase. The Nature of the Firm [J]. Economica, New Series, 1937.4(16)

② 梁国勇．企业并购动机和并购行为研究[J]．经济研究．1997（08）

混合并购包括以下三种形态：

（1）产品扩张性并购，即生产相关产品的企业间的并购。

（2）市场扩张性并购，即一个企业为了扩大竞争地盘而对其他地区的生产同类产品的企业进行的并购；

（3）纯粹的并购，即生产和经营彼此毫无关系的产品或服务的若干企业之间的并购。

（二）善意并购和恶意并购

按并购是否取得目标企业的同意与合作，并购可以划分为善意并购和恶意并购。

1. 善意并购（又称友好并购），收购公司提出收购条件以后，如果目标公司接受收购条件，这种并购称为善意并购。在善意并购下，收购条件、价格、方式等可以由双方高层管理者协商并经董事会批准。由于双方都有合并的愿望，因此，这种方式的成功率较高。

2. 恶意并购（又称敌意并购），如果收购公司提出收购要求和条件后，目标公司不同意，收购公司只有在证券市场上强行收购，这种方式称为恶意收购。在恶意收购下，目标公司通常会采取各种措施对收购进行抵制，证券市场也会迅速作出反应，股价迅速提高，因此恶意收购中，除非收购公司有雄厚的实力，否则很难成功。

（三）直接并购和间接并购

按并购双方是否直接进行并购活动，并购可以划分为直接并购和间接并购。

1. 直接收购。是指收购公司直接向目标公司提出并购要求，双方经过磋商达成协议，从而完成收购活动。如果收购公司对目标公司的部分所有权提出并购要求，目标公司可能会允许收购公司取得目标公司的新发行股票；如果是全部产权的并购要求，双方可以通过协商确定所有权的转移方式。由于在直接收购的条件下，双方可以密切配合，因此相对成本较低，成功的可能性较大。

2. 间接收购。指收购公司直接在证券市场上收购目标公司的股票，从而控制目标公司。由于间接收购方式很容易引起股价的剧烈上涨，同时可能会引起目标公司的激烈反应，因此会提高收购的成本，增加收购的难度。

（四）新设型并购、吸收型并购和控股型并购

按并购完成后目标企业的法律状态来分，并购可以划分为新设型并购、吸收型并购和控股型并购。

1. 新设型并购，指并购双方都解散，成立一个新的法人的并购。

2. 吸收型并购，指目标企业解散而为并购企业所吸收的并购。

3. 控股型并购，指并购双方都不解散，但由并购企业控股的并购。

（五）现金收购、股票收购、综合证券收购

按并购过程中支付方式不同，并购可以划分为现金收购、股票收购、综合证券收购。

1. 现金收购，指收购公司向目标公司的股东支付一定数量的现金而获得目标公司的所有权。现金收购存在资本所得税的问题，这可能会增加收购公司的成本，因此在采用这一方式的时候必须考虑这项收购是否免税。另外现金收购会对收购公司的流动性、资产结构、负债等产生影响，所以是否采用现金收购应该综合进行权衡。

2. 股票收购，是指并购公司通过增发股票的方式获得目标公司的所有权。这种方式，公司不需要对外付出现金，但是增加股份数会影响公司的股权结构，原有股东的控制权会受到冲击。

3. 综合证券收购，指在收购过程中，收购公司支付的不仅仅有现金、股票，还有认股权证、可转换债券等多种方式的混合。这种兼并方式具有现金收购和股票收购的特点，收购公司既可以避免支付过多的现金，保持良好的财务状况，又可以防止控制权的转移。

（六）强制并购和自由并购

按并购企业是否负有并购目标企业股权的强制性义务，并购可以划分为强制并购和自由并购。

1. 强制并购，是指并购企业持有目标企业股份达到一定比例，可

能操纵后者的董事会并对股东的权益造成影响，根据《证据法》的规定，并购企业负有对目标企业所有股东发出收购要约，并以特定价格收购股东手中持有的目标企业股份的强制性义务而进行的并购。

2. 自由并购，是指并购方可以自由决定收购被并购方任一比例股权的并购。

（七）杠杆收购和非杠杆收购

按并购企业是否利用自己的资金，并购可以划分为杠杆收购和非杠杆收购。

1. 杠杆收购，指并购企业通过信贷所融资本获得目标企业的产权，并以目标企业未来的利润和现金流偿还负债的并购方式。

2. 非杠杠收购，指并购企业不用目标企业的自由资金及营运所得来支付或担保并购对价的并购方式。

三、并购相关理论

现有的旅游企业并购理论认为，同其他类型的企业一样，旅游企业在实际并购活动中的动因和效应亦可以通过西方经济学的相关理论得到很好的解释。这些理论主要包括效率理论、代理理论、信息与信号理论、自由现金流量假说、市场势力理论。

多元化动机的表现形式是形形色色的。这就决定了很难运用一种并购理论或假设来解释所有的并购活动。将这些理论综合起来，用于考察旅游企业并购活动，应该可以提供一个更为客观而详尽的解释。

（一）效率理论

并购效率理论是从并购后对企业效率改进的角度来考察的，认为并购和其他形式的资产重组活动有着潜在的社会效益。效率理论认为公司并购活动能够给社会收益带来一个潜在的增量，而且对交易的参与者来说无疑能提高各自的效率。这一理论包含两个基本的要点：（1）公司并购活动的发生有利于改进管理层的经营业绩；（2）公司并购将导致某种形式的协同（synergy）效应。该理论暗含的政策取向是鼓励公司并购活动的。

效率理论可以分为六个子理论。

1. 效率差异化理论（differential efficiency）。效率差异化理论认为并购活动产生的原因在于交易双方的管理效率是不一致的。通俗讲就是，如果 A 公司的管理效率优于 B 公司，那么在 A 公司兼并 B 公司后，B 公司的管理效率将被提高到 A 公司的标准，从而效率由于两公司的合二为一得到了促进。该理论可以被形象地称为“管理协同”理论。亦即具有较高效率的公司将会兼并有着较低效率的目标公司并通过提高目标公司的效率而获得收益（gains）。该理论有两个基本假设：（1）如果收购方有剩余的管理资源且能轻易释出（release），并购活动将是没有必要的；但如果作为一个团队（team）其管理是有效率和不可分割的，或者具有规模经济，那么通过并购交易使其剩余的管理资源得到充分利用将是可行的。（2）对于目标公司而言，其管理的非效率可经由外部经理人的介入和增加管理资源的投入而得到改善。

2. 非效率管理理论（inefficient management）。这一理论一般很难和效率差异化理论及代理理论区分开来。一方面，非效率管理可能仅是指既有管理层未能充分利用既有资源以达到潜在绩效，相对而言，另一控制集团的介入能使目标公司的管理更有效率；另一方面，非效率管理亦可能意味着目标公司的管理是绝对无效率的，几乎任一外部经理层都能比既有管理层做得更好。该理论为混合兼并提供了一个理论基础。而在效率差异化理论中，收购方具有目标公司所处行业所需的特殊经验并致力于改进目标公司的管理。因此，效率差异理论更适用于解释横向兼并，与此相对，非效率管理理论更适用于分析混合兼并，即处于不相关的行业的公司间的并购活动。

非效率管理理论具有三个理论假设：（1）目标公司无法替换有效率的管理，而诉诸于需要成本的收购；（2）如果只是因为经理人的无效率管理，目标公司将成为收购公司的子公司而不是合二为一；（3）当收购完成后，目标公司的管理者需被替换。

3. 经营协同效应理论。该理论认为，由于在机器设备、人力或经费支出等方面具有不可分割性，因此产业存在规模经济的潜能。横向、纵向甚至混合兼并都能实现经营协同效应。例如，A 公司擅长营销但不精于研究开发，而 B 公司正好相反，如果 A 公司兼并了 B 公司，那么通过两者的优势互补将产生经营上的协同效应。

4. 多角化理论。作为一种并购理论，多角化区别于股份持有者证券组合的多样化理论。由于股东可以在资本市场上将其投资分散于各类产业，从而分散其风险，因此，公司进行多角化经营和扩张并不是出于为股东利益着想。在所有权与经营权相分离的情况下，公司管理层甚至其他员工将面临较大风险——如果公司的单一经营有可能陷于困境，由于他们不能像公司股东一样可在资本市场上分散其风险，因此只有靠多角化经营才能分散其投资回报的来源和降低来自单一经营的风险。而且，公司内部的老员工由于具有特殊的专业知识，其潜在生产力必优于新进的员工，为了将这种人力资本保留在组织内部，公司可以通过多角化经营来增加职员的升迁机会及其工作的安全感。此外，如果公司原本具有商誉、客户群体或是供应商等无形资产时，多角化经营可以使此资源得到充分的利用。虽然多角化经营未必一定通过收购来实现，也可通过内部的成长而达成，但时间往往是重要因素，通过收购其他公司可迅速达到多角化扩展的目的。

5. 策略性结盟理论（strategic realignment）。该理论认为，公司的并购活动有时是为了适应环境的变化而进行多角化收购以分散风险的，而不是为了实现规模经济或是有效运用剩余资源。多角化互保的形成可使公司有更强的应变能力以面对多变的经营环境。

6. 价值低估理论（under valuation）。这一理论认为，当目标公司的市场价值（market value）由于某种原因而未能反映出其真实价值（true value）或潜在价值（potential value）时，并购活动将会发生。公司市值被低估的原因一般有如下几种：（1）公司的经营管理未能充分发挥应有之潜能。（2）收购公司拥有外部市场所没有的、有关目标公司真实价值的内部信息。（3）由于通货膨胀造成资产的市场价值与重置成本的差异，而出现公司价值被低估的现象。可通过Q比例（Q—Ratio 股票市值/资产的重置成本）对此进行估算，如果Q比例小于1，则收购将会产生潜在收益。例如，Q 比例即使为收购成本市值的 1.5 倍，其总成本亦只有资产重置成本的90%，收购该公司依然有利可图。

（二）代理理论

代理理论（agency cost）最初是由简森（Jensen）和梅克林（Meckling）于 1976 年提出的。这一理论后来发展成为契约成本理论（contracting cost theory）。契约成本理论假定企业由一系列契约所组成，包括资本的提供者（股东和债权人等）和资本的经营者（管理当局）、企业与供货方、企业与顾客、企业与员工等的契约关系。

代理理论主要涉及企业资源的提供者与资源的使用者之间的契约关系。按照代理理论，经济资源的所有者是委托人，负责使用以及控制这些资源的经理人员是代理人。代理理论认为，当经理人员本身就是企业资源的所有者时，他们拥有企业全部的剩余索取权，经理人员会努力地为自己而工作，这种环境下就不存在什么代理问题。但是，当管理人员通过发行股票方式从外部吸取新的经济资源，管理人员就有一种动机去提高在职消费，自我放松并降低工作强度。显然，如果企业的管理者是一个理性经济人，他的行为与原先自己拥有企业全部股权时将有显著的差别。如果企业不是通过发行股票而是通过举债方式取得资本，也同样存在代理问题，只不过表现形式略有不同。这就形成了简森和梅克林的所说的代理问题。简森和梅克林将代理成本区分为监督成本、守约成本和剩余损失。其中，监督成本是指外部股东为了监督管理者的过度消费或自我放松而耗费的支出；代理人为了取得外部股东信任而发生的自我约束支出（如定期向委托人报告经营情况、聘请外部独立审计等）为守约成本；由于委托人和代理人的利益不一致导致的其他损失就是剩余损失。

代理理论还认为，代理人拥有的信息比委托人多，并且这种信息不对称会逆向影响委托人有效地监控代理人是否适当地为委托人的利益服务。它还假定委托人和代理人都是理性的，他们将利用签订代理契约的过程最大化各自的财富。而代理人出于自我寻利的动机，将会利用各种可能的机会增加自己的财富。其中，一些行为可能会损害到所有者的利益。例如，为自己修建豪华办公室、购置高级轿车，去著名旅游区做与企业经营联系不大的商务旅行等。当在委托人（业主）和代理人（经理）之间的契约关系中，没有一方能以损害他人的财富为代价来增加自己的财富时，即达到帕雷托最优化状态。或者说，在有效的市场环境中，那些被市场证明采用机会行为损害他人利益的人或集团最终要承担其行为的后果。比如，一个信用等级不高的借款者将难以借到款项或必须以更高的成本取得借款；一个声望不佳的经理将很难在有效的经理市场上取得一个好的职位；在会计服务市场上，一家被中国注册会计师协会或中国证监会通报批评的会计师事务所在很短的时间内会丢失大量客户。为了保证在契约程序上最大化各自的利益，委托人和代理人都会发生契约成本。为了降低代理人“磨洋工”的风险，委托人将支付监督费用，如财务报表经过外部审计的成本。另一方面，代理人也会发生守约成本。例如，为了向委托人（业主）证明他们有效、诚实地履行了代理职责，经理需要设置内部审计部门，相应地就会发生内部审计费用。设置内部审计部门，让股东充分了解经理人员的行为，使股东对经理人员更加信任，这可以帮助经理人员巩固他们在公司中的位置，从而维持他们现有的工资水平。西方的一些实证研究文献表明（转引自 Adams，1991），委托人监督代理人的费用体现在代理人所取得的工资薪水中。这些研究还表明，代理人出于自利的考虑，需要设置诸如内部审计之类的监督服务，让委托人充分了解经理人员的努力程度，以降低委托人对管理报酬作出逆向调整的风险。

代理理论对并购的解释主要有三种观点：

1. 曼尼于 1965 年提出并购可以用来解决代理问题。由于资本市场上存在并购行为，一旦企业的经营业绩不佳，就会招致被其他企业并购的命运，而并购会导致高层管理人员的重新任命，这就使得高层管理人员的领导地位始终受到威胁，进而迫使其努力工作，提高管理效率。

2. 米勒于 1969 年提出由于企业规模决定管理阶层的待遇，所以管理人员都有不断扩大企业规模的欲望。因此，代理问题导致了并购。但李魏仑、汉斯曼在 1970 年的实证分析表明，代理人的报酬与公司的投资收益率有关而与公司规模无关，此结果与上述假设相反。持反对意见者则认为收购本身实际就导致了代理问题的产生。

3. 罗尔 1986 年提出了自负假说，认为企业管理层往往高估了自己的管理能力，在规划改造目标企业时过分乐观，以致在资本市场大规模高价收购其他企业，最后无法成功完成对目标企业的整合，从而导致并购失败，并把财富转移给了目标企业的股东。

（三）信息与信号理论

信息与信号理论（information and signaling theory）。Desai 和 Kim（1983，1988）认为，收购活动会散布关于目标企业股票被低估的信息，并且促使市场对这些股票进行重新估价。价值被低估的企业常常成为收购的目标，在并购公告日市场会调整原先偏低的估计，从而导致累计超额收益显著大于零。

企业并购传递给市场参与者一定的信息或信号，表明目标企业的未来价值可能提高，从而促使市场对目标企业的价值进行重新评估或激励目标企业的管理层贯彻更有效的竞争战略。

因兼并收购行为产生的信息将推动资本市场对公司的市场价值重新作出评估。其一是目标公司在得到并购的信息后，努力致力于管理效率和经营业绩的提高，从而增加公司的市场价值；其二是在目标公司无所行动的情况下，市场本身从并购的信息中得到该公司市场价值被低估的信息，即使并购活动并未最终取得成功，市场将会重新评估该公司，从而使该公司的股价上涨。

信息与信号理论的两个假设：（1）股票收购传递了目标企业被低估的信息，就目标企业而言，并不需要采取任何行动就会有市值重估的产生，即“待价而沽”。（2）收购要约的公布或关于收购的谈判将传达某种信息，告知目标公司的管理层应从事更有效率的管理活动。

信息与信号理论力图解释为什么无论收购成功与否，目标企业的股票价值在要约收购中总要被永久性地提高。这一理论可分为两种。

1. 信息理论。

信息理论认为新的信息是作为要约收购的结果而产生的，且重新估价是永久性的，该信息假说可以区分为两种形式：一种认为收购活动会散布关于目标企业股票被低估的信息，并且促使市场对这些股票进行重新估价，目标企业和其他各方不用采取特别的行动来促进价值的重估，即所谓的“坐在金矿上”的解释。该假说的另一种形式是认为要约会将信息传递给目标企业的管理者，从而激励其依靠自身的力量贯彻更有效的战略，即所谓的“背后鞭策”的解释，要收购要约之外不需要任何外部动力来促进价值的重新高估。

2. 信号理论。

信息理论的一个重要变形是信号理论，信号理论说明特别的行动会传达其他形式的重要信息，信号的发布可以以多种方式包含在并购活动中，公司收到收购要约这一事实可能会传递给市场这样的信息：该公司拥有迄今为止尚未被认识到的额外的价值，或者企业未来的现金流量将会增长。当一个主并企业用普通股来购买其他企业时，可能被目标企业或其他各方视作主并企业的普通股价值被高估的信号，而当商业企业重新购回他们的股票时，市场又会将其视为这样一种信号：管理层有其自身企业股票价值被低估的信息，且该企业将会获得有利的新的成长机会。

（四）自由现金流量假说

迈克尔·詹森（Michael C. Jensen）（1986）提出的自由现金流量假说，也称为自由现金流量的代理成本理论，即融资结构会通过约束自由现金流量减少经理人员可用于相机处理的现金流量，降低经理人员的控制权，对企业代理问题产生积极影响，并影响企业的价值。

自由现金流量假说源于代理问题。在公司并购活动中，自由现金流量适当减少可以缓解公司所有者与经营者之间的冲突。所谓自由现金流量是指公司现金在支付了所有净现值（NPV）为目的投资计划后所剩余的现金量。詹森认为，自由现金流量应完全交付于股东，这将降低代理人的权力，同时再度进行投资计划所需的资金在资本市场上重新筹集将受到控制，由此可以降低代理成本，避免代理问题的产生。

（五）市场势力理论

市场势力理论又称市场力量理论或市场垄断力理论，该理论认为企业收购同行业的其他企业的目的在于寻求占据市场支配地位，或者说兼并活动发生的原因是它会提高企业的市场占有份额。

根据这一理论，企业在收购一个竞争对手后，即产生了将该竞争者挤出市场的效应，可能会在削减或降低现有竞争对手的市场份额的同时，提高其市场地位和控制能力，从而可以提高其产品的价格和市场的垄断程度，获得更多的超额利润即垄断利润。

传统的市场势力理论认为企业并购的动机源于对企业经营环境的控制，并购降低了市场中企业数量，提高了市场集中度，便于剩余企业进行串谋，操纵市场价格，从而获得超额垄断利润。

近些年，许多学者对这种传统理论提出了置疑，认为市场集中度提高往往是激烈竞争、优胜劣汰的结果，而且在实际竞争中，企业串谋几乎不可能实现。他们指出，市场一方竞争者的并购扩张行为将迫使其他企业进行并购重组，同时，先发企业往往有很强的动机加快并购步伐，即具有继续并购的动机，引起企业之间的并购重组大战。而且这种并购有助于提高市场（特别是信息产品市场）的标准化程度，实现企业间的资源互补。

第二节　旅游企业并购文献综述

一、企业并购动机文献综述

在研究旅游企业并购的理论文献中，对于并购动因的分析主要是采用一般的企业并购理论。

南开大学的燕兴[①]（1998）根据古典经济学关于规模经济效应和管理协同效应的理论，提出旅游市场上企业并购的动机就是为了实现竞争优势在企业之间的转移。这些竞争优势体现在商品或生产要素及其经营能力上。对于旅游企业并购的效应，他认为："在横向并购中，会使得生产规模扩大，进而获得规模经济……在纵向并购中，伴随着垂直一体化，消除或削弱了资产专用性及合约不完备性所造成的机会主义行为，从而实现交易费用的节约，有助于企业获得'兼容'专业化经济与一体化经济的协同收益……一般地，混合并购可使企业获得多样化经济、一体化经济和范围经济的'协同收益'。"

张月华[②]（2000）从公司并购动机理论的出发点、公司并购动机理论的一般和具体等方面对公司并购动机理论进行较系统的多层次分析。

周凌霄、王禾军[③]（2002）分析认为，20世纪90年代，全球范围内大规模的企业兼并浪潮的战略动机主要有：加强垄断地位、构建企业核心竞争能力、巩固技术领先优势、拓展新业务领域等。

刘阳[④]（2003）认为当前公司并购的主体是以企业战略为导向的并购。在此情况下，公司并购的目的通常已不是实现投机性的收益，而是旨在通过并购来实现企业的战略目标。他认为企业的战略动机为增

① 燕兴．中国旅游业的购并与资本经营战略[J]．经济经纬．1998（04）
② 张月华．企业并购动机的理论与现实分析．陕西经贸学院学报．2000（6）：51-54
③ 周凌霄，王禾军．全球企业大规模并购的战略动机分析．企业经济．2004（8）：77-78
④ 刘阳．当前企业并购的战略动机及启示．江苏商论．2003（12）：95-96

强市场力量动因、构建企业核心竞争力动因与多元化经营动因。

董建华和袁天荣[①]（2006）认为由于并购融资方式的选择关系到利益相关者的利益，并购公司控股股东往往在权衡各种影响因素和各种利益关系的基础上选择并购融资方式，因此他们主要从公司控制权、并购动机、财务杠杆收益、抵御被并购等方面分析控股股东在并购融资方式选择中的行为动机。

孙京海、朱学义、王云龙[②]（2008）认为旅游企业并购的主要目的是使双方在生产、科研、市场营销或财务方面产生经营协同效应，因此达到股东权益最大化。

陈爱国、袁洪飞[③]（2008）从旅游企业核心竞争力和旅游企业并购之间的辩证关系出发，认为提高核心能力是旅游企业并购的主要动机。而其所指的核心能力主要指一种组织内部经过整合了的知识和技能，是组织内部关于如何协调复杂的生产技能和多种关键业务流程知识的总汇，同时通过这种整合来适应和改变外部环境，形成有力的、对手难以模仿和替代的竞争能力。

二、企业并购模式文献综述

理论界根据并购企业和目标企业的关系把并购分为横向并购模式、纵向并购模式和混合并购模式。其中关于旅游企业并购模式研究的文献资料并不多见。主要有：

南开大学的燕兴[④]（1998）在他的一篇文章中分别列举了旅游行业中横向并购、纵向并购和混合并购三种模式，他认为："旅游企业在资本经营过程中，将面临着横向扩张、纵向一体化还是多元化经营的战略选择。但无论哪一种选择，旅游企业都必须坚持以旅游为主业，以旅游业为依托，与既有的旅游主业密切关联。"

① 董建华、袁天荣．控股股东的并购融资动机分析．财会月刊．2006（17）
② 孙京海、朱学义、王云龙．旅游业资本化运作研究．江苏商论．2008（09）
③ 陈爱国、袁洪飞．谈基于核心竞争力的旅游企业并购．商业时代．2008（07）
④ 燕兴．中国旅游业的购并与资本经营战略[J]．经济经纬．1998（04）

郑辉[①]（2004）通过对20世纪90年代旅游企业并购模式和绩效的实证分析，发现“饭店企业适宜采用的并购模式是横向和混合并购模式，旅行社企业适合采用的并购模式主要是横向并购模式，景区企业适宜采用横向并购模式和混合并购模式”。

三、企业并购绩效评价文献综述

国内现有文献中关于旅游企业并购绩效评价的资料并不多见，主要有：

张春琳[②]（2006）采用事件分析法，以外资并购公告90日期为研究窗口进行研究，结果显示，从外资并购公告日前60天到公告日后30天，外资并购首旅股份和中青旅事件分别给响应的投资者带来 51.45%、21.13%的累积超常收益率，外资并购对目标公司的财富增长效应显著。并提出要鼓励基于目标企业核心能力提升的战略型外资并购，以实现外资并购成功与中国旅游业国际竞争力培育和提升的双赢格局。

胡智超[③]（2009）以我国旅游上市公司发生的并购活动为基础，通过建立绩效评价指标体系对并购前后公司绩效的变化进行实证分析，发现旅游上市公司并购前后的经营绩效存在着一个先升后降的过程，表明我国旅游上市公司并购对其绩效的提升具有短期性，并推测导致这一情况出现的其中一个很重要的原因是并购后的整合不够深入。

胡春林[④]（2005）针对我国旅游企业并购偏好混合路径的现状，利用我国旅游类上市公司的财务统计数据对混合路径的并购绩效进行了实证检验，并着重从企业成长角度分析了我国旅游企业并购的缺陷。本文的结果显示，混合并购在短期内不能给我国旅游类上市公司带来经营绩效的改变，从长期看也不能消除企业主业不振、经营业绩下滑的隐忧；那些期望通过混合并购改善经营绩效或通过混合并购改变主

① 郑辉．知识经济与旅游企业管理．西北大学学报．2003（01）
② 张春琳．旅游上市公司外资并购效应分析，商业时代．2006（25）：43-44
③ 胡智超．我国旅游上市公司并购对绩效影响的实证分析．消费导刊．2009（10）：120
④ 胡春林．我国旅游企业并购混合路径偏好的实证研究．旅游学刊．2005（3）：50-56

业经营实现企业转型的旅游企业，能否达到预期目的还有待于进一步的观察。

但现有文献中关于企业并购绩效评价的文献对旅游企业并购绩效评价研究有一定借鉴意义。

冯根福、吴林江[①]（2001）采用以财务指标为基础的综合评价方法，对1995～1998年201家上市公司的并购绩效进行了实证分析，结果表明，上市公司并购绩效有一个先上升后下降的过程；不同并购类型在并购后不同时期内业绩不相一致；并购前上市公司的第一大股东持股比例与并购绩效在短期内呈正相关关系。

彭晓英和鲁永恒[②]（2005）认为公司并购绩效的实现，其内在机制就是核心能力体系的重新构建和提升，企业要想使并购始终获得良好的绩效，就应该注重对核心能力的追求和培养。

潘杰、唐元虎[③]（2005）采用二维分类法建立计量模型进行实证研究发现，适当提高第一大股东股权比例及管理层持股比例有利于提高公司的并购绩效。

Mandelke[④]（1974）利用20世纪70年代新发展起来的事件研究方法，通过建立一个股票价格波动模型，论证了"并购是以市场体系取代无能管理"的观点。

对于被并购方，国外许多经济学家尽管采用的样本以及测量的区间不一致，具体方法上也存在一些差异，但都可以得出相似结论，即并购方股东总是并购活动的绝对赢家，不同的仅仅是收益的多少而已。例如：Jensen 和 Ruback[⑤]（1983）指出，成功的并购会给目标企业股东带来反常收益。Schwert（1996）研究了1975～1991年1814个并购

---

① 冯根福、吴林江．我国上市公司并购绩效的实证研究．经济研究．2001（1）：54-61

② 彭晓英、鲁永恒．基于核心能力的企业并购绩效研究．财会月刊．2005（4）：69-70

③ 潘杰、唐元虎．治理结构对并购绩效的影响．上海管理科学．2005，27（6）：1-3

④ Mandelke, G. Risk and Return: the Case of Merging Firm. Journal of Financial Management and Aanlysis,1999 (12): 1-14

⑤ Jensen M.C., R.S. Ruback. The Market for Corporation Control: the Scientific Evidence. Journal Financial Economics, 1983 (1): 323-329

事件后指出，目标公司股东的累积平均超常收益为35%。

国内学者的研究结果则不尽相同：张新[①]（2003）对1993～2002年中国上市公司的1216个并购事件进行实证研究表明，并购的目标公司创造了价值，目标公司股票溢价达到29.05%，超过20%的国际平均水平。李善民[②]（2002）对1999～2000年中国上市公司的394个并购事件进行实证研究表明，并购对目标公司股东财富的影响不显著。檀向球[③]（1998）对沪市1997年的并购案例进行研究，发现进行并购的企业绩效下降。

对于并购方，国内外学术界没有一致研究结论。

Singh[④]（1971）考察了英国1954～1960年涉及并购的公司，发现收购公司在并购后的盈利能力下降。Jensen和Ruback[⑤]（1983）指出，成功的并购活动中并购方的反常收益为零。Healy[⑥]（1992）以经营现金流量、总资产收益率来衡量并购的绩效，研究了1979～1983年美国工业行业前50大并购案例，认为并购提高了并购企业的绩效，并且绩效的提高与股东价值的增加有关。

张新[⑦]（2003）认为，并购对并购公司股东产生了负面影响。李善民[⑧]（2002）认为，并购能给收购企业的股东带来显著的财富增加。檀向球[⑨]（1998）对沪市1997年的并购案例进行研究，发现被并购企业经营状况得到改善。

① 张新．并购重组是否创造价值——中国证券市场的理论与实证研究．经济研究，2003（5）：1-11

② 李善民．上市公司兼并与收购的财富效应．经济研究．2002（11）：27-35

③ 檀向球．沪市上市公司资产重组绩效实证研究．中国证券报．1998-09-28

④ Singh A. Take-overs. Cambridge: Cambridge University Press, 1971

⑤ Jensen M.C., R. S. Ruback. The Market for Corporation Control: the Scientific Evidence. Journal Financial Economics,1983 (1):323-329

⑥ Healy P., Palepu K.G., R.S.Ruback Does Corporate Performance Improve after Mergers? Journal of Financial Economics, 1992, 31: 135-175

⑦ 张新．并购重组是否创造价值？——中国证券市场的理论与实证研究．经济研究．2003（5）：1-11

⑧ 李善民．上市公司兼并与收购的财富效应．经济研究．2002（11）：27-35

⑨ 檀向球．沪市上市公司资产重组绩效实证研究．中国证券报．1998-09-28

从上述的研究成果来看，旅游企业并购的主要动机是为了提高旅游企业的核心竞争力，并从战略高度促进企业未来的发展；在并购模式选择上，旅游企业比较喜欢选择横向并购和混合并购；而在并购后绩效评价方面，对于一般企业而言，并购后会提高公司的绩效，但对于旅游企业来说，并购后的效益持续性不是很强，尤其是混合并购，不是一个很好的选择。

第三节 旅游企业并购分析

一、旅游企业并购动机

行业内企业的并购是行业走向成熟的必然，从无序竞争到整合后的有序竞争是所有行业发展的必经之路，旅游行业亦如此。

在实际的经济活动中，商品和要素市场的不完善导致一个企业可能拥有其他企业所不具备的竞争优势，在这种不完全市场中，企业的竞争优势体现在商品或生产要素及其经营能力上。

因此，概括来说旅游企业的并购动机不外乎以下三个：

（一）实现企业竞争优势在企业间的转移

竞争优势的转移可以是单向的——或者从并购企业转向目标企业，或者从目标企业转向并购企业；也可以是双向的——并购方和目标方均想从对方获得某些竞争优势。[①]例如三亚东方宾馆的母公司东方宾馆，为了获得三亚东方宾馆的前身所具备的区位优势，为企业获得进军海南市场的能力，于1997年用增资配股所得资金的9600万控股三亚东方宾馆，实现了东方宾馆的战略目标。再如，假日公司1987年将属于它的14家美国国内旅馆和140家国际旅馆出售给英国巴斯股

① 梁国勇．企业购并动机和购并行为研究．经济研究．1997（8）：40-46

份公司，从而实现与该公司合作发展北美以外的假日旅馆的目的，很好地实现了竞争优势的双向转移。[①]

（二）通过并购产生新的竞争优势

新的竞争优势主要产生于企业合并的协同效应，可以从以下三方面体现出来。首先，横向并购会使得生产规模扩大，进而获得规模经济。其次，在纵向并购中，伴随着垂直一体化，消除或削弱了资产专用性及合约不完备性所造成的机会主义行为，从而实现交易费用的节约，有助于企业获得兼容专业化经济与一体化经济的"协同收益"。[②]最后，协同效应还可以体现在混合型并购中，混合并购可使企业获得多样化经济、一体化经济和范围经济的"协同收益"。例如上海国际旅行社的混合并购可以说是初见成效，其已拥有十多家全资子公司、参股或控股的联营公司，涉及宾馆、旅游汽车运输、旅游广告、货运代理、旅游商品贸易、房地产、通讯传呼等诸多领域。其多种经营已形成了一定规模，由于协同效应，企业的抗风险能力明显增强。

（三）其他

除了以上两个最主要的动机，证券市场的发展也加速了行业整合，吸引旅游企业成为上市公司的力度空前加大。尤其是对于上市的旅游企业而言，以高估值的公司股价换取低估值的其他企业资产是资本运作及快速扩张的基本手段，其交易的快捷让并购和转让都相对较容易实现，而且操作透明，风险过度市场化大大缩短了投资者取得回报的期限。另外，目前有部分旅游企业的自身发展空间已经十分有限。这些公司一般业绩良好，经营管理能力较高，财务上现金流也比较丰富，有并购其他企业的管理能力和财务能力，可通过并购突破发展的瓶颈。

二、旅游企业并购途径

按照并购途径的一般方式划分，旅游企业并购的途径不外乎三种：

---

① 何建民．跨国经营中转让定价避税方法的利用与治理．世界经济．1996：42-45

② 吴敬琏．现代公司与企业改革．天津人民出版社．1994

横向并购、纵向并购以及混合并购。

第一，横向并购。横向并购指经营同类单项产品、业务相近的企业之间的并购，实质上也是竞争对手之间的合并。这种并购途径可以迅速扩大规模，也便于在更大范围内实现专业分工协作，采用先进技术设备和服务以及统一技术标准等。旅游业中，酒店企业比较偏好于横向并购，以壮大规模、整合资源，如东方宾馆收购三亚东方宾馆、万好万家收购ST庆丰间接上市等。

第二，纵向并购。纵向并购指与企业的供应商或客户的合并，即优势企业将同本企业生产紧密相关的生产、营销企业并购过来，以形成纵向生产一体化。在旅游行业中，此类并购的例子并不多见。

第三，混合并购。混合并购指既非竞争对手又非现实中或潜在的客户或供应商的企业之间的并购。混合并购有三种形态：（1）产品扩张型并购，指相关产品市场上企业间的并购。（2）市场扩张型并购，即一个企业为扩大竞争地盘而对尚未渗透的地区生产同类产品企业进行并购。（3）纯粹的混合并购，即生产与经营彼此间毫无相关产品或服务的企业间的并购。通常所说的混合并购指第三类纯粹的混合并购。混合并购的主要目的是为了减少长期经营一种业务所带来的风险，与其密切相关的是多元化经营战略。由于这种并购形态因收购企业与目标企业无直接业务关系，其并购目的不易被人察觉，故收购成本较低。如2000年4月西安旅游（000610）通过资产置换收购江苏铁路实业有限公司就是一个典型的混合并购的例子。

受旅游企业自身的行业特点以及旅游业的发展趋势影响，在我国的旅游企业并购案例中，以混合并购最为常见，而纵向并购最少。据胡春林[①]从1993年6月新锦江上市至2004年年底，A股市场以旅游为主业或旅游业务占相当比重的40家旅游类上市公司，累计发生各类并购事件 103 起（个别公司实现经营转型后发生的并购事件不计算在

① 胡春林．我国旅游企业并购混合路径偏好的实证研究．旅游学刊．2005（3）：50-56

内），其中混合并购、横向并购、纵向并购分别占63%、31%和6%，由此可见我国旅游企业并购路径选择上的明显偏向。

三、旅游企业并购特点

在旅游业并购的浪潮中，旅游企业的专业化和多元化在往两个相反的方向同时发展。

（一）专业化

这一特点主要体现在酒店业和旅行社行业。酒店方面突出的趋势是一、二、三星级酒店进一步成为上（四、五星级酒店）、下（经济型酒店）游挤压兼并的必争之地，成为多家强势企业竞购的对象。而旅行社方面，地方的中小型旅行社也日益成为实力雄厚的大型旅行社的兼并对象。

（二）多元化

随着旅游业的发展以及国人旅游需求的增强，一些旅游企业的资金日益雄厚，许多企业已将富余资金投入到其他行业，实现企业的多元化发展，而进行多元化发展的最常规途径之一便是并购。如景区类企业兼营房地产、旅游企业和运输类企业相互渗透、酒店业企业复制并发展“旅游＋地产”模式等。

四、旅游企业资本运营战略

旅游企业并购动机的多样性，市场行为的复杂性和不确定性，以及资本经营本身的复杂性，要求旅游企业必须把握和选择恰当的资本经营战略。

（一）坚持以旅游为主业

旅游企业在资本运营过程中，将面临着横向扩张、纵向一体化还是多元化经营的战略选择。但无论哪一种选择，旅游企业都必须坚持以旅游为主业，以旅游业为依托，否则将面临着至少三方面的损失。一方面，旅游业在我国正处于快速发展时期，政府为旅游业制定了许多扶持政策，提供了很好的发展机遇，如果此时放弃旅游主业，将要支付较高的机会成本。第二，旅游企业多年来经营的主业已经有了相当多的技术设施、人才等方面的积累，放弃原有主业将会造成人才、设施的大量浪费。第三，旅游企业放弃主业，或者过分强调多元化的经营策略，将给企业带来新的风险，如技术风险、内部管理风险等。中国旅游业近几年来的实践以及国外几十年来的实践也证明了这一点。广州东方宾馆在 1992 年股份制改造后，过分强调多元化经营，使得其原有旅游主业萎缩，企业的整体效益下降。直至 1997 年经营者才意识到这一点，开始对业务进行重整，确立了新的主营业务增量模式的结构性调整与扩展计划。

（二）借助金融中介机构的大力支持

与其他业务相比，旅游企业的并购行为是资本市场上一项复杂的交易活动，其对象选择、信用风险评价、运作方式的采用等都具有高度技术性和特殊性，因此只有专业的金融机构，如投资银行、证券公司、信托投资公司才能胜任。再加上目前旅游企业集团总部的功能体系尚不健全，很难提供并购行为所需的大量的资金支持，因此旅游企业的资本运营活动只有借助于金融中介机构，以及相关的企业咨询机构等中介单位。这也是国外旅游企业及非旅游企业的通常做法。需要指出的是，在目前中国这些中介机构发育得还很不成熟，尤其是较多关注“旅游板块”的各种类型的中介机构更是为数不多，需要旅游行业主管部门制定行业国有经济改组的战略规划，并建立产业投资基金，培育和健全为企业产权转让等提供服务的行业中介机构。

（三）资本运营与企业结构动态协调

旅游企业集团通过资本运营将使规模迅速膨胀，因而要求企业的结构要动态地协调，不断地优化，以便与企业规模相适应。这里的企业结构应该包括两方面：法人治理结构和组织结构。一方面，并购后的企业由于资本结构的改变，其原有的由股东大会、董事会、监事会和高级经理层构成的法人治理结构也必将进行调整，在四者之间形成新的制衡关系，此时尤其要注意防止被并购企业中的内部人控制的问题。[①]另一方面，企业规模的扩大要求企业的组织结构必须进行调整或者重新设计，形成一个有机整体，否则市场抗风险能力将会很差。20世纪90年代美国一些失败的企业兼并案例，其共同特点是收购者过分看重合并本身，只注重了扩大规模，而对企业合并后的系统，包括信息、控制、管理、集团与被兼并企业之间的文化融合等方面关注明显不足。就企业集团的竞争实力而言，单一的规模指标是远远不够的，适当的资本规模与合理的结构所形成的合力方能铸就一个强大的企业集团。

（四）以产品经营为根基

产品经营是企业实现资本经营的价值载体和实现手段，而建立在高度发达产品经营之上的资本运营能保证企业资金的使用效率、合理流动和循环增值。因此，扎实、成功的产品经营是基础。产品经营和资本运营应该是相互补充、相互促进的有机整体。旅游企业在开展资本运营的同时，绝对不能放松日常的员工培训、质量管理、营销管理等产品经营工作。国外旅游企业的实践已证明了这一点。希尔顿集团自被巴伦·希尔顿接管以来，资本经营较为成功，其股票市值几次大涨，为企业的资本扩张提供了良好机遇。需要指出的是，股票市值大涨皆是因为投资者看好其在赌城拉斯维加斯的良好经营业绩和丰厚利润回报。而当巴伦试图把这部分资产分离时，股票市值则迅速回落，投资者纷纷撤资。

① 吴敬琏.《现代公司与企业改革》. 天津人民出版社，1994

第四节　旅游业并购案例

案例一：桂林旅游股份有限公司收购桂林荔浦银子岩旅游有限责任公司

一、交易概述

2002年4月11日桂林旅游股份有限公司（后简称“桂林旅游”）召开年度股东大会，通过了关于协议收购桂林荔浦银子岩旅游有限责任公司（后简称“银子岩公司”）的方案。交易于2002年6月25日完成，交易金额为2644.40万元（全为变更的募集资金），桂林旅游获得银子岩公司96.87%的股权，成为银子岩公司的第一控股股东。

二、交易背景

（一）收购方背景简介

桂林旅游是于1998年4月29日经广西壮族自治区人民政府批准，由桂林旅游发展总公司联合桂林五洲旅游股份有限公司、桂林三花股份有限公司、桂林中国国际旅行社、桂林集琦集团有限公司五家发起人发起设立的股份有限公司，公司设立时总股本18000万股。并于2000年4月向社会公众股发行A股，于5月18日挂牌上市交易。其主营业务包括公路旅行客运、游船客运、入境旅游业务、国内旅游业务、出境旅游业务等。到目前为止，桂林旅游是广西唯一的旅游类上市公司。

上市之初，桂林旅游以漓江游船客运、公路旅游客运、市内出租车、旅行社业务为主营业务。之后，桂林旅游积极利用自身优势，采取收购、兼并、合作开发等模式，以控制优质旅游资源为主导，积极整合旅游资源。整合旅游资源成为桂林旅游自上市以来的重大战略目标之一。除了并购银子岩公司外，桂林旅游还先后通过受让方式获得桂林荔浦丰鱼岩旅游有限责任公司51%的股权，通过股权置换的方式获得井冈山旅游公司40%的股权，除此之外，还控股了桂林龙脊梯田、龙胜温泉、贺州温泉等景区、景点，并与桂林旅游发展总公司合作开发桂林名牌景区——七星景区和象山景区。由此可以看到，公司的经营范围从旅游客运、游船客运、旅行社、旅游航空服务等业务进一步向旅游资源方向发展。

（二）被收购方背景简介

银子岩公司注册资本719.5万元，以桂林荔浦银子岩景区为依托，主要经营景点门票、旅游餐饮、休闲娱乐、旅馆服务。桂林荔浦银子岩景区自开发以来，凭借其核心品牌价值“世界溶洞奇观，诗境家园典范”与全体员工“与时俱进，不断超前”的工作理念，通过了ISO9000、ISO14000——质量、环境两个体系的认证，并荣获国家颁发的“AAAA级景区”称号、中国品牌研究院和桂林市旅游局颁发的“桂林市标志性品牌景区”称号，是桂林市唯一获此殊荣的溶洞类景区。

（三）并购支付方式简介

在并购中，一般有四种支付方式：现金支付、股票支付、资产支付以及混合支付。现金支付是指收购方通过支付一定数量的现金来购买目标企业的资产或股权，从而实现并购交易的支付方式；股票支付是指收购方直接用股票作为支付工具来换取目标公司股票的支付方式；资产支付是指收购方以非现金资产作为支付对价物来换取目标企业的股票或资产的支付方式；混合支付是指收购方以现金、非现金资产、股票以及认股权证、可转换证券、公司债券等多种方式混合作为支付对价物对目标公司实施并购。

本案例中，桂林旅游是通过向银子岩公司支付2644.40万元的现金获得银子岩公司96.87%的股权，也就是现金收购。在旅游行业收购中现金支付方式比较常见。

（四）旅游市场背景简介

2000年以来，我国旅游市场实现了入境旅游国内旅游和出境旅游三大市场的快速增长。尤其是国内游，国人旅游热情高涨，旅游意识也大大增强，从2000年至2002年以来旅游收入平均年增长率达到10%以上。同时，国内旅游也向广度和深度发展，在加快旅游新产品的规划和开发、加强城乡居民度假产品建设的同时，我国政府鼓励旅游企业开发国内旅游新产品，调整自身结构。另外，外资也非常活跃，不断流入我国旅游行业。在快速发展的同时，我国旅游行业的竞争也在加剧，怎样培养和保持自己的竞争优势成为旅游企业最重视的问题之一。

在此背景之下，作为一个综合性的旅游企业，桂林旅游利用自己独特的地理优势，以桂林为中心，并购桂林及周边地区的旅游景区，控制不可复制的优质旅游资源，实现同心多元化，把对旅游资源的整合放在战略性高度，以增强自己的竞争优势。

三、并购动因

2002年初桂林市正式向全国8个城市开放国内旅游市场，这些城市的旅行社可直接带当地的国内旅行团到桂林旅游，桂林因此成为第一个对外开放旅游市场的城市。面对更多的竞争对手，桂林旅游有关人士表示，中国加入世贸组织之后，市场的开放是大势所趋，在放开外资控股旅行社之前先对内开放旅游市场不失为明智之举。业内人士分析认为，经过一番市场竞争和整合后，弱小的旅行社将被淘汰，有实力、有规模的大集团逐步形成，旅游市场的“蛋糕”将进一步做大。桂林旅游目前的主要目标是：与母公司桂林旅游发展总公司一起，共同做大旅游文章。而掌握优质且不可复制的旅游资源成为桂林旅游做大做强的较明智的途径之一。

作为广西最大的旅游上市公司，桂林旅游的整体发展战略也非常清晰：平台发展战略，资源控制战略和坚持主业战略。平台发展战略：公司的核心发展战略分为三个平台，即地方战略平台、区域化战略平台以及国际化、品牌化战略平台。地方战略平台即立足桂林，建立起以桂林为核心向大桂林旅游圈发展、扩张的框架；区域化战略平台即立足桂林，面向广西，整合旅游资源，培育新的利润增长点；第三个战略平台即立足广西，面向全国，走向世界，塑造企业品牌，将公司建设为具有本土文化背景和国际竞争力的旅游企业。资源控制战略：利用自身优势，采取收购、兼并、合作开发等模式，以控制优质旅游资源为主导，积极整合旅游资源。坚持主业战略：坚持“以旅游业为主，积极、慎重发展相关产业”的方针，优化公司资产结构，提升资产质量。

银子岩公司地处桂林，地理位置与桂林旅游较近，更主要的是景色独特，盈利前景较好，很符合桂林旅游的资源控制战略，因此桂林旅游对其进行并购也便是情理之中。桂林旅游作为旅游板块中的资源类公司，目前的漓江游船客运业务已经接近饱和，银子岩的纳入无疑成为公司新的利润增长点，对公司未来的平稳发展有利。

四、并购行为的财务反映

（一）并购方的财务反映[①]

对于任何一家公司，对其他的企业进行并购一般都是以获得的收益大于支出为前提的，桂林旅游也不例外。对于这次并购旅游景区银子岩的行为会在桂林旅游的财务方面有哪些反映呢？

1. 股票市场的反应。

桂林旅游于 2002 年 4 月 11 日召开年度股东大会通过了关于协议收购银子岩公司的方案，交易于 2002 年 6 月 25 日完成。因此，笔者拟选择 2002 年 4 月 11 日和同年 6 月 25 日为两个时间点，分析这两个

① 本案例数据来源于新浪财经网。

时间点及其前后 3 天的股价波动情况。但由于 4 月 11 日以及前后两天的数据缺失，因此笔者只对后一个时间点进行分析，并以考虑现金红利再投资的收盘价的可比价格作为当日股价。交易前后股价波动见图 3-1。

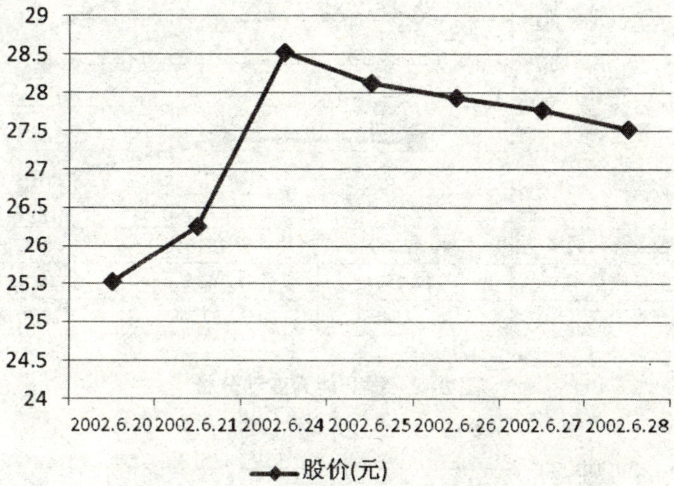

图 3-1　交易前后股价波动

由图 3-1 可以发现，交易完成日当天桂林旅游的股价有一个较大幅度的上涨，说明市场对此次并购的反应是积极的，广大投资者还是比较看好桂林旅游控股银子岩公司，对于这一相关多元化的并购行为给以支持态度。桂林旅游此次的并购增强了投资者对公司未来发展的信心。

2. 盈利能力和营业业绩变动。

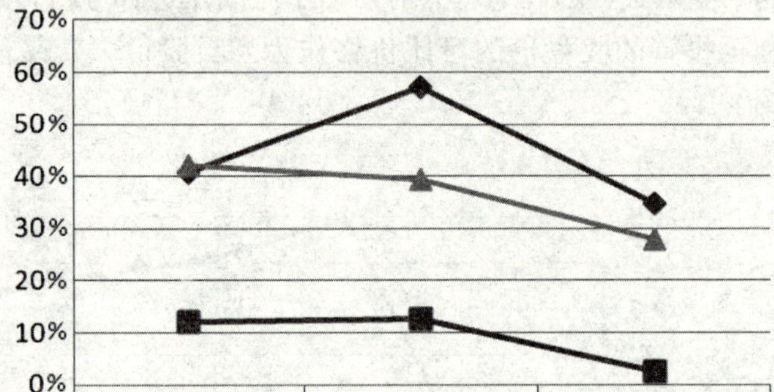

	2001	2002	2003
主营业务利润率	40.7705%	57.1516%	34.8755%
净资产收益率	12.1%	12.49%	2.62%
资产报酬率	42.1254%	39.375%	27.8759%

图 3–2 盈利能力变动分析

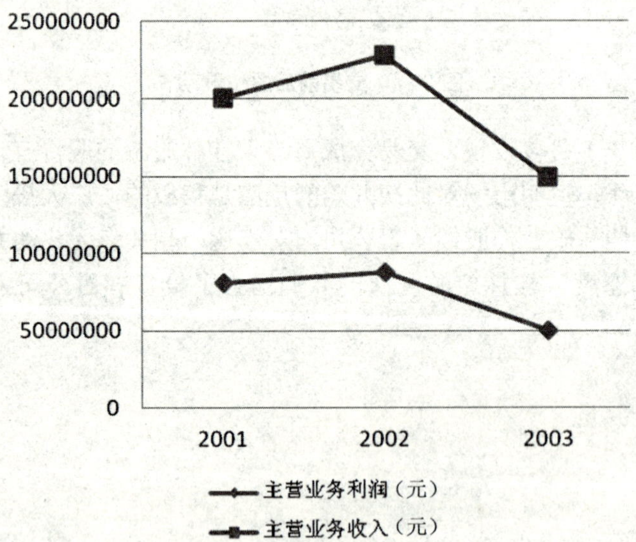

图 3–3 业绩变动

由图 3-2 可以发现，在 2002 年并购银子岩公司之后，除了资产报酬率，桂林旅游的其他盈利指标都有较大幅度的增长。由图 3-3 也可以看到，无论是主营业务利润还是主营业务收入，桂林旅游在 2002 年都达到了一个新的高度。2002 年银子岩景区实现营业收入 881 万元，净利润 295 万元。2002 年桂林旅游的盈利能力的增长一方面源于整个旅游市场的发展，而另一个主要的原因是银子岩公司的业绩贡献。2003 年全国遭遇非典型肺炎疫情，全国的旅游市场深受重创，很不景气，这也导致 2003 年桂林旅游的业绩急剧下滑。但需要指出的是，2003 年银子岩公司的主营业务收入达 1189.21 万元，净利润 344.79 万元，在不景气的大环境下，其不但保持了业绩，还实现了一定幅度的增长。因此，如果 2003 年没有银子岩公司的业绩，桂林旅游的盈利能力会受到更大的打击。

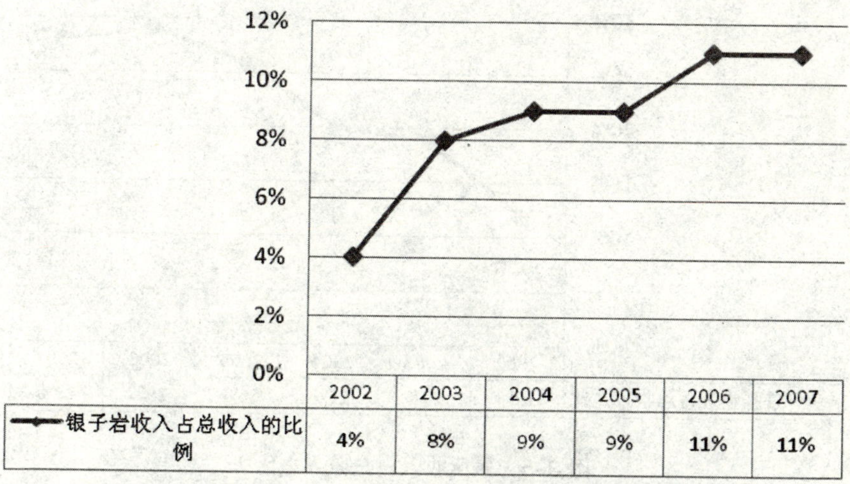

图 3-4　银子岩收入占总收入的比例

由图 3-4 不难发现，在 2003 年之后至今，银子岩公司的营业收入在桂林旅游的总收入中占的比重越来越大，对桂林旅游的利润增长的支撑作用也越来越重要。如 2007 年公司主营业务呈现稳步发展的态势，公司营业收入、营业利润、归属于公司股东的净利润分别比上年同期增长 10.94%、7.93%、17.47%，公司主营业务收入和净利润增长的一个重要原因是银子岩公司 2007 年业绩良好，其在 2007 年实现了 2014.27 万元的利润。

在桂林旅游收购银子岩公司之后，桂林旅游继续秉承公司的旅游资源战略，相继控股了桂林龙脊梯田、龙胜温泉、贺州温泉、井冈山等景区、景点，并与桂林旅游发展总公司合作开发桂林名牌景区——七星景区和象山景区。随着景区收入的增长，其在桂林旅游主营业务收入中所占的比例也越来越大，景区的收入逐步成为公司的最大收入来源之一。在 2002 年，银子岩景区收入在桂林旅游总收入中所占的比重不过是刚刚超过 10%，但到 2007 年，景区所带来的收入已占到 28%。

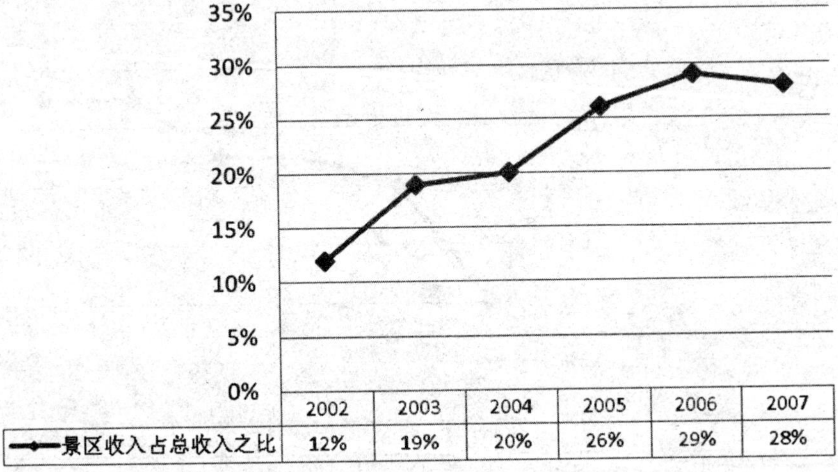

图 3–5　景区收入占总收入之比

3. 营运能力反映。

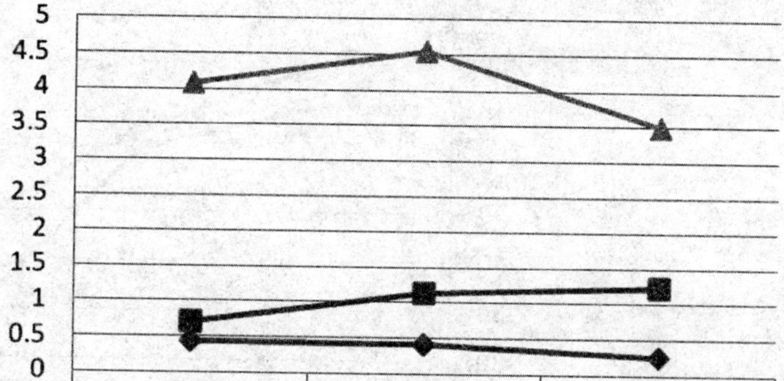

	2001	2002	2003
总资产周转率	0.4314	0.4186	0.2562
流动资产周转率	0.7054	1.1341	1.2338
应收帐款周转率	4.0789	4.5581	3.5045

图 3–6 营运能力变化

由图 3–6 可知，并购银子岩公司的当年，桂林旅游的流动资产周转率和应收账款周转率都明显提高，而总资产周转率的细微下降主要是由桂林旅游总产的扩张所致。因此，综合来看，银子岩公司的加入改善了桂林旅游的运营能力，这就是同心并购所带来的协同效益，但具体如何改善有待进一步研究。2003 年运营能力指标的普遍下滑仍是受非典型肺炎的影响。

4. 成长能力反映。

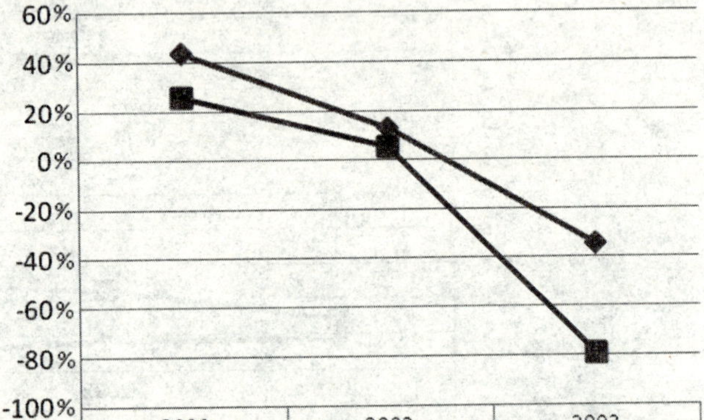

	2001	2002	2003
主营业务收入增长率	43.98%	12.86%	-34.74%
净利润增长率	25.69%	5.21%	-78.95%

图 3–7 成长能力变化

图 3-7 显示，公司的主营业务收入增长率和净利润增长率在桂林旅游收购银子岩公司前后的这三年都处于下滑的趋势。2003 年公司成长能力的下降是受全国大环境的影响，而 2002 年这两个指标都较 2001 年有所下降，源于 2001 年桂林旅游出资 1782.95 万元受让桂林旅游发展总公司持有的桂林荔浦丰鱼岩旅游有限责任公司 51%的股权，荔浦丰鱼岩当年给桂林旅游带来了 1459 万元的收入和 358 万元的净利润，使得 2001 年桂林旅游的主营业务收入增长了将近 44%，净利润增长了 25%。虽然 2002 年银子岩旅游给公司带来了一定的收入和利润，但与荔浦丰鱼岩公司的规模相比仍存在一定的差距。这也恰恰说明桂林旅游对与银子岩公司业务性质相近的荔浦丰鱼岩公司的并购也算是一项较有战略性眼光的并购。

5. 偿债能力反映。

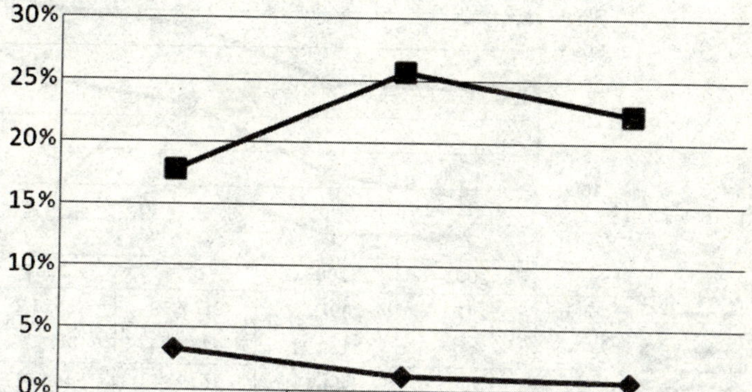

	2001	2002	2003
流动比率	3.24%	1.2%	0.78%
资产负债率 %	17.68%	25.69%	22.26%

图 3-8　偿债能力变化

2002 年，在桂林旅游取得银子岩公司 96.87%的股权之后，桂林旅游流动比率的下滑和资产负债率的上升一致表明，公司在并购行为发生之后偿债能力有所下降。偿债能力的恶化主要是由并购银子岩公司花费了大量资金造成的。由此可见，虽然有时并购既符合企业的战略眼光，也能在短期或远期为公司带来丰厚的回报，但要充分考虑公司自身资金链的承受能力以及并购行为对自身偿债能力的影响，一旦耗费过量资金或盲目扩张造成公司资金链紧张或资不抵债，则得不偿失。

（二）被并购方的财务反映

在这次的并购行为中，虽然此次并购很符合桂林旅游的战略发展，但其实这次并购行为也是银子岩公司所需要的，资金雄厚、管理较完善的桂林旅游公司成为银子岩公司的最大控股股东之后，给其注入了大量资金，并规范银子岩公司的管理与运营，促进了其快速的发展。

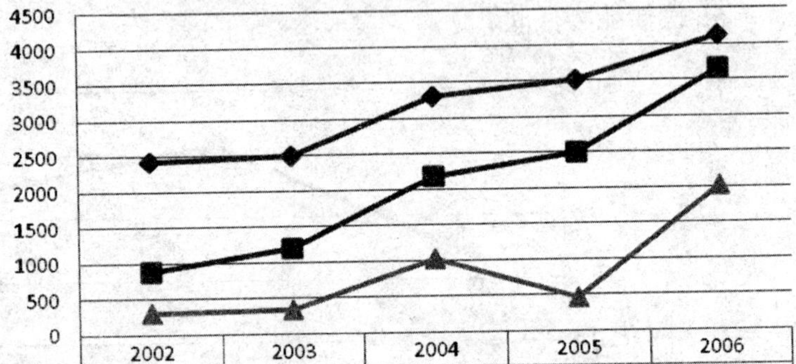

	2002	2003	2004	2005	2006
总资产（元）	2419	2497.66	3302.39	3516.2	4129.17
年度收入（元）	881	1189.21	2175.24	2493.36	3644.02
净利润（元）	295	344.79	1019.97	460.32	2014.27

图 3-9 银子岩公司的财务反映

图 3-9 很清楚地描述了银子岩公司自被桂林旅游并购之后的发展历程。在并购之后，桂林旅游对其进行了大额资金的投入，大大改善了银子岩景区的基础设施，并不断丰富其娱乐设施、休闲设施等，并正如桂林旅游董事李克强所言：“实际上收购银子岩，我们根本的目的还在于要建立一个休闲、文化于一体的景区，而不单纯是一个岩洞”。银子岩公司的总资产规模不断扩大，由 2002 年的 2419 万元扩张到 2007 年的 4129.17 万元，吸引的游客也越来越多，较 2002 年翻了将近 3 倍。总之，银子岩公司在为桂林旅游带来巨额利润的同时，也实现了自身的飞速发展，说明这次并购不仅是桂林旅游的战略所需，也是银子岩公司的战略所需。并购所带来的规模经济效益、协同效益等在这一并购中得到了很好的诠释。

（三）对比案例

虽然总体来看，桂林旅游对银子岩公司的收购比较成功，然而，不是所有的并购都这么成功。2004 年 12 月 3 日桂林旅游通过股份制换取得井冈山旅游发展股份有限公司（后简称“井冈山旅游公司）40% 的股权，成为井冈山旅游公司的第二大股东。这一并购与银子岩并购非常类似，因为井冈山与银子岩都为景区，两者之间最大的差别在于前者是异地并购。

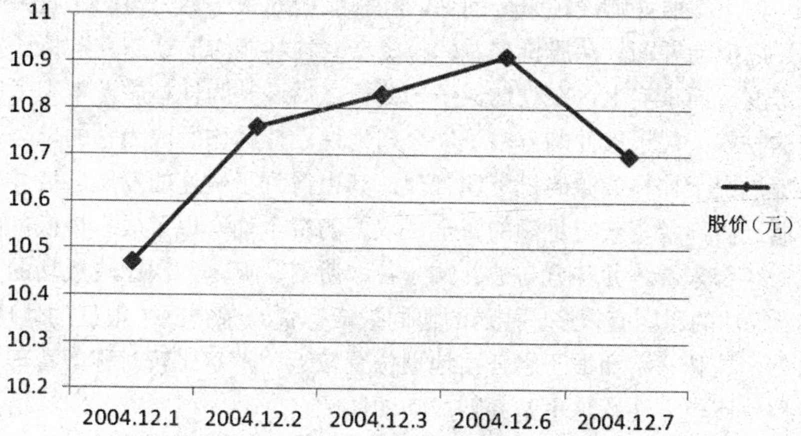

图 3-10 交易前后股价波动

由图 3-10 我们可以明显地发现，在桂林旅游控股井冈山旅游的前后两天，股价有所上涨，由此可以看到广大投资者对于桂林旅游的这一投资决定持积极和支持的态度。笔者认为有两个原因支持了投资者的信心：一则是因为这一投资策略符合公司整体的掌握旅游资源的发展战略；二则是井冈山这一红色旅游资源很有特色，发展前景较好。总之，在桂林旅游控股井冈山旅游之初，这一并购决定总体方针是正确的。

然而，自桂林旅游参股以来，井冈山旅游公司的营业收入增长缓慢，近年来其净利润甚至还出现了下滑的趋势，并购所带来的好处都没有得到很好的体现。造成这种局面的原因有很多，但笔者认为，由于旅游业自身的特点，地理距离给桂林旅游对于井冈山旅游公司的管理、监控等很多方面造成了不便，在一定程度上影响了并购所带来的效益。另外，桂林旅游只对井冈山旅游公司拥有 40%的控制权，非第一大股东，在一定程度上也影响了对井冈山旅游公司的管理和投资。

五、案例点评

如果按照并购途径来分的话，桂林旅游对银子岩公司的这起并购是一起横向并购。从股价来看，投资者对桂林旅游的这起并购持乐观的态度。而事实上，在收购银子岩公司之后，其为桂林旅游带来了巨额的收入。对于被并购方银子岩公司来说，桂林旅游成为它的母公司之后，由于桂林旅游的投资和管理，其也得到了快速的发展。被并购方通过内部融资获得足额的资金，双方的资金均实现了成本最低。因此，综合来看，并购方与被并购方各取所需，算是一次比较成功的并购。成功的原因有很多，并购的协同效应等优点都得到了很好的体现。另外，桂林旅游和银子岩公司地理位置较近，消息比较对称，管理和监控也比较方便，这也是并购成功的原因之一。

案例二：锦江国际集团联合美国德尔集团收购美国州际酒店与度假村集团

一、交易概述

2009年12月20日，上海锦江国际酒店（集团）股份有限公司（后简称“锦江国际集团”）与美国德尔集团（Thayer Lodging Group Inc）共同设立的合营公司Hotel Acquisition Company, LLC（后简称“HAC”），以境外合资的形式收购美国最大的独立酒店管理公司——Interstate Hotels & Resorts, Inc及Interstate Operating Company, L.P（州际酒店集团），使之成为HAC的全资子公司。交易于2010年3月18日顺利完成，交易总额近2亿美元，双方各占50%股份。这是中国酒店业国际并购迄今为止最大的一项交易。

此次收购和签约是锦江国际集团贯彻上海市委、市政府深化国资国企改革、实施“走出去”战略、加快发展方式转型、推进国际化进程的重要举措，在“股权多元化、资产证券化和产业国际化”方面跨出了重要一步，是上海市国有企业、中国旅游酒店集团首次以收购美国上市公司形式走向国际市场的成功实践。

二、并购背景

总的来说，锦江国际集团是亚洲和我国国内最大的酒店管理及营运企业，目前投资和管理的酒店规模超过 550 家。德尔集团是集酒店投资、管理等业务为一身的综合实体，擅长酒店收购。从 1991 年创立以来，创造了每年高达 29.4%的收益率。州际酒店集团是美国最大的独立酒店管理公司，在全世界投资管理 228 家酒店。

锦江国际集团是 2003 年 8 月由新亚、锦江合并组建而成的。以锦江国际酒店发展股份有限公司为主体的锦江酒店是锦江集团的核心产业之一，拥有锦江国际酒店管理公司及华东、北方、华中、南方、西北、西南六大区域性公司。专业从事星级酒店、“锦江之星”连锁经济型旅馆以及餐饮业的投资与经营管理。

目前，锦江国际集团是以酒店、客运、旅游为核心产业的中国最大的综合性旅游企业集团。自 2003 年集团化重组以来，集团加快了国际化步伐，核心竞争力不断提高。与 2003 年比较，集团总资产由 144 亿元增加到 265 亿元。“锦江”品牌价值突破 140 亿元，名列“2009 中国 500 最具价值品牌排行榜”第 49 位。其控股的锦江酒店集团是一家致力于酒店运营和管理的上市公司，目前投资和管理的酒店达到 548 家，客房总数超过 8.9 万间套，覆盖全国 31 个省、市、自治区的 137 个城市，在世界 300 强酒店集团排名中居第 13 位，亚洲排名第 1 位。

美国州际酒店集团为美国最大的独立酒店管理公司和优秀的酒店资产投资者，该集团在美国 37 个州和哥伦比亚特区、俄罗斯、印度、墨西哥、比利时、加拿大、爱尔兰及英格兰等地管理 232 家酒店物业，客房总数超过 4.6 万间。该公司在其中的 56 家酒店拥有股权，包括 6

个全资拥有的酒店。值得注意的是，此次锦江酒店收购的美国州际酒店集团并非为市场熟知的英国州际集团（IHG），但两者皆为经营多年的国际化酒店集团，其酒店管理经验较国内酒店管理公司显然更有所长。与 IHG 不同，美国州际酒店集团以酒店管理为主，并没有自己的品牌，此次收购与锦江国际集团在国内的酒店经营不存在竞争，从长远来看，对于锦江国际集团的酒店投资业务也有所裨益。

美国酒店市场的持续低迷为中国酒店集团打入美国酒店市场提供了大好机会。锦江国际集团成立合营企业的当天，不动产投资公司 GoldenTree InSite Partners 总裁 Tom Shapiro 在路透全球不动产投资峰会上透露，美国商业不动产价格预期将暴跌 4 至 5 成，现在已经下滑超过 20%，这将带来 20 年来美国不动产最佳的投资机会。

2009 年 3 月，受金融危机的影响，美国州际酒店集团连续 30 个交易日内都没能实现 1500 万美元的最低市值要求，公司因此被停止交易了一段时间，还险些被纽交所摘牌，其股价更是一度跌到 0.21 美元。

锦江国际集团负责收购的相关人员表示，美国州际酒店集团资金链的断裂为此次收购提供了极好的时机。锦江国际集团看准了这个千载难逢的机会，通过它在美国的合资公司以每股 2.25 美元的价格收购美国州际酒店集团全数股份。收购行为公告当天，其股价迅速上涨了一倍。

三、并购动因

在阐述锦江国际集团这次的并购动因之前，我们先对其做 SWOT 分析。

1. 优势（S）。

锦江国际集团具有品牌优势——在国际上具有一定的知名度；具有规模优势——锦江国际集团集团化程度较高；具有地域优势——总部位于上海，在北京、成都等城市均已经打开市场；具有客源关系优势——锦江国际集团为上海市政府国资重组企业，历来受到上海市的重视；具有劳动力成本优势——这点是针对国外酒店而言的，中国劳动力价格仅为欧美、日本等发达国家的10%左右；具有本土文化优势——这一优势是国内酒店业所固有的。中方酒店业的文化优势主要表现在相容性强、沟通性强、垂直一体化优势等方面。这是锦江国际集团较为突出的优势。锦江国际集团拥有三大核心业务，分别是酒店业、旅游业、客运业。锦江国际集团具有区域集中化优势：锦江国际集团酒店业主要集中在长江三角洲地带等经济发达地区和旅游发达地区。具有人力资源优势：拥有中瑞合作锦江国际理诺士酒店管理学院、上海锦江国际旅游管理学院，从事中、高级酒店管理专业人才培训，组织结构合理，机构精简。

2. 劣势（W）。

自身带有较深的计划经济时代的烙印，在经营管理上存在缺陷；品牌优势也使其构成强大的进入壁垒，形成产品差异；人员素质较低；资金比较短缺；重组后存在整合问题；锦江国际集团是国有控股集团，与外资酒店或民营酒店相比其用人机制不灵活，在高级人才的争夺中明显处于下风；人才流失、高频率人员流动比较严重；品牌单一，品牌形象和发展方向不够清晰；扩张方式单一，扩张成本过高。

3. 机会（O）。

我国经济快速发展；旅游成为时尚；行业环境适合扩张；会展经济蓬勃发展，国际上经济型酒店与豪华酒店的比例为 7:1，在中国这个比例则是倒置的，因此“锦江之星”的扩张具有一定的市场容量；国际酒店集团巨头的“入侵”带来了资金、技术、管理经验等。

4. 威胁（T）。

中国经济如金融制度和国企改革还存在一些问题，这些问题处理不好将严重阻碍中国经济的发展；中国的宏观经济调控手段还带有一定的局限性；世界经济发展的周期性特征；国际酒店集团巨头的“入侵”；国内酒店的竞争给“锦江之星”带来了一定的威胁。

四、交易内容

锦江国际集团收购美国州际酒店集团，严格按照国际商业惯例和国家有关法律规定进行运作：2009 年 5 月 11 日向上海市国资委备案；2009 年 5 月 19 日取得上海市商务委员会批准证书，在美国特拉华州注册境外全资子公司；2009 年 5 月 21 日取得国家发改委项目信息报告复函；2009 年 11 月 27 日取得国家发改委正式批准，收购美国州际酒店集团 100%股份；2009 年 12 月 11 日完成向上海市外汇管理局外汇投资备案。总计签署了 12 个双边和多边法律文件，其中核心文件为收购协议和合资公司运营协议。合法的规范化运作最终保证了收购的进度。

公开信息显示，此次锦江国际集团与德尔集团以每股 2.25 美元的价格收购美国州际酒店集团全数已发行并现存的普通股股份，买方需支付金额约 7530 万美元，并承接美国州际集团的全部债务，交易总价值约 3.07 亿美元。

五、并购时的财务反映

2009 年 12 月 20 日，锦江国际集团与德尔集团共同设立的合营公司 HAC 以境外合资的形式收购美国州际酒店集团的普通股份，使之成为 HAC 的全资子公司，交易于 2010 年 3 月 18 日顺利完成。因此本书选择 2009 年 12 月 20 日为时间点，探究其前后锦江股份的股价波动情况。在选择股价时，以考虑现金红利再投资的收盘价的可比价格作为研究的股价。由于 2009 年 12 月 19 日和 12 月 20 日分别为周六和周日，证券交易所不开盘，因此这两日无交易数据。

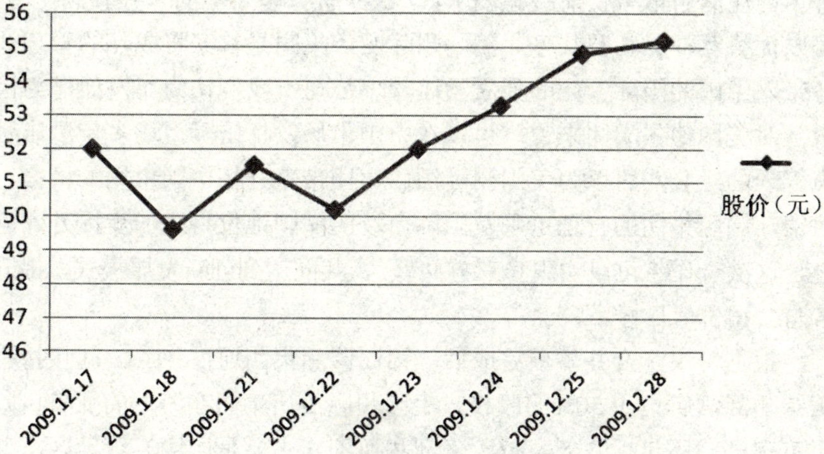

图 3-11　交易前后股价波动

由图 3-11 可以看到，锦江国际集团的这次并购事件引起了股票市场剧烈的反应。2009 年 12 月 17 日至 2009 年 12 月 22 日，股价上下波动剧烈，而在 HAC 收购美国州际酒店集团的普通股份这一事件发生之后，也就是从 2009 年 12 月 22 日开始，锦江股份的股价一路飙升，市场反应非常积极。由此可见，锦江酒店的广大投资者都认为锦江酒店的这次投资决策是正确的，对于锦江酒店的未来发展也非常看好。

六、并购之后

为了充分发挥并购效应，创新发展模式，这次锦江国际集团与美国德尔集团、州际酒店集团达成了多项合作意向：包括与美国州际酒店集团成立合资酒店管理公司，为州际注入中国元素，发展其在中国市场独立酒店管理业务；与德尔集团合资成立“上海锦江德尔股权投资管理有限公司”，增强资产增值能力和资产流动性；计划与德尔共同发起设立中国酒店旅游产业投资基金，该基金有望成为中国第一只酒店旅游产业投资基金；在 3 年内输送百名中高级管理人员赴美培训等。锦江酒店董事长俞敏亮表示："这次合作是中美的'强强联手'，可以优势互补、利益共享。美国州际酒店集团是首家将成熟的管理业务带入中国的国际领先的独立酒店管理公司，我们认为其发展潜力巨大。对美国德尔集团来说，可以在中国市场发挥国际市场多年酒店资产管理的经验，可以为美国州际酒店集团带来开拓中国市场的机会，对锦江国际集团的管理水平及国际市场的品牌地位将进一步提升。总之，这次合作将可以实现'三方共赢'，共同达到创新发展模式，提升各自公司价值目标。"

根据协议，合并事项完成后，锦江国际集团通过 HAC 间接持有美国州际酒店集团 50%的股权。美国州际酒店集团在海外的业务，除了美国外，还包括欧洲、拉丁美洲和亚洲（主要是印度）等地区，并已通过与这些区域的公司合资的方式将触角伸向了国际酒店服务业，其业务团队都可以为锦江国际集团提供现成的帮助。另外，锦江国际集团还可以借助州际酒店集团的资产组合及网络，发挥协同效应，实现更高的投资价值。

业界人士普遍看好此次收购前景。华东师范大学商学院工商管理系主任杨蓉对《上海国资》说："随着中国经济的崛起，越来越多的中国人将走出国门旅游。就像老外来中国旅游想住本国管理的品牌酒店一样，锦江通过拓展海外市场，可以使中国人在国外住上自己国家的品牌酒店。"

七、案例点评

这次收购对于锦江国际集团来说是一个重大的战略性决定。那么锦江国际集团收购后如何增值呢？

第一，把美国州际酒店集团看做一个酒店管理培训机构，利用我国廉价酒店管理人才推上全球酒店业。州际酒店集团有三项主营业务：酒店运营管理、自营酒店管理和商业楼市租赁管理。过去 12 个月该公司营业收入 4.87 亿美元，毛利率高达 92.9%，但是却整体亏损 4600

万美元，且负有长期债务 2.24 亿美元。而 2009 年上半年国内外酒店业入住率普遍下降 13%左右。在酒店业萧条时期，节约成本成为关键，利用廉价酒店管理人才将其推上全球酒店业，竞争管理市场，这不失为一步妙棋。目前外资酒店管理公司收取管理费 1%～3%，另外经营利润提成、比例随着利润额度的增加而提高，外资酒店管理公司的总体管理成本占酒店总盈收超过 10%。实际上，锦江国际集团可以利用中国培训后的酒店管理人才取代西方酒店管理人才，而且可以在利润提成上降低比例，这样接单机会就大。

第二，盘活锦江旗下管理的各国酒店的信息资源至关重要。目前，州际酒店集团作为北美最大的独立酒店管理公司管理着美国、印度、俄罗斯、英国和墨西哥等国的 228 家酒店，使用 33 个酒店品牌，其中包括希尔顿、威斯汀、喜来登、万豪等诸多国际一线酒店品牌。如何让客户在进行全球商务旅行、旅游、会议、参展、投资、考察、采购时选择入住自己旗下的酒店，就显得特别重要。所以，全球一体化的宣传、包装、营销就显得很重要，这还牵涉到客户的汇兑风险、经济顾问、劳工法律、文化风俗、饮食习惯等全方位的服务咨询，如果进入这一块，变成锦江一站式搞定客户，这便是永远吸引客户的关键。

第三，让锦江国际集团在全球各国发行股票，在全球市场上融资，为进一步发展提供动力。随着资金的日渐雄厚，可以从围绕着酒店客户的咨询向全球经贸咨询扩展，打造全球知名咨询机构，然后利用各种会议、论坛、发布会等活动，让锦江旗下的酒店及其管理的全球就近酒店进一步开展推广活动。

第四，整合很关键。并购成功与否，后期的整合非常重要，这种整合既包括对被并购方的整合，也包括对自己企业本身的整合。首先，文化的鸿沟比地域上的距离更难逾越。人的沟通方式、行为习惯都有很大差异，很多企业并购失败都是由文化冲突所致。其次，管理效率和沟通机制也是不小的难题。锦江国际集团管理机制和运营流程相对笨拙，“国”字号的“包袱”可能会降低其发展的速度。再次，品牌连锁化、营销本土化也是关键点，目前经济型酒店市场潜力很大，锦江之星的快速发展也印证了这一点，但是这种类型的酒店品牌会加快洗牌的进程，像美国的速8、法国的宜必思等都有全球化运作的实力，锦江如无法用好本土的营销人才，那么走出国门只会是愿景。因此，要想保持并购的成功，对企业文化的整合、管理的整合、人才的整合都显得至关重要。

附：酒店业重大并购事件

1949年，希尔顿国际公司从希尔顿饭店公司中拆分出来，成为一家独立的子公司。

1967年到1987年的20年中，希尔顿国际三次被收购，最后由前身为莱德布鲁克（Ladbrok）集团的希尔顿集团买下。

1974年，雅高引进宜必思品牌。

1975年，雅高引进美居品牌。

1980年，雅高通过对杰克-槐斯-玻勒尔国际公司（JBI）的兼并，引进索菲特品牌；在巴黎股票交易中心上市融资。

1981年，大都会（Grand Metropolitan）兼并洲际酒店集团。

1985年，雅高的一级方程式汽车旅馆开张，15年里在全球开设了1000家分店。1985年，引进“佛缪勒第1”经济品牌。

1989年，英国巴斯有限公司（Bass）对假日集团（1989年）和州际集团（1998年）进行收购兼并。

1990年，雅高购买美国“汽车旅馆第6”品牌。

1995年，万豪国际集团收购丽思—卡尔顿饭店公司49%的股份。

1998年，波士顿丽思—卡尔顿饭店公司99%的股份归到了万豪国际集团名下。

2003年，州际酒店集团收购兼并了美国的蜡木酒店式公寓集团（Candlewood Suite）。

2005年9月14日，胜腾以1亿美元收购温德姆酒店品牌以及特许经营系统。根据协议，Cendant 将从黑石集团旗下的温德姆国际公司得到 82 家酒店的特许经营协议以及 29 家酒店的管理合同。

2005 年 10 月初，胜腾酒店集团购买了万豪在全球范围的内华美达品牌。

2010 年 3 月 18 日，锦江国际集团联合美国德尔集团收购美国州际酒店与度假村集团。

第四章　旅游业资产剥离及财务分割

第一节　资产剥离概述

一、资产剥离的概念

（一）资产剥离

1. 资产剥离概念。

剥离的一般含义为“相连的表层剥落脱离”。对企业而言，剥离的含义应该是“某资产组合从企业资产中脱离”。但是，目前对于资产剥离的定义并没有统一的定论。在学术界，国外学者通常使用“divestiture”或“divestment”来表示剥离，但两者的内涵存在一定的差异。“divestiture”通常用于表示广义的剥离，即从战略或组织行为的视角，认为资产剥离是某一公司所有权及业务组合的重新调整，即公司将其部门、附属机构或股权出售或分配给公司股东、管理人员或其他公司。在这种意义上，剥离活动包括资产出售、分立、分拆上市、管理层收购等多种形式。而“divestment”通常是指狭义的剥离，即企业将其所拥有的资产、产品线、经营部门、子公司出售给第三方，以获取现金、股票或现金与股票混合形式的回报的一种企业经营行为。

由于我国特殊的经济环境和政策背景，我国学者对资产剥离有着不同的理解，从相关文献来看，国内对于资产剥离出现过以下两类的界定：

（1）资产剥离是指将非经营性资产、闲置资产、无利可图资产以及已经达到预定目的的资产从公司资产中分离出去（谷琪[①]，1998）。这揭示了我国股份制改革过程中资产处置的实情，但是随着时间的推移，我们看到越来越多的企业剥离的资产不一定是绩效差的资产，而是出于战略的考虑进行资产剥离，因此这个解释有失偏颇。

（2）资产剥离是指公司将其现有的某些子公司、部门、产品生产线、固定资产、债权等出售给其他公司，并取得现金或有价证券的回报（干春晖[②]，1997）。这是根据资本市场的实践情况给出的定义。这种解释认为资产剥离具有三个特征：第一，不存在资产的非现金转移，公司向其他公司出售其资产后通常会得到现金回报。第二，将资产出售给已经存在的公司，交易以后不会产生新的法律实体。第三，不涉及出售方公司本身股权的变化。

从资本运营角度来说，资产剥离是企业重新配置经济资源的一种重要的手段，是资产重组的一种方式。而资产重组一般包括扩张重组和收缩重组。相较于并购等实现企业资本和规模扩张的重组，收缩重组使得企业迅速“瘦身”，从而得以高效运作。收缩重组主要包括资产剥离、分立、分拆上市、股份回购等方式。其中资产剥离作为收缩重组的主要方式，已经成为资本运营中一道亮丽的风景线。

从上述内容可知，不论是从我国资本市场现状来看，还是从资本运营的手段来看，资产剥离应该作为和分立、分拆上市、股份回购并列的资本运营方式来定义，因此我们认为资产剥离的狭义定义更贴近人们的理解。但是，不可否认其广义定义也被广泛运用于学者们的研究中。

2. 资产剥离中资产的界定。

《企业会计准则》对资产作了如下定义：“资产是指企业过去的交易或者事项形成的、由企业拥有或者控制的、预期会给企业带来经济利益的资源。”由企业拥有或控制，是指企业享有某项资源的所有权，

① 谷棋，刘淑莲．关于资本经营的几个问题[J]．财会通讯．1998（12）：5-7

② 干春晖．资源配置与企业兼并．上海财经出版社．1997

或者虽然不享有某项资源的所有权，但该资源能被企业所控制。根据控制方式的不同，企业资产可以分为两类：一类是企业直接拥有或控制的资产，包括货币资金、存货、固定资产、债权、无形资产、子公司等；另一类是企业以所有者身份间接控制的资产，也就是以股权为表现形式的虚拟资产，主要是企业所持有的其他企业的股票。

相应地，企业资产剥离也可以分为两类：一种是企业实物资产的剥离。作为企业资产重组的一种方式，资产剥离是企业重新配置资源的一种手段，剥离的对象应当是那些具有整体价值的资产（如一个部门、生产线、子公司等），而不是存货、固定资产、无形资产等非整体性资产（毛蕴诗[①]，2004）。严格而言，那些既不具有整体意义也不涉及资产功能的资产转让不属于资产剥离的范畴，只能算是资产处置。例如，21 世纪初我国国有银行实施的不良资产剥离实际上并不是真正意义的剥离，其实质是不良资产的处置。因为被剥离的资产并不是具有某种功能的组合资产，并且剥离后银行的业务并未减少。二是股权转让。股权是企业对其他企业投资而产生的，投资者按投资比例享有重大事项表决权、收益权、终极所有权。企业持有股权的目的有两种：一种是作为现金储备或短期投资，调节企业货币资金余额，满足企业资产的流动性需求，同时获取更多的收益，以这种目的持有的股权持股数量一般较少，买卖频繁；另一种是出于企业战略需要，以控制或影响其他企业为目的而持有的股票，出于这种动机持有的股权一般持股数量较多，拥有控股地位或能够对企业施加重大影响，决定或影响其发展方向。企业的一项股权转让是否属于资产剥离，应根据股权的性质进行判断。只有战略持有另一公司的较多数股权，并能够对该公司控股或有重大影响时，通过股权转让导致相关公司控制权的转移才是资产剥离。

① 毛蕴诗．全球公司重构．东北财经大学出版社．2004：7-8，204-205

（二）资产剥离的主要方式

基于狭义的资产剥离定义，资产剥离一般指出售资产这一种方式。而基于广义的资产剥离定义，按照出售方对资产的控制权，剥离可简单分为混合型剥离（hybrid divestments）及完全剥离（pure divestments）。混合型剥离即有限剥离，是指出售方并没有完全失去对被剥离单位的控制权，剥离目的是对目标公司价值链的调整或对剥离公司核心业务以外的外围业务的调整。因此，虽然资产减少，剥离公司可以通过契约关系代替其所有权的关系，例如，特许经营就被认为是一种典型的混合型剥离，包括在母公司与受许可公司之间建立新关系，代替了基于股权对其零售部门的控制权。因此，通过特许经营实现的剥离被视为企业发展的表现。从剥离中获得的资源可用于加速发展分销网络，集中于核心业务。而完全剥离则是部门或子公司的全部出售，出售对被剥离单位完全失去控制权。

Wright（1985）根据所有权转移、发生的频率和剥离后的所有权形式把剥离分为五种主要类型，母公司通过剥离后的所有权变革实现适应不断变化的环境的目的（如表 4-1 所示）。

表 4-1

剥离形式	所有权转移	相对的频率	新的所有权
特许经营	完全的，有限期间内的	经常	子公司或独立公司
合同外包	完全的，但仍存在交易关系	经常	子公司
出售	完全的，且是永久的	小规模出售——经常 大规模出售——部分	独立公司
分立	分离但不遣散，可能是所有权稀释，永久的	小规模分立——经常，尤其在一些高科技企业	半独立公司
战略交易	完全的，但是交易性的，母公司规模不变	不常见	子公司

资料来源：Wright M. Divestment and Organizational Adaptation. European Management Journal, 1985, 3 (2): 85-93。

二、资产剥离的类型

从不同的角度出发，狭义的资产剥离有不同的形式。

（一）自愿剥离与非自愿剥离

按照资产剥离是否符合企业意愿，资产剥离可以分为自愿剥离和非自愿剥离。

1. 自愿剥离是企业出于自身发展需要而进行的资产剥离。例如最高管理层为了提高公司的核心竞争力而将部分非核心资产和业务剥离；或者为了提高公司股权的市场价值而将部分业绩差的资产剥离。

2. 非自愿剥离或被迫剥离则是指政府主管部门或司法机构以违反反托拉斯法为由，迫使公司剥离其一部分资产或业务。经常发生的情况是，在兼并与收购活动中，政府可能认为兼并后的公司将在某一市场上造成过度的垄断或控制，损害公平竞争，从而要求公司剥离其一部分资产或业务。

（二）物质资产剥离与股权剥离

按照剥离资产的性质，资产剥离可以分为物质资产剥离和股权剥离两类。

1. 物质资产剥离是指企业将直接控制的资产剥离，例如剥离公司所属的分公司、部门或产品生产线等。被剥离的资产包括固定资产、无形资产、债权、存货等。

2. 股权剥离是指公司将企业间接控制的资产剥离，也就是剥离公司所属的子公司。被剥离的资产是企业对于子公司的股权或所有权。

（三）战略性剥离和财务性剥离

按剥离企业是否与公司战略直接相关，分为战略性剥离和财务性剥离。

1. 资产战略性剥离，就是从企业战略的高度，根据企业内部资源和能力以及外部环境状况，围绕价值创造对企业经营中的弱势资产或损害企业整体价值的部分资产予以剥离，使企业在适应不断演进的企业内、外环境的同时，具备把握未来市场创新的能力，并将企业的资源和能力用于尚处于发展中的主营业务和价值创造方面，借此提高企业经营管理效率，建立企业持续成长优势，降低企业风险。[①]资产战略性剥离是着眼于企业核心竞争力，以培育和增强主营业务、实现企业可持续发展为最终目的的剥离。在实践上，企业通过资产剥离来达到“主业回归”甚至“主业重构”，实现增强企业核心竞争力、企业活力和提升企业价值的目的。

2. 财务性剥离是指企业通过资产剥离来改善公司业绩，从而达到提升企业的市场期望价值和提高企业资信等级等目的，最终获得短期财务收益的一种资产剥离。财务性资产剥离往往是通过资产剥离改变公司的债务结构和资产结构，实现当前的、短期的盈利（该盈利往往通过非经常性损益获得），以便达到融资、保壳等目的。

（四）纯资产剥离与资产配负债剥离

按照资产剥离的实现方式，资产剥离可以分为纯资产剥离和资产配负债剥离两类。

1. 纯资产剥离是指母公司将某部分资产或业务进行价值评估后出售给第三方，从而通过资产交易获取现金或等值有价证券回报。

2. 资产配负债剥离是指企业将部分资产和负债一同剥离，差额部分由并购方以现金和准现金资产支付。其实质是并购方以承担债务的支付方式购买资产，因为并购方承担债务就可以少支付现金或准现金。资产配负债剥离必须得到债权人的许可，因为它涉及债权人的利益。

这一方式在甩掉劣质资产的同时能够迅速缩小公司总资产规模，降低负债率，而公司的净资产不会发生改变。对资产接受方来说，由于在获得资产所有权的同时也承担了偿债的义务，其实质也是一种以承担债务为支付手段的收购行为。[②]比如，将上市公司的不良应收账款

---

① 陶毅，查秀芳，陈二梅. 资产战略性剥离上市公司长期业绩实证分析[J]. 商业时代. 2007（36）：75-76

② 中国证券业协会. 证券投资分析[M]. 中国财政经济出版社. 2008

配以等额银行贷款一并划转集团公司，使上市公司轻装上阵，降低其资产负债率，提高其净资产收益率，改善资本结构，改善其业绩状况。

（五）经营性资产剥离与非经营性资产剥离

按照剥离业务中资产与主营业务的相关性来分，资产剥离也可以划分为经营性资产剥离和非经营性资产剥离。

1. 经营性资产剥离是指企业将其用于生产经营的固定资产和流动资产直接对外出售。经营性资产指企业用来进行生产经营活动的资产，包括车间、厂房、其他建筑物、机器、工具仪器、管理工具等固定资产；还有货币资金、短期投资、应收票据、应收账款、预付账款、其他应收款、存货、待摊费用、待处理流动资产净损失、一年内到期的长期债券等流动资产以及著作权、专利权、商标权、非专利技术以及其他技术秘密等无形资产。

对于经营性资产的剥离，应当按照企业自己的实际经营情况来判断。一般来说，如果某一项非主营业务的经营性资产属于朝阳产业，生产经营状况较好，市场占有率较高，在同业竞争中占有优势，一般不应当加以剥离，可以组建控股子公司，投入资金，为其独立发展打下坚实的基础，创造良好的外部环境。对于属于夕阳产业的经营性资产，如果效益较差，市场占有率较低或者前景暗淡的话，则应坚决加以剥离。资产剥离可以为整体性剥离，如将公司整个非主营业务的相关资产全部加以剥离；也可以是部分剥离，如仅将某一条生产线剥离出去。

2. 非经营性资产剥离是指将非经营性资产从企业剥离出去，剥离后的非经营性资产可向社会公开出售、作为独立法人或交由企业代替。非经营性资产是指用于生产经营活动以外的各项固定资产，如生活设施、医疗保健设施、文化设施等。这些资产包括医院、职工宿舍、幼儿园、浴室、学校、招待所、食堂、图书馆、文化活动中心等。非经营性资产剥离主要适用于我国国有企业对某些社会职能的剥离。

（六）关联方资产剥离、非关联方资产剥离、管理层收购与雇员持股计划

按出售的交易方身份不同，资产剥离可以分为关联方资产剥离、非关联方资产剥离、管理层收购（MBO）与雇员持股计划（ESOP）。此处的资产剥离为广义的资产剥离。

1. 关联方资产剥离方式是将资产出售给关联方。在关联方资产剥离方式下，进行资产交易的双方有着较为紧密的产权联系，这种资产剥离方式在上市公司中极为普遍。形成这种剥离方式的原因有如下几条：第一，上市公司与控股股东的交易容易达成，节约交易成本；第二，价格比较有弹性，交易方式较灵活多变；第三，剥离出的资产和服务对原上市公司造成的竞争和威胁比出售给毫无关联的对手要小得多。

2. 非关联方资产剥离方式是将资产出售给非关联方，即原股东退出有关行业领域的经营，将剥离出的资产出售给与原公司不存在关联的他方。随着我国证券市场的逐步完善，非关联方资产剥离方式正在逐步增多。

3. 管理者收购（management buyouts，MBO）是指目标公司的管理层利用所融资本对公司股份的购买，以实现对公司所有权结构、控制权结构和资产结构的改变，实现管理层以所有者和经营者合一的身份主导重组公司，进而取得产权预期收益的一种收购行为。

4. 雇员持股计划（employee stock ownership plan，ESOP）是指将企业的部分股权出售给以本企业雇员为受益人的计划。雇员持股计划最初是一种雇员股票奖励计划，后来被大量用于收购、接管等重组活动。

三、资产剥离的相关理论

本书将从战略视角、组织行为视角和财务视角分析企业的资产剥离行为。其中在战略理论方面，我们用交易成本理论、委托代理理论、资源观进行了分析；在组织行为理论方面主要从行为理论、期望理论和组织边界管理理论出发，阐释企业的资产剥离行为；最后，我们采用融资理论、效率理论和资本经营理论来从财务的视角对资产剥离进行分析。相关理论的具体内容如下。

（一）交易成本理论

基于交易成本理论，市场交易存在由价格发现、谈判、签约等导致的巨大交易成本。当市场交易的边际成本大于企业内部管理的边际成本时，通过企业内部组织完成经济活动代替市场交易行为可节约交易费用（Coarse，1990），企业倾向于扩张。反之，当企业内部管理的边际成本高于市场交易的边际成本时，交易在市场进行比在企业内部进行更有效率，企业则会缩小其规模和边界，更多诉诸于市场交易。因此，企业规模是根据其发展需要而调整的变量，而非制约企业发展的瓶颈。随着企业经营涉及的行业越来越多，多元化程度不断增加，管理的复杂性大大提高，管理成本也随着规模的扩大而相应增加，甚至在某些业务之间可能出现负效应，这些都影响企业的整体业绩表现（Lubatkin、Chatterjee，1991）。因此企业可能会选择资产剥离等重构方式来减小其规模，把本来在企业内部完成的经济活动交由市场完成，增强反应能力和竞争能力。

科斯（Coarse，1937）认为尤其是技术变革改变了企业的有效规模，从而影响了企业进行并购或剥离的决策。Hoskisson 和 Johnson（1992）研究发现企业通过剥离等重构缩少业务范围而加大研发投入的力度，应对快速的技术变革。

（二）委托代理理论

委托代理理论最初是由简森（Jensen）和梅克林（Meckling）于1976 年提出的。他们将代理关系定义为一种契约关系，在这种契约关系下，委托人希望代理人能以委托人利益最大化为原则采取行动，但是由于代理人的行为具有理性和自我利益导向的特征，从而导致委托人和代理人之间在追求目标和利益方面存在差别和信息的不对称问题，因此二者的利用会发生偏差，导致委托代理问题的出现。而在委托代理过程中产生了代理成本包括委托人和代理人的签约成本、监督代理人的成本、限定代理人执行最佳决策所需的额外成本和剩余利润的损失。研究资产剥离的核心理论是代理成本理论。Shleifer 和 Vislmy（1989）认为企业多元化和资产剥离可以看做为了达到管理者防御的目的，如降低就业风险和提高报酬水平而采取的策略。管理层从自身利益最大化出发，而不顾股东的利益，选择那些对他们自身来说具备特定优势的并购，以期达到他们成为企业不可或缺的组成部分的目的。如果某部分资产或业务不能够给他们带来防御作用，就会将其剥离出去，这样就会导致资产剥离的发生。因此剥离的发生是基于委托代理前提下管理者防御的结果。

从降低委托代理成本的角度，为实现利益最大化，委托人努力寻求降低成本的途径，包括如何约束和激励代理人，减少逆向选择行为和道德风险，从而使代理人尽可能地追求委托人的利益最大化。Lang、Poulsen 和 Stulz（1995）等把公司过度扩张所造成的效率损失归因于代理成本，而把规模和范围缩小带来的效率提高归因于代理冲突的改善。企业规模缩小和集聚核心业务迫使管理者接近外部资本市场，增强外部融资的约束，减少了管理者对多余现金的次优利用。因此，通过剥离缩小业务范围或规模，使外部利益相关者更清晰地了解企业经营情况，从而更容易进行监督，在一定程度上减少委托代理问题。因此，剥离提供了解决代理问题的一个外部机制，有助于代理问题的解决，从而提高公司绩效。

（三）归核化理论假说

根据科斯的交易费用理论，企业存在着一个最优规模和经营范围，企业的边界是由交易成本决定的，当交易在企业内部进行比在公开市场进行更有效率时，企业倾向于扩张；反之，交易在公开市场进行比在企业内部进行更有效率时，企业则会缩小其边界，更多诉诸于市场交易，而非企业内部交易。所以，当不再把企业规模看成一成不变的范畴，而是看成一个可以不断根据企业的发展需要而调整的变量时，规模就不会成为制约企业发展的瓶颈。对于多元化企业来讲，随着企业涉及的领域越来越多，管理的复杂性也会大大提高，甚至在某些业务之间还可能存在负的协同效应（negative synergy），官僚成本也会随着规模的扩大而相应增大，这些都会影响多元化企业的整体业绩表现。因此通过剥离那些与核心业务不相关的资产或部门，不仅能够缩减企业多元化程度，还能大大提高企业管理效率，提升企业市场价值。John和Ofek在1995年针对企业资产剥离行为提出了归核化理论假说，他们认为公司出售与本身核心业务不相关的资产后，可以提高营运集中度，公司能够更有效率地经营剩余资产，公司价值将因此得到提升。

对于多元化集团公司进行资产剥离的另外一种解释是内部资本市场所创造的价值越来越小。多元化公司能创造一个大规模的内部资本市场，通过放宽公司层面外部融资约束以及赋予公司总部剩余控制权，使其能够积极地配置资金到有价值的项目中以创造潜在的收益。然而由于资本市场流动性越来越强，内部资本市场相对于外部资本市场具有的优势越来越小，多元化对于企业的吸引力也越来越小，于是大量多元化公司选择通过资产剥离的方式来缩减企业规模，提高企业的集中度，降低企业经营风险，增强其市场反应能力和竞争能力。

（四）资源管理理论

基于资源观分析，资源是指企业拥有的知识、财务资产、实物资产、人力资本等有形或无形要素的总和（Wernerfelt，1984），是企业持续竞争优势的重要驱动力。资源观强调企业积极的竞争性的产出主要归因于异质性的组织资源。但是随着研究的深入，人们发现拥有或得到稀缺的有价值的资源是具备竞争优势的必要条件，但不是充分条件，还要通过有效地组合和规划企业资源，进行机会探索，才能实现竞争优势。

因此，资源观强调对各类资源的有效组合及利用，是剥离成功的关键。该理论的支持者往往以资源作为剥离研究分析的焦点，探索合理的剥离目标的选择，以及如果整合这些资源达成剥离成功的目标。从资源的角度分析剥离现象的研究显示，资源的可流动性以及协同效应是影响剥离决策的一个关键要素，获取和转化资源是管理者创新能力的一个核心维度，并会影响剥离的长期绩效。Sirmon 等（2007）基于资源观，探讨如何成功配置资源来创造竞争优势的三个步骤，即构建资源组合、捆绑资源创造能力以及平衡利用能力为顾客创造价值。其中构建资源组合即资源处理的过程（包括收购、积累和剥离），以实现该公司捆绑资源和平衡利用能力的目的。资源观认为管理者剥离资源的目的是为了对关键资源加以控制或减少对其的依赖，企业除了适应环境还要能作用于环境（Wernerfelt，1984），通过联盟、出售、多元化等形式来减少对外部资源的依赖和风险。因此剥离其实也是企业管理资源的体现。企业可以影响和改变环境，但是适应环境仍然是核心问题。

（五）行为理论和期望理论

行为理论认为组织是人的集合，是一个对组织情景尤其是企业过去的绩效进行理性反应的系统，系统内的主体包括管理者、员工和股东，当绩效不能达到期望水平时，组织进行问题的寻找。对组织而言避免不确定性十分关键，组织决策的制定往往是渐进的解决问题的过程，并受过去经验和惯例的影响（Cyert & Mareh，1963）。而期望理论解释组织行为是组织根据其对一个假设的行为将导致的希望获得成果的程度，在变化的情况中来作出决定，倾向做那些他们认为将导致其所希望的回报的事情，而避免做那些他们认为将导致其所不希望的后果的事情。Bowman（1982，1984）指出组织冒险是在创新、决策制定、战略变革等战略管理过程中面临重要问题时，绩效不佳的组织比绩效良好的组织更有寻求风险的欲望和行为。

行为理论认为企业是一个对组织情境产生反应的适应性的理性系统，特别是企业过去的绩效（Greve，2003）。基于行为的视角定义企业是一个理性决策者，企业重复的决策过程是实现绩效、标准经营程序、路径的过程。而这些过程和程序受企业绩效反馈的影响：当企业绩效下降时，企业寻求增加绩效获得（gain）以解决问题。Shimizu（2007）把期望理论应用至对组织层面的风险寻求的研究，对剥离行为进行研究，分析剥离的目标选择的重要影响因素是剥离部门的绩效。一旦潜在的损失到达企业认为的危险点，更保守的、风险厌恶的行为会被优先选择以替代之前的行为，例如剥离（Marc、Shapira，1987）。虽然业务部门的损失还不至于在财务上给该组织带来毁灭性的打击，但是由于过去的战略行为导致的损失也已严重损害了组织的声誉和管理，因此，当高层管理者意识到潜在的损失没有形成威胁时，也会剥离绩效不佳的业务部门。绩效差异越大，管理者剥离该部门的可能性越大。因为行为理论指出管理者是受问题探寻指导的，因此，剥离部门的绩效与剥离可能性是正相关的。因此，随着剥离部门损失的增加，被剥离的可能性更大。

（六）组织边界管理理论

组织边界是组织和环境的分界限，通过这一边界，组织和环境之间信息和物质流进行调整。研究阐释组织边界的理论主要有以 Coarse（1937）等为代表的交易成本理论和以 Penrose（1959）、Wernerfelt（1984）、Barney（1991）等人为代表的资源基础观。传统企业往往拥有从原材料生产到产品售后服务等一系列完整的功能，形成一种完整的纵向规模边界。这种组织形式具有一定的确定性和稳定性，组织要素不会轻易改变，组织边界呈现出刚性特征。随着科技与经济的发展，市场交易费用大大降低，导致企业需要不断将一些原本在企业内部进行的交易转移到市场上进行，企业规模进行小型化调整，其刚性边界越来越小，最终诞生了如虚拟企业、联盟企业、企业网络的柔性组织。由于企业不断地将一些交易由企业内部剥离到市场，而只保留其核心能力，企业的效率边界越来越小。基于边界管理理论，进行有效的资产剥离，并通过合同关系替代，会带来积极的战略绩效，并能处理好与环境情境的关系。例如混合型剥离，出售方并没有完全失去对剥离单位的控制权，包括对目标公司价值链的调整或对剥离公司核心业务的外围业务的调整。因此，虽然资产减少，剥离公司可以通过契约关系代替其所有权的关系，例如特许经营，就被认为是一种混合型的剥离，包括在母公司与受许可公司之间新关系建立，代替了基于股权对其零售部门的控制权。企业处理了其部分的经营权，不希望在内部拓展投资，但是它无需投资整合，仍保持着对零售等经营行为的控制权。因此，通过特许经营剥离被认为是商业企业发展的一种手段，出售资产所得的资源使企业不仅加速其分销网络建设，还可以重新积聚力量于核心业务。因此，特许经营就是网络关系的变革，包括企业边界的变革。企业与被许可人的关系代替了企业直接的分销行为。这类剥离其实是企业契约关系扩展的过程，这种契约关系甚至可以延伸至制造领域，例如通过转包，契约关系的扩展需要企业建立不同的沟通体系和信息交换体系，与被许可人的沟通不同于公司内部关系的沟通，其实企业边界反而扩展了，即柔性边界扩展了。

（七）融资理论

该理论假说认为资产剥离是经营所需现金的一种重要来源，企业通过资产剥离的方式获取现金，并以此来降低企业的负债水平。尤其对于陷入财务困境的公司而言，通过剥离得到收入以缓解债务压力，是避免破产的一种很好的途径。

Lang 等认为公司进行资产剥离更为直接的原因是出售资产能够直接获得资金，而其他融资方式代价都较为高昂。由于股东并不能完全得到出售资产的价值，而管理层滥用会存在代理成本，因此市场对资产出售所得的现金会存在折价问题。Lasfer 认为陷入财务困境的企业会把资产出售看做为了避免破产而筹集必需资金的一种有效方式。由于对这些企业来讲，其余的融资方式基本都不可行，因此迫使其剥离企业的资产。

（八）效率理论

效率理论与委托代理理论不同，它假设企业的管理层追求的是股东利益最大化，以下两种情况会导致资产剥离的发生：

一种是当企业的部分资产对于公司来讲不再具有足够的价值时，为了提高企业的整体经营效率就应该把该部分资产剥离出去，通过这种方式达到退出某产业，或者进行产业转移，转向新的核心业务等目的。另外，美国波士顿咨询公司所提出的著名的波士顿矩阵，从市场占有率、销售增长率两个角度出发，将企业业务分为“问题类”、“明星类”、“金牛类”和“瘦狗类”四类，并认为“瘦狗类”业务，即低市场占有率和低增长率并存的业务，母公司应该及时放弃，予以剥离。

另一种是当企业的部分资产经营效率偏低，而交由其他公司管理能够产生更大的收益，这样，原来的企业就应该把该部分资产剥离出去，以便提高经营效率，从而产生更多的收益。实践表明，许多进行过大规模资产剥离的公司普遍存在跨行业经营的现象。根据经验管理的管理学假说，由于管理经验性因素的影响，当公司所控资产的规模和差异性不断增强时，公司赢利能力会逐步出现递减趋势。其原因在于高层管理人员缺乏非本行业的经营经验，会忽视不同业务类型子公司独有的经营机会与困难，从而降低了公司整体管理效率。因此，许多资产剥离活动都是用不同方式去剥离与母公司主营业务不相适应的资产部分，以集中公司经营注意力，来提高管理效率。

（九）资本经营理论

资本经营主要包括兼并、收购、资产剥离、借壳上市、托管与租赁、无形资本经营等。从资本经营的角度来看，适时、适当地进行资产剥离，已经成为企业发展到一定规模后重新调整资本结构、避免无效益的规模膨胀、摆脱不良资产困扰的重要举措。

其经济理论依据是公司资本结构的合理化与最优化。资产剥离在资本市场上是以股权转让、资产出售等形式进行的。旨在剔除企业本身经营管理不善的资产、避免资源浪费或低效运行，以求得企业的生存与发展。有计划、有系统地淘汰旧的资本，才能解放出用于新业务所需的各种资源，以便集中力量去开拓全新的经营领域。债务剥离是指债权人和债务人对原债权、债务的重新组织安排，即通过部分豁免、停息挂账以及改变债务债权关系等办法，重新安排债务。

第二节　旅游企业资产剥离文献综述

一、企业资产剥离动机文献综述

在这方面，我国学者基于我国特殊的经济和资本运营环境，对资产剥离动机作了较为详细的研究。

俞铁成[①]（2001）在《公司紧缩——资本运营新境界》一书中较为全面地介绍了资产剥离理论以及资产剥离在我国上市公司中的实际应用情况。作者对我国 1999 年上市公司发生的资产剥离进行了实证研究，分析了我国上市公司资产剥离的特征和动因。研究发现，我国上市公司的资产剥离“年末效应”显著，而且绝大多数的资产剥离属于关联交易，这些剥离往往是为了改善短期业绩而非提高长期经营业绩进行的。此外，该书还提到由于我国资本市场的特殊性，上市公司资产剥离的动因除了追求主业清晰、改善现金流、扭转经营困境等之外，主要原因是出于“买壳上市”或者“配股保壳”的需要；但也有相当多的上市公司从战略管理的角度出发，利用资产剥离技术对企业资产结构或业务结构进行优化调整，提高了企业的核心竞争力。

杜宁[②]（2005）认为资产剥离是企业为适应环境变化而进行的战略调整，无论这些企业是出于自愿还是迫于无奈。在适应复杂的环境时，资产剥离的动机表现得多种多样。由于我国经济处在转轨时期，这种环境决定了我国企业资产剥离的动机与纯市场经济条件下的企业有一些不同。总而言之，我国企业资产剥离主要有九大动机，包括：剥离

① 俞铁成．公司紧缩——资本运营新境界[M]．上海远东出版社．2001
② 杜宁．我国企业资产剥离动机研究[J]．财务管理．2005（6）：30-32

非经营资产，摆脱社会负担；剥离不良资产，改善资产质量；核销债务，改善资本结构；套取现金，应付债务危机；改变公司战略；纠正战略错误；获利；操作盈余；逃废债务。

陈玉罡、王苏生[①]（2007）对我国2003年发生资产剥离的上市公司进行了实证研究，选取14个财务指标来衡量企业业绩的不同方面，并运用回归分析法分析我国上市公司资产剥离的特征和动因。研究结果发现，营运能力越低的公司实行剥离的可能性越高；偿债能力越低的公司实行剥离的可能性越高；盈利能力和偿债能力“一高一低”的公司发生资产剥离的可能性低于其他公司。

宓众、周香花[②]（2008）认为资产剥离作为企业一种收缩性的资本运营形式，对企业的长期发展战略具有重要作用。以沪深两市上市公司作为研究对象，总结出九大类型的资产剥离时机，包括上市公司达不到法律法规的要求、上市公司并购后出现负的协同效应、上市公司强化核心业务、上市公司为拓宽融资渠道、上市公司为满足资金需求、上市公司为了规避税制、上市公司更替管理层时发生战略转移、上市公司出现不良资产等。

莫迁[③]（2008）从三个方面来讨论资产剥离的动机。他认为战略方面的动因主要包括：经营战略的调整；追求主业清晰，强化核心业务；优化资产结构，提高资产质量；提升管理效率，消除负协同效应。直接的原因包括：减轻债务负担，改善财务状况；获得急需的现金。特殊原因包括：弥补错误的并购决策；规避管制、节约税收；“买壳上市”的需要。

孙春晓[④]（2010）对国内外资产剥离动因和阻碍的分析进行了系统的归纳和梳理，从产业层面、企业层面及被剥离业务层面进行阐述。

① 陈玉罡，王苏生．我国上市公司中资产剥离公司的特征研究．统计与决策．2007（15）：121-122

② 宓众，周香花．企业资产剥离时机选择的探讨[J]．科技创业月刊．2008（1）：35-38

③ 莫迁．我国上市公司资产剥离原因研究[J]．经济管理．2008（6）：133-136

④ 孙春晓．公司资产剥离动因和阻碍的研究综述[J]．新西部．2008（11），23-26

从产业发展的角度分析，认为环境的不确定性，尤其是产业制度环境变化、产业集中度、增长状况、技术变革等是公司资产剥离的主要动因。从公司层面来分析，作者通过研究指出，公司内因是导致进行资产剥离的直接原因，例如公司规模、多元化程度、公司的业绩、治理结构等。从被剥离单元的层面作者指出，被剥离业务的业绩等是影响剥离的重要因素，把没有吸引力的资产转化为现金，剥离那些盈利能力较差的资产，再投资于企业的核心业务或其他领域，改善企业财务报表。

二、企业资产剥离模式文献综述

关于资产剥离模式的研究主要是分析广义的资产剥离的剥离方式，在这方面我国学者根据我国特殊的经济环境作了相应的研究。

李红卫、李雪飞[①]（1999）认为，我国国有企业长期在计划经济体制下运行，形成了"企业办社会"的格局，积累了大量的非经营资产，在企业改制时应将它们剥离出来，以使改制后的股份公司摆脱包袱，轻装上阵。但从一些企业的运营情况来看，非经营资产的剥离工作陷入了一种困境，影响到改制的效果。对此，笔者拟从非经营资产的剥离模式入手作一些探讨。

胡艳、周宏斌[②]（2008）系统地总结了企业资产剥离的各种方式，具体包括资产出售、资产置换、企业分立、股权切离、抽资换股等方式。并在此基础上综合考虑各种因素，对企业资产剥离方式的选择进行了深入探讨。

张卫国、黄超[③]（2009）将交易成本经济学的原理引入对资产剥离方式选择的研究，从交易成本的视角探索企业管理者如何在不同的资产剥离方式之间选择。以 2002～2008 年沪市制造类上市公司 173 起资

① 李红卫，李雪飞．论企业改制中非经营资产的剥离模式[J]．经济论坛．1999（16）：65-68

② 胡艳，周宏斌．谈企业资产剥离方式的选择[J]．财会月刊．2008（35）：143-145

③ 张卫国，黄超．基于交易成本视角的资产剥离方式选．技术经济与管理研究．2009（4）：82-84

产剥离事件为样本，使用 Logistic 回归方法分析了交易成本对资产剥离方式选择的影响。作者研究发现，交易成本与资产剥离方式之间存在相关性，在作出剥离的决策后，企业通常选用分拆的方式来重组资产专用性较高的资产，而外部不确定性比较低时更倾向于选择直接出售资产。

三、企业资产剥离绩效文献综述

关于资产剥离是否能够提高经营绩效，国内外的学者们进行了大量的研究，但是至今尚无定论。学者们采用了不同的评价指标和评价方法，选取了不同的样本对资产剥离进行了实证研究，因此得出的结论也不尽相同。有学者认为资产剥离会产生积极的绩效，也有学者认为资产剥离会产生消极的绩效，以下分别从国内外学者研究的评价指标、方法、样本、结论等方面进行比较和阐述。

Boudreaux[①]（1975）采用月收益价格指数，首次研究了资产剥离公告对股价的影响。他发现自愿性资产剥离（voluntary divestment）会给公司带来积极的股价反应，而非自愿性资产剥离（involuntary divestment）将会给公司带来消极的股价反应。

Alexander 等人[②]（1984）选取 1964～1973 年出售资产的 53 家美国公司作为研究样本，研究发现对于出售方的公司股东来讲，在资产剥离公告日后的 2 天内，存在正的但很小的异常收益（在 5%的显著性水平下不显著）。在剥离公告日前 30 天至前 2 天，股东的累积异常收益显著小于 0，而在剥离公告日后 1 天至 30 天，股东的累积异常收益为负，但不显著。

Rosenfeld[③]（1984）选取的研究样本为 1969～1981 年发生资产剥

① Boudreaux K.J. Divestiture and Share Price [J]. Journal of Financial and Quantitative Analysis.1975, 10(4): 619-626

② Alexander G.J., Benson P.G., Kampmeyer J.M. Investigating the Valuation Effects of Announcements of Voluntary Corporate Sell-offs [J]. Journal of Finance.1984, 9: 503-517

③ Rosenfeld J. D. Additional Evidence on the Relation between Divestiture Announcements and Shareholder Wealth[J]. Journal of Finance. 1984, 39: 1437-1448

离的 62 家美国公司，运用均值调整法计算累积异常收益。他发现在剥离公告当日，公司股东能够获得显著为正的异常收益，而且在剥离公告日前 30 天至前 1 天，累积异常收益为正，这一点与 Alexander 等人的研究结论不同。

Klein[①]（1986）通过对 1970～1979 年发生的 215 起资产剥离事件的实证研究，发现剥离资产的规模会对异常收益产生一定的影响，被剥离资产的规模越大，异常收益也越大。当所出售资产的规模（即被剥离的资产占总资产的比例）低于 10%时，对股价没什么影响；当该比例在 10%～50%之间时，会使公司股价上升 2.35%；当该比例超过 50%时，会使股价上升 8.09%。

Montgomery 和 Thomas[②]（1988）以其 1984 年研究中的企业为样本，第一次运用财务指标法对企业资产剥离后的企业业绩变化进行了研究。作者选择了股本收益率、流动比率和资产负债率三个指标，不仅比较了企业在剥离前后的各种财务指标，同时还与同产业的同行进行比较。研究结果发现，在剥离的前一年，发生资产剥离的公司的整体业绩水平要低于没有发生资产剥离的同行。而对于不同类型的资产剥离，研究发现剥离之后的业绩并没有显著的差异，大部分企业的经营业绩都得到了改善，但是剥离后的业绩改善仍然明显低于同时期没有发生剥离的可比公司。

Woo[③]等（1992）计算 51 家非金融公司在资产剥离前后各 3 年的资产收益率、通货膨胀调整后销售增长率、市值与账面价值比率的值，发现除了分立前后资产回报率有轻微的增加外，其他的值在剥离前后没有显著的提高；如果被分立部分与母公司业务没有关联，剥离会恶化公司的业绩。

① Klein A..The Timing and Substance of Divestiture Announcements: Individual, Simultaneous and Cumulative Effects[J]. Journal of Finance. 1986, 41: 685-696

② Montgomery C.A., Thomas A.R.Divestment: Motives and Gains[J].Strategic Management Journal. 1988, 9: 93-97

③ Woo C., Willard G, Daellenbach U.Spin-off Performance: A Case of Overstated Expectations [J]. Strategic Management Journal. 1992, 13(6): 433-447

Afshar 等[①]（1992）通过对 1985～1986 年发生资产剥离的 178 家公司进行研究，发现如果陷入财务困境的公司进行资产剥离，股东会在剥离公告当日获得显著为正的异常收益。该异常收益与资产剥离的相对规模大小呈正相关，与出售方企业的资产负债率也呈正相关。

Bergh[②]（1995）以财富 500 强企业在 1986～1990 年的 112 起资产出售为样本，以资产收益率作为衡量企业业绩的指标，分析影响资产剥离绩效的因素，研究结果表明剥离绩效与所有权集中度、外部董事权益、公司对被剥离资产的战略类型、出售资产与剥离公司的关联性有关。

John 与 Ofek[③]（1995）以 1986～1988 年出售资产金额在 1 亿美元以上的 321 家公司为研究样本，并以公司产品数目及赫芬达尔指数衡量公司出售资产后集中性是否提高。作者选取的财务指标为息税折旧前盈余，并减去同一时期整个产业业绩的平均变化。研究发现企业的剩余资产在剥离之后盈利能力确实得到了提高，不过这种业绩上的改善只有在资产剥离后增加了企业集中性的子样本中才能观测到。同时，还发现，企业业绩的改善程度与企业在集中性上的提高正相关。

Cho 与 Cohen[④]（1997）选取经营现金流回报作为衡量企业业绩的指标，经营现金流回报是指经营现金流除以资产市场价值的比值，该指标能够反映企业资产所获得的真实经济收益，而且经营现金流回报可以在企业的不同时期和不同企业之间进行比较。作者通过对 1983～1987 年发生在美国的 50 起资产剥离事件的研究，发现企业资产剥离之后的经营现金流回报一般会比剥离之前有轻微提高，但在 5%的显著性水平上并不显著。

---

① Afshar K.A., Taffler R.J., Sundarsanam P.S.. The Effect of Divestment on Shareholder Wealth: UK Experience[J].J ournal of Banking Finance. 1992, 16: 115-135

② Bergh D.D..Size and Relatedness of Units Sold: An Agency Theory and Resource-based Perspective[J].Strategic Management Journal. 1995, 16 (3): 221-239

③ John. K., Ofek E.. Asset Sales and Increase in Focus[J]. Journal of Financial Economics. 1995, 37 (l): 105-126

④ Cho M.H., Cohen M.A.. The Economic Cause and Consequences of Corporate Divestiture [J]. Managerial and Decision Economics. 1997, 18: 367-374

John C. 等[①]（1997）采用公众的债券收益来衡量资产剥离公告的财富效应，研究发现当处于财务困境的公司进行资产剥离时，其债权人的异常收益为负且具有显著性，而没有处于财务困境的公司则不然。该研究结论与财富转移学说一致，印证了处于财务困境的公司在进行资产剥离时债权人的部分财富会转移到股东身上。

Gadad 和 Thomas[②]（2001）在研究资产剥离给股东带来的财富效应的同时，也对资产剥离是否能改善公司业绩进行了研究。作者采用的是经营现金流与公司总市场价值之间的比值。作者对剥离后的业绩（因变量）与剥离前的业绩（自变量）进行回归，其模型的常数项作为衡量资产剥离是否改善业绩的标准。研究发现该常数项都在统计上显著为正，因此资产剥离能够改善公司的业绩。

Haynes 等[③]（2002）对英国公司进行资产剥离后的企业业绩变化作了实证研究，他们选取了 1985～1993 年发生资产剥离的 132 家大型公司为样本，以实际资产收益率作为衡量企业业绩的衡量指标。研究结果发现，资产剥离能给企业带来虽然很小但是在统计上显著的绩效的增加。

Hanson 与 Song[④]（2002）主要研究了管理层和董事的股票所有权与公司资产剥离绩效之间的关系。作者选取 1981～1995 年发生资产剥离的 195 家公司作为研究样本，发现出售方和购买方都能够获得显著的正异常收益，而且出售方管理层持有股票的比例以及董事会结构会影响股东所获收益的大小。在资产剥离产生正异常收益的情况下，出售方企业的股东所获得的累积异常收益与管理层持股比例存在着直接

① Jones C., Hesterly W.S., Borgatti S.P. A General Theory of Network Governance: Exchange Conditions and Social Mechanisms [J]. Academy of Management Review. 1997, 22 (4): 911-945

② Gadad A., Thomas M.H.Effects of Divestiture on Operating Performance and Shareholders, Wealth: UK Evidence [A], Working Paper, Middlesex University Business School. The Burmughs. London. 2001

③ Haynes M., Thompson S., Wright M. The Impact of Divestment on Firm Performance: Evidence from a Panel of UK Companies [J]. Journal of Industrial Economics. 2002, 50: 173-196

④ Hanson R.C., Song M. Managerial Ownership, Board Structure, and the Division of Gains in Divestitures [J]. Journal of Corporate Finance. 2002, 6: 55-70

而且显著的正相关关系。

Shin[①]（2007）选取2000年1月1日～2006年8月31日期间496家不同的韩国上市公司实施的734起资产剥离事件为样本，研究不同窗口期（1，0）、（-1，1）、（-5，5）等企业的累计超常收益，研究表明样本分别能得到1.00%、2.59%、7.24%的超常收益。

Benou等[②]（2008）以1950～2001年高科技上市公司的2040起资产剥离事件为样本，研究高科技公司的资产剥离绩效，研究发现市场对高科技公司的剥离有正的显著的反应。

林淑莉、陈富祥[③]（1994）以营运现金流量为指标，研究1991～2000年台湾地区78家上市公司资产剥离的决定因素及其对上市公司业绩的影响，研究表明出售资产、企业规模、出售资产金额对未来营运绩效无显著影响，出售资产损益对未来营运绩效有轻微影响。

陆国庆[④]（2000）对1999年沪市上市公司不同类型的资产重组进行了绩效比较，用净资产收益率作为财务评价的指标。结果显示，资产重组能显著改善上市公司业绩，对于绩差公司而言尤其如此，但不同的重组类型绩效相差较大。“资产剥离+收购兼并”、“第一大股东变更的股权转让+资产剥离+收购兼并”类型资产剥离的绩效最好；单纯的收购兼并次之；资产置换和没有实质性重组的股权转让不但没有改善企业业绩，相反还恶化了企业的财务状况。

李善民、陈玉罡[⑤]（2002）选取1999～2000年发生资产重组的上市公司为研究样本，其中资产剥离类的样本公司为65家，采用资本资产定价模型方法，分别计算样本公司在资产剥离前后共41天的异常收

① Shin G.H. The Profitability of Asset Sales as an Explanation of Asset Divestitures[J]. Pacific-Basin Finance Journal. 2007. xx. l-17

② Benou G., Madura J., Ngo T. Wealth Creation from High-tech Divestitures [J]. The Quarterly Review of Economics and Finance. 2008 (l): 1-15

③ 林淑莉，陈富祥．企业出售资产行业之决定因素与对经营绩效及财务结构影响之研究[J]．台北科技大学学报．1994，37（2）：251-266

④ 陆国庆．中国上市公司不同资产重组类型的绩效比较[J]．财经科学．2000（6）：20-24

⑤ 李善民，陈玉罡．上市公司兼并与收购的财富效应[J]．经济研究．2002（11）：27-35

益。作者研究发现，资产剥离公告日前 10 天至后 30 天内，上市公司的日平均异常收益波动不大，且不显著；而从分区间的结果来看，剥离公告日前 10 天至前 1 天，其累积异常收益为正，而剥离公告日后的累积异常收益为负。因此作者认为，证券市场对上市公司进行资产剥离的反应是消极的，股东财富在剥离公告当日可能有较大幅度的损失。

李善民、李珩[①]（2003）以 2000 年发生收缩类资产重组的 73 家公司为研究样本，选用总资产周转率、净利润增长率等 14 个指标构建绩效评价指标体系，运用主成分分析进行研究，并用 Wilcoxon 法进行检验。研究结果发现，重组发生 2 年之后的绩效与发生前 1 年、发生当年和发生后 1 年相比都有显著改善。

李心丹等[②]（2003）以经过筛选的 1998 年发生并购（包括兼并收购、股权转让、资产剥离、资产置换等一系列重组行为）的 103 家上市公司为样本，首次利用 DEA 分析企业并购的绩效。作者选用主营业务收入、利润总额为输出指标，主营业务成本+主营业务税金及附加、各项费用、总资产为输入指标，用 DEA 模型计算出公司每年的绩效稳定性指标，系统分析了并购活动的绩效。研究表明资产置换和资产剥离的效率并不高，同时绩效受行业、股权结构等的影响。

张艳、李书锋[③]（2004）以 1999 年发生资产重组（包括大股东控股权的转让、资产置换、资产出售、卖壳重组、购买公司等多种重组方式）的 55 家上市公司为样本，利用 1996～2002 年的财务数据，以主营业务收入与利润总额为输出指标，以主营业务成本、各项费用和资产总额为输入指标，运用 DEA 方法对我国 A 股上市公司资产重组的绩效进行实证研究。实证结果表明，资产剥离或所拥有股权的出售能够带来公司绩效的显著提高。

---

① 李善民，李珩．中国上市公司资产重组绩效研究[J]．管理世界．2003（11）：126-134

② 李心丹，朱洪亮，张兵，罗浩．基于 DEA 的上市公司并购效率研究[J]．经济研究．2003（10）：15-24

③ 张艳，李书锋．上市公司资产重组绩效的实证研究[J]，石家庄经济学院学报．2004，27（6）：656-659

李占猛[1]（2004）对2001～2002年资产剥离公告的市场反应进行研究，表明公告对股价会产生显著正面的影响，但是正的异常报酬率通常发生在公告日之前，而公告日之后的异常报酬大多为负；规模的大小、相对出售金额的大小对公告效果具有显著的影响。同时他选取流动比率、应收账款周转率、每股营业现金流量等7个指标，以2001年发生资产剥离的42家上市公司为样本，用主成分分析法研究样本的资产剥离绩效。研究表明，上市公司资产剥离后综合业绩会得到改善，但是在资产剥离发生后的第一年这种效应并不明显，甚至低于其资产剥离前一年的综合业绩。

陈玉罡[2]（2004）选取2000年发生收购兼并和资产剥离的上市公司共88个样本，通过资产剥离行为和会计数据、股票市场收益变化的关联性分析，用企业发生并购和剥离前两年的财务指标的变动来预测市场反应，以期从中发现投资者是从哪些方面来预测重组的绩效的。结果表明，资产剥离的市场反应预测模型中包括每股净利润、净利润增长率、净资产增长率3个财务指标的变化和总股本数。

李善民、王彩萍[3]（2005）以深圳万科股份有限公司资产剥离事件为案例进行实证分析，他们用市场调整后的收益模型计算资产剥离事件前后10天的累计超常收益，研究发现市场对万科资产剥离事件反应比较积极。同时以房地产营业收入与总收入之比、净资产收益率、每股收益额、主营业务收入期间费用比等作为反映企业业绩的财务指标，计算1997～2001年的值，发现历次资产剥离给万科股份有限公司的股东带来了正的累计调整回报，公司的财务业绩不断提升，从而认为剥离给企业创造了价值。

---

① 李占猛．资产剥离的原因与绩效——基于中国上市公司的实证研究（博士论文）．复旦大学．2004

② 陈玉罡．并购与剥离的市场反应预测[J]．资本市场．2004（6）：53-56

③ 李善民，王彩萍．基于价值创造的资产剥离——深圳万科股份有限公司案例研究[J]．广州市财贸管理干部学院学报．2005（4）：1-9

金桩[①]（2005）以2000年实施重大资产剥离或出售所拥有股权的上市公司共14家为样本，选用每股收益、净资产收益率、主营业务利润率、投资收益增长率等12项财务指标，使用基于因子分析法的综合财务分析评价资产剥离的绩效，研究发现，资产剥离类重组样本公司重组当年的业绩基本与上一年持平，资产剥离行为产生了在短期内减缓业绩下滑的效果，但是从剥离后一年开始其效果开始下降，特别是剥离后一年业绩下滑明显，表明资产剥离只改变了短期的财务指标，没有真正提高企业的业绩。

金道政、王宏[②]（2005）以2002年35家上市公司资产剥离为样本，用平均超常收益方法计算剥离公告对股份的影响，计算得到全部样本的超常收益为负数。同时计算2001年和2002年资产负债率、每股净资产、每股收益、销售净利润率、净资产收益率、资产周转次数等财务指标，研究发现2002年上市公司通过对资产的适当剥离，改善了公司的财务状况，优化了公司的经营结构，提高了公司资产利用效率。从而得出结论，中国证券市场的价格信息并不完全反映公司的实际发展状况，在资产剥离事件上偏离较大。

罗良忠、史占中[③]（2006）对我国1998～2002年发生资产剥离事件的44家上市公司进行了实证研究，发现样本公司在资产剥离公告日前后20天内的累积平均异常收益为负，但在剥离公告日前后1个交易日内以及剥离公告日后7个交易日内，分别有0.7%、0.93%的累积平均异常收益。就单个公司来说，在剥离公告日前后的短暂时间内（尤其是公告日后7个交易日内），将近一半的公司获得了正的累积平均异常收益，这说明样本公司在剥离公告日前后的短暂时间内的确能够增

① 金桩．我国上市公司资产剥离类重组绩效的综合财务分析[J]．内蒙古财经学院学报．2005（1）：49-53

② 金道政，王宏．上市公司资产剥离效应实证分析[J]．安徽工业大学学报（社会科学版）．2005，22（1）：27-28

③ 罗良忠，史占中．我国上市公司资产剥离公告效应实证分析[J]．电子科技大学学报．2006，35（4）：573-576

加股东的财富。

郑江南[①]（2007）以我国沪市2003～2004年发生资产剥离事件的188家上市公司作为研究样本，选取净资产收益率、每股收益、总资产收益率和主营业务利润率4项财务指标，构建评价企业业绩的指标体系，分析比较了上市公司剥离前后共4年的业绩变化。他们发现，样本公司在实施资产剥离当年能够在一定程度上改善公司的财务绩效，但之后的2年内公司的财务绩效有所下滑。

陶毅等[②]（2007）选取2000～2002年进行战略性资产剥离的43家上市公司为样本，选择反映企业偿债能力、盈利能力、发展能力、资产管理能力、主业鲜明状况等共12个财务指标，用主成分分析法对样本公司的绩效进行研究，研究发现，资产战略性剥离能实质地、在较长时期内提高公司的业绩。

卫建国、薛珊、黄怡锋[③]（2009）通过选取2003年91家进行了资产剥离的A股上市公司为样本，以剥离前1年、剥离当年和剥离后4年共6年作为研究时段，利用主成分分析和非参数检验方法对上市公司资产剥离的长期绩效进行实证检验，以期揭示资产剥离长期绩效的变化情况。结果表明，资产剥离关联交易中内幕交易较多的，其资产剥离的长期绩效没有明显改善，非关联交易公司的长期绩效显著改善；剥离与公司行业非相关的资产时可以帮助公司集中主业，增强竞争力，其长期绩效得到显著改善；长期资产负债率高的公司其资产剥离的长期绩效变化不显著，长期资产负债率低的公司其长期绩效显著改善；资产剥离规模相对较大的公司长期绩效改善更加显著。

① 郑江南．我国上市公司收缩性资本运营绩效的实证研究：（硕士论文）．湖南大学，2007

② 陶毅，查秀芳，陈三梅．资产战略性剥离上市公司长期业绩实证分析[J]．商业时代．2007（36）：75-76

③ 卫建国，薛珊，黄怡锋．资产剥离对上市公司长期绩效的影响．华南理工大学学报（社会科学版）．2009，11（3）：13-21

四、旅游企业资产剥离文献综述

虽然国内外学者们已经对一般企业的资产剥离进行了相对充分的研究，但是关于旅游企业进行资产剥离的研究文献却寥寥无几。不过学者们对旅游企业的资本运作和多元化战略作了比较详细的研究，现有的几篇关于旅游企业资产剥离的研究文献也主要是在研究资本运作和多元化时对资产剥离有所提及。

王凯[①]（2006）对我国旅游企业的MBO（管理层收购）进行了研究。MBO是企业实现资产剥离的一条重要途径，具有降低代理成本、提高决策效率等作用。王凯在该文中阐述了MBO的含义及其制度优势，并对我国旅游企业引入MBO的动因和旅游企业实施MBO的对策进行了分析，提出了建议。

栾庆帅[②]（2008）对我国旅游上市公司多元化战略与企业竞争力的关系进行了研究。文章对我国旅游上市公司的多元化战略进行了分类，并得出没有建立核心竞争力的旅游企业要通过资产剥离等“归核化”的措施建立自身的核心竞争力。

吴志军[③]（2010）通过研究10家旅游景区类上市公司1999～2008年发生的94次资产重组活动，对我国旅游景区类上市公司资产重组的特征、模式以及绩效等进行了分析。文中提到，在各种方式的资产重组中，资产剥离在关联方资产重组中占有42.32%的比例，而在非关联方资产重组中占有57.69%的比例。而我国旅游景区类上市公司发生的资产重组中，资产收购所占比例最大，为46%；其次为资产剥离，占26%。

综上所述，国内的学者们对我国特殊的经济环境下一般企业资产剥离的动机和模式进行了较为充分的研究。而国内外学者们也对一般企业资产剥离的绩效进行了较为细致的研究，他们采用了不同的评价

① 王凯．我国旅游企业产权重构中实施MBO的理性思考[J]．商业研究．2006（11）：185-187

② 栾庆帅．我国旅游上市公司多元化战略与企业竞争力关系研究．（硕士论文）．上海社会科学院．2008

③ 吴志军．我国旅游景区类上市公司的资产重组[J]．经济管理．2010（4）：109-117

指标和评价方法，选取了不同的样本对资产剥离进行了实证研究。有关旅游企业资产剥离的文献较为有限，且都是从资本运作的角度提及资产剥离，而非直接对旅游企业的资产剥离进行详细的研究，这也是目前资产剥离研究的一个空白点。

第三节 旅游业资产剥离的案例

从20世纪90年代开始，在中央政府对国有企业改革“主辅分离”要求的指导下，将国有大型企业下属的酒店等辅业资产进行分拆和剥离是改革的主要趋势，这样做有助于精简企业管理与经营体系，提高其主营业务的核心竞争力。2006年国资委对央企酒店资产进行第一次摸底，有72%的央企都涉及经营非主业的宾馆酒店。以当时152家央企为例，有116家涉及了非主业宾馆酒店业。2010年1月25日，国资委企业改革局发出通知，要求中央企业全面开展非主业宾馆酒店分离重组工作；今后未经国资委批准，不以宾馆酒店为主业的中央企业将不得再投资新建经营性的宾馆酒店。但是，事实上因为很难找到合适的接盘者，很多国企宾馆酒店剥离大单成交遇冷。规模性旅游地产企业想打造自身的品牌酒店，不会接手国企剥离的酒店，而传统的酒店管理公司很难由自己来购买存量酒店，所以国企的酒店业剥离一直进展艰难。但是2012年8月初，中国移动集团所属重庆丽苑大酒店无偿划转港中旅集团，成为了央企非主业宾馆酒店剥离重组的“破局”之作。然而，让每个酒店都通过无偿划转来实现转让并不现实，国企的酒店业剥离仍然困难重重。

我国旅游行业的上市公司包括分属于酒店业、旅游景区和旅行社的近30家公司。旅游业已经成为我国的朝阳产业，而我国旅游上市公司在资本市场上发生的资产重组也是多不胜数。截至2008年12月31日，我国10家旅游景区类上市公司共发生资产重组94次：其中资产收购发生 43 次，所占比例最大，达到 46%；其次为资产剥离，比例达到 26%。①其中，北京京西风光旅游开发股份有限公司（以下简称“北京旅游”）从 1999 年至 2008 年就发生了 11 次资产剥离事件。例如，该公司在 2006 年剥离了其分公司赛阳水泥厂；在 2007 年北京旅游又发生了 2 笔资产剥离行为，即剥离了绿色和平分公司以及其子公司龙泉宾馆的全资子公司时空隧道娱乐有限公司。

案例一：2007 年北京旅游资产剥离

一、交易概述

2007 年，北京旅游发生了两起资产剥离行为，且这两起资产剥离行为均为非关联交易。

1. 北京旅游第三届董事会第三十次会议于 2007 年 3 月 18 日发出通知，2007 年 3 月 29 日以通讯表决的方式召开。3 月 29 日，该公司与北京市门头沟区永定机械厂（以下简称“永定机械厂”）在北京签署了《关于企业收购的协议》，协议中声明由永定机械厂整体收购北京旅游所属的绿色和平分公司，交易价格为 8632591.39 元。另外，协议规定此次资产转让完成以后，北京旅游与绿色和平分公司将无任何债权债务关系。同时永定机械厂应在 2007 年 3 月 31 日前以现金方式向北京旅游支付人民币 400 万元；在 2007 年 6 月 30 日前，以现金方式支付人民币 4632591.39 元。根据相关规定，此次交易不构成关联交易。3 月 31 日，北京旅游在中国证监会指定网站上公布这一交易。

2. 北京旅游第三届董事会第三十七次会议于 2007 年 12 月 7 日发出通知，2007 年 12 月 17 日在公司召开会议。12 月 17 日，该公司与北京三佳祥和商贸有限公司（下简称“三佳祥和”）在北京签署《股权

① 吴志军．我国旅游景区类上市公司的资产重组[J]．经济管理．2010（4）：109-117

转让协议》，协议声明由三佳祥和整体收购龙泉宾馆所持有的北京龙泉时空隧道娱乐有限公司（下简称“时空隧道”）100%的股权，交易价格为1100万元。协议双方一致同意，交易标的的作价以北京中盛联盟资产评估有限公司于2007年12月8日出具的《北京龙泉时空隧道娱乐有限公司品牌使用权资产评估咨询报告》的估价结果为参考，确认时空隧道100%股权作价为人民币1100万元。同时，协议规定三佳祥和应于协议签订起 3 个工作日内，向龙泉宾馆支付股权转让价款的30%（即人民币330万元）；并于股权过户手续办理完毕后3个工作日内，三佳祥和一次性支付完毕剩余转让价款（即人民币770万元）。根据有关规定，本次交易不构成关联交易。12 月 18 日，北京旅游在中国证监会指定网站披露该交易。

二、交易背景

（一）资产出售方简介

北京旅游是由北京京西经济开发公司独家发起，以募集方式设立的公司，于1997年11月18日成立，并于1998年1月8日在深圳证券交易所挂牌上市，股票代码为000802。该公司注册地址为北京市门头沟区石龙工业区泰安路，其经营范围主要包括旅游项目开发、投资及管理、旅游信息咨询。

北京旅游下辖3家子公司和8家分公司，拥有丰富的产业资源，其中4家分公司包括北京最古老、现存规模最大的潭柘寺，拥有天下第一大戒台的戒台寺，华北第一仙山、民俗文化朝圣地妙峰山，北京第一高峰、拥有藏族文化风情的灵山。此外，该公司还拥有龙泉宾馆、百花出租汽车、京西风光旅行社和双恒投资等分公司。

其中，龙泉宾馆有限公司成立于1986年3月17日，注册资本2880万元，是北京旅游的控股子公司，北京旅游持有其99%的股权。龙泉宾馆是北京郊区酒店中建筑规模最大、档次最高的具有皇家园林建筑的四星级酒店。其经营范围包括出租客房、中西餐厅、风味餐厅、重庆火锅餐厅、酒吧、咖啡厅、美容美发厅、电子游艺厅、歌舞厅、健身房、洗浴中心、洗衣房、保龄球馆、室内游泳池、网球馆、羽毛球馆、乒乓球馆、台球室、棋牌室、茶室、三轮车服务等。

（二）资产接收方简介

永定机械厂成立于 1984 年 10 月 24 日，是集体所有制企业，注册资本为 160.7 万元。其经营范围包括轻重运输设备制造、水泥机械设备制造、锅炉辅机波纹管系列产品制造、纤维炭成型机械制造、电阻焊制罐机械制造、非标设备制造、有色金属焊接加工、成套设备制造安装等。该厂自成立以来在矿山设备、水泥设备、运输设备等机械制造方面持续稳定发展，同时在保持原产品质量和规模的基础上，积极拓宽产品市场，增加了旅游索道、滑雪索道等产品的研制和生产，主营业务收入逐年提升，企业规模不断扩大，成为当地主要的机械生产厂之一。截至 2006 年 12 月 31 日，机械厂总资产为 29632868.15 元，负债 20071855.72 元，净资产 9561012.43 元；2006 年机械厂主营业务收入达到 29066774.81 元，实现净利润 5031584.53 元。

三佳祥和成立于 2004 年 11 月 12 日，注册资本 30 万元，注册地为北京市密云县。公司的经营范围为销售五金工具、办公室用品、服装、鞋帽、灯饰灯具等。截至 2007 年 11 月 30 日，三佳祥和总资产为 21117686.31 元，负债 9195511.40 元，净资产 11922174.91 元，营业收入达到 32886200 元，实现净利润 5387434.49 元。

（三）交易资产简介

绿色和平分公司为独立财务核算和纳税的非法人企业，主要的经营范围包括旅游咨询服务，旅游商品的开发销售，生产、制造、研制、销售电动自行车、电动残疾人专用车、充电器、电源、电池、电动工具、电子通信产品、普通机械，以及电子计算机软硬件的技术开发服务等。截至 2006 年 12 月 31 日，绿色和平分公司资产总额 4367408.61 元，负债总额 4393023.83 元。

时空隧道为独立财务核算和纳税的法人企业，是龙泉宾馆的控股子公司。其主要的经营范围包括 KTV 包间、迪厅及包装食品、工艺美术品的销售。其经营期限为 2007 年 11 月 21 日至 2027 年 11 月 20 日。截至 2007 年 11 月 30 日，时空隧道公司资产总额 6920343.35 元，负债总额 5920343.35 元。

三、北京旅游资产剥离的动因

（一）北京旅游剥离绿色和平分公司的动因

绿色和平分公司的主营业务与北京旅游的主营业务相差较大，这是此次剥离的主要动因。北京旅游将景区经营和酒店管理明确为公司未来发展的主业，以门头沟区丰富的自然、人文旅游资源为基础，拓展旅游资源开发业务，因此退出不符合公司发展战略的行业，有利于集中精力发展旅游业务。

此外，本次资产剥离产生 8632591.39 元的收益，占北京旅游 2007 年年末净利润的 79.9%。且绿色和平分公司在 2006 年末的资产总额为 4367408.61 元，负债总额 4393023.83 元，其股东权益为负。由此可见，绿色和平分公司对于北京旅游来说是公司的不良资产，剥离该部分不良资产对于北京旅游的财务状况和经营发展有积极的作用，而对其业务连续性及管理层稳定性没有影响，这成为了本次资产剥离的另一大动因。

（二）北京旅游剥离时空隧道的动因

时空隧道的经营范围与北京旅游的主营业务的关联度较低，同时出售时空隧道可以避免特种行业的经营风险。这是此次剥离行为的主要动因。

此外，本次剥离产生的 1100 万元收益对北京旅游未来财务状况和经营成果有积极的影响，而整体剥离了这部分资产和负债对于优化北京旅游的资产结构有一定的益处。另外，三佳祥和具有较好的资金支付能力，公司董事会认为有关交易款项的回收不会产生公司坏账问题。这是此次剥离行为的另一动因。

四、资产剥离的财务判断

（一）财务指标的选择

分析资产剥离的财务绩效时，要对资产剥离的财务绩效进行科学合理的评价才能对资产剥离的财务判断作出较好的评价，因此采取什么样的财务指标对于衡量一个公司的资产剥离绩效十分关键。在选择这些指标时，我们要以可比性、简明性、全面性、系统性为原则，使财务指标既能够进行纵向比较，也能够进行横向比较，同时又能全面系统地反映资产剥离各方面的绩效，另外，选取的指标代表性强又易于理解也是选取财务指标时十分重要的标准。

通过对财务报表数据的分析可以反映出企业经营管理的各个方面，因此，我们基于北京旅游公布的年度财务报表，分析该公司在资产剥离前后的偿债能力、营运能力、盈利能力、成长能力的变化以及现金流量指标和综合投资价值的变化。借鉴前人的研究，我们发现资产剥离可能存在短期绩效和长期绩效的差异，因此我们选取了资产剥离前 1 年的数据与剥离后 3 年，即 2006 年到 2009 年的数据进行对比分析。

资产剥离的最终目的是增强企业的资本增值能力，提高企业的综合实力。由于 2007 年北京旅游发生的这两起资产剥离事件都是部分资产与其相应负债的整体剥离，所以剥离必然会导致公司的偿债能力、营运能力、盈利能力以及成长能力发生一定的变化。在选取偿债能力指标时，我们选用流动比率和资产负债率这两个具有代表性的财务指标进行分析。企业的营运能力指标我们选用应收账款周转率、存货周转率和总资产周转率。企业的盈利能力指标我们选用主营业务利润率、净资产收益率、资产报酬率 3 个指标。指标我们选用企业净利润增长率、主营业务收入增长率。另外，我们选用每股经营现金流量和每股收益来衡量企业的现金流量情况和综合投资价值。

另外，资产剥离不仅会对公司的财务指标造成影响，也会带来即时的股票市场反应。由于股票市场的数据资料比较全面和及时，市场反应可以即时地反映出投资者对于公司各项交易和事项的态度和看法，因此，在分析资产剥离事件对于公司的影响时加入市场反应数据是十分必要的。

（二）资产剥离的财务分析

为了说明北京旅游 2007 年的这两起资产剥离事件对该公司产生了重大的影响，我们分析了剥离的资产总额占 2006 年年末北京旅游总资产的比重，以及剥离产生的收益与 2007 年年末北京旅游的利润总额的比较。只有这两笔资产剥离事件对公司产生了重大的影响，我们才能说公司的年度报表的变化部分源于资产剥离事件。

图 4-1 说明这两笔剥离资产的总额仅占 2006 年年末公司总资产的 2%，从资产的角度说明资产剥离对该公司的影响有限。但是图 4-2 中的数据显示剥离绿色和平分公司和时空隧道产生的收益额分别占到了 2007 年年末利润总额的 48.29%和 61.54%，因此，从收益的角度来看，这两起资产剥离事件对于该公司有重大影响。

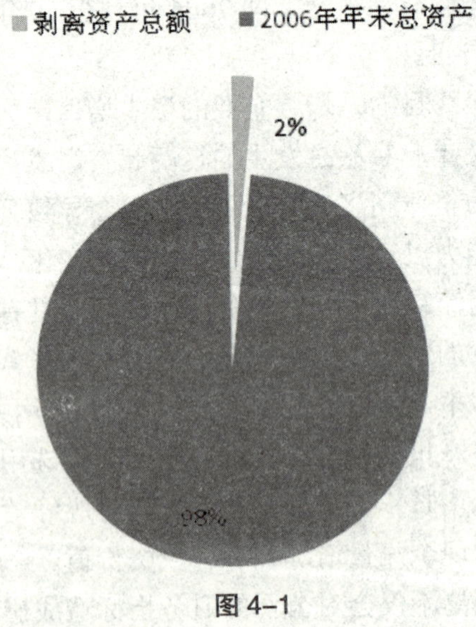

图 4-1

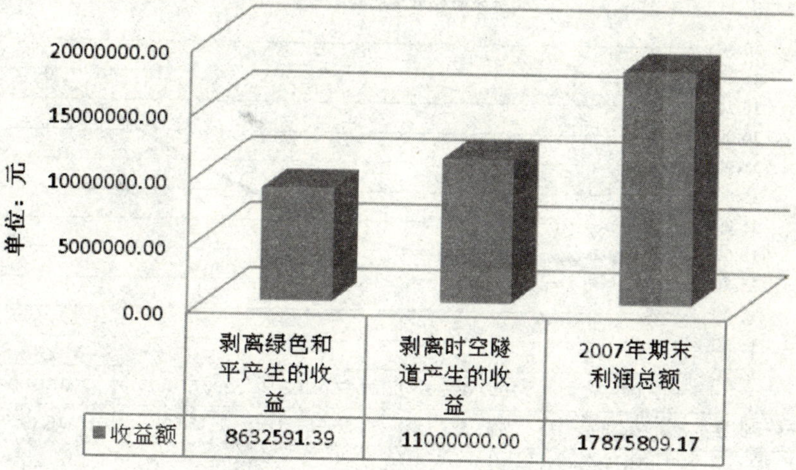

图 4-2

1. 交易的市场反应。

2007 年 3 月 29 日，北京旅游和永定机械厂签署了关于绿色和平公司的收购协议。3 月 31 日，该交易公告于中国证监会指定的网站上披露。我们认为 3 月 31 日是该交易的关键时间点，但是 3 月 31 日为周六，因此我们认为 4 月 2 日的股价能代表投资者对于该资产剥离事件的反应。图 4-3 给出了交易前后 2 天的市场反应数据。我们选用了收盘价作为当日股价。由图 4-3 可知，北京旅游的股价在 4 月 2 日出现了明显的上涨，并且这种上涨的趋势在给出的时间窗口内一直持续。由此，我们认为此次资产剥离事件给投资者以积极的信号，而投资者对于此次事件的反应也是积极的。

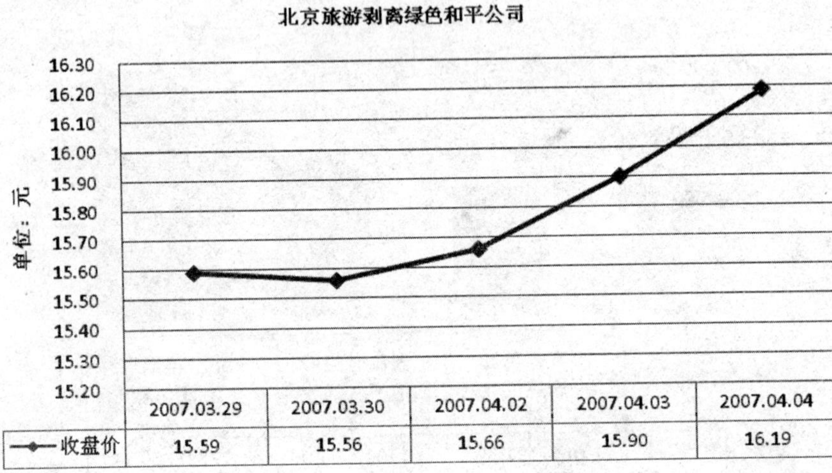

图 4-3　北京旅游剥离绿色和平公司

2007 年 12 月 17 日，北京旅游与三佳祥和签署《股权转让协议》，协议声明由三佳祥和整体收购时空隧道 100%的股权。12 月 18 日，该交易公告于中国证券会指定的网站上披露。因此，我们选取了 12 月 18 日前后 2 天作为一个窗口期分析此次剥离的市场反应。由图 4-4 可知，股价在 12 月 18 日当天以每股 21.5 元开盘以后经历了一段震荡，随后出现了较大幅度的上涨，最后收于每股 22.16 元，涨幅 1.19%。而观察图 4-5 我们可以看出，股价在 12 月 18 日及 12 月 19 日出现了明显的上涨。因此，我们认为投资者对于此次剥离的态度是积极的，市场看好本次剥离对于北京旅游的作用。

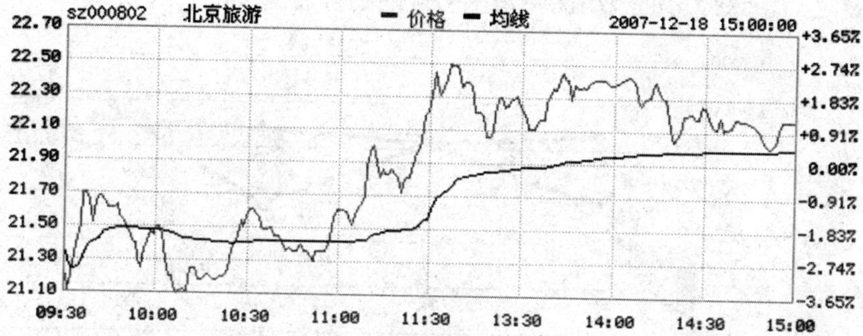

资料来源：新浪财经。

图 4-4

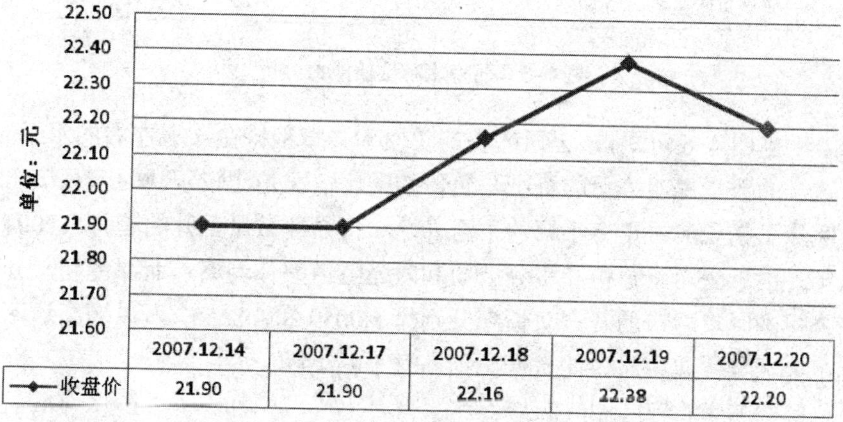

图 4-5　北京旅游剥离时空隧道公司

2. 偿债能力分析。

由北京旅游 2007 年的年度报表可知，公司在 2007 年度发生的重要事项中只有这两起资产剥离事件会对其流动资产和流动负债产生重大影响。而由图 4-6 可知，北京旅游的流动比率在 2007 年出现了大幅的上升，这一现象可以用公司的资产剥离行为来解释。随后，北京旅游的流动比率出现了下滑后又反弹的现象，但是总的来看，在资产剥离之后，该公司的流动比率是呈上升的趋势的。

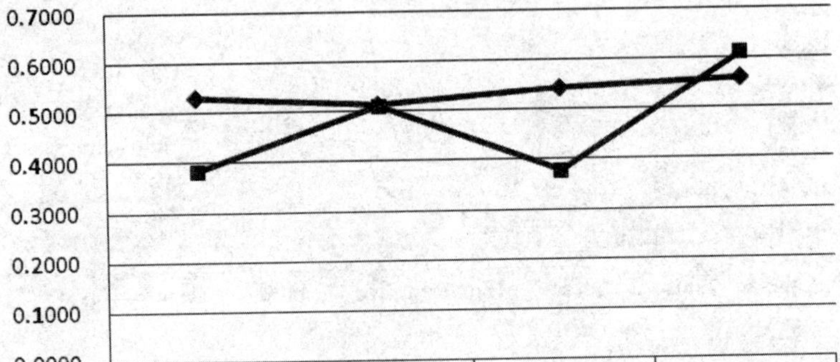

	2006	2007	2008	2009
—■—流动比率	0.3815	0.5085	0.3761	0.6096
—◆—资产负债率	0.5295	0.5127	0.5426	0.5602

图 4–6 北京旅游偿债能力分析

由图 4–6 可知，该公司的资产负债率一直维持在 53%左右的水平，这样的数量说明公司的资产与负债的配比情况是比较乐观的。且该比率除了在 2007 年有小幅的下滑外，一直显现微量上升的趋势。2007 年，由于公司将绿色和平分公司和时光隧道整体剥离，而绿色和平分公司和时空隧道的资产负债率分别为 1.0059 和 0.8555，所以剥离这两个公司导致北京旅游的资产负债率有小幅下降。

3. 营运能力分析。

应收账款周转率反映了公司资金使用的效率。由图 4–7 可知，北京旅游的应收账款周转率从 2006 年开始一直在大幅上升。其中，在 2007 年公司的应收账款周转天数为 28.12 天，到 2009 年公司的应收账款周转天数变为了 12.65 天，缩短了一半之多。这说明随着 2006 年和 2007 年的资产剥离，公司的资金利用效率大大增强了。

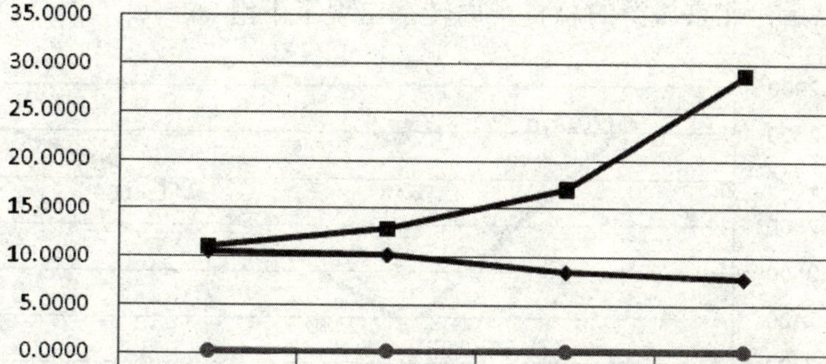

	2006	2007	2008	2009
应收账款周转率	11.1125	12.9821	17.0597	28.8458
存货周转率	10.5137	10.1739	8.4492	7.7963
总资产周转率	0.2820	0.2383	0.2669	0.2823

图 4–7　北京旅游营运能力分析

存货周转率是企业一定时期的主营业务成本与平均存货余额的比率，反映了存货的周转速度。由图 4–7 可知，2006 年到 2009 年，北京旅游的存货周转率呈现逐步小幅下降的趋势，说明公司应该加强其存货的管理。

总资产周转率是指企业在一定时期业务收入净额与平均资产总额的比率，它体现了企业经营期间全部资产从投入到产出的流转速度。北京旅游的总资产周转率一直维持为 0.26 左右，这说明公司的总资产将近 4 年才能周转一次。相比于公司的应收账款周转率和存货周转率，公司的总资产周转速度慢了很多。这一方面与该公司的行业性质有关，另一方面与该公司的非流动资产周转速度缓慢有关。由图 4–8 可知，该公司的总资产周转率在 2007 年出现了较大的下滑。在 2007 年剥离的资产中，绿色和平分公司主要经营旅游咨询服务、旅游商品的开发销售以及电动自行车等产品的生产、制造、研制、销售，而时空隧道主要从事 KTV 等娱乐行业。这两个公司的行业属性决定了其总资产周转率快于北京旅游这样的旅游目的地产业，因此在剥离这两个公司以后，北京旅游的总资产周转率出现了下滑。

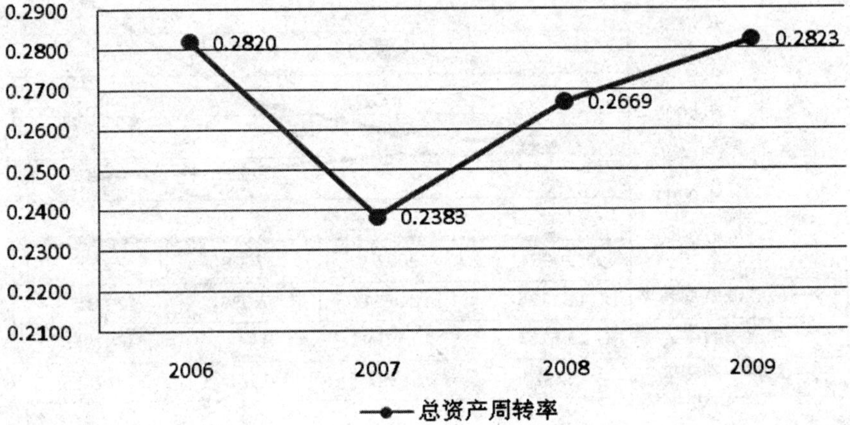

图 4–8 北京旅游营运能力分析

4. 盈利能力分析。

由图 4-9 可知，北京旅游的主营业务利润率在 2006～2009 年呈现出上升的趋势。这可能是公司剥离了非相关业务以后归核化战略的成果之一。此外，该公司的资产报酬率也呈现上升的趋势，说明公司运用全部资产的总体获利能力逐步增强。

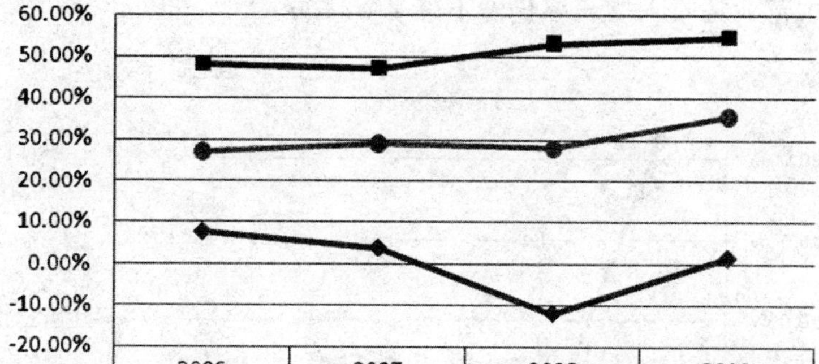

	2006	2007	2008	2009
—■— 主营业务利润率	48.18%	47.23%	53.18%	54.65%
—◆— 净资产收益率	7.63%	3.73%	-11.87%	1.39%
—●— 资产报酬率	27.13%	29.21%	27.94%	35.53%

图 4–9 北京旅游盈利能力分析

与前两个指标不同，该公司的净资产收益率出现了下降的趋势。净资产收益率是净利润与平均股东权益的百分比，可以衡量公司对股东投入资本的利用效率。2008 年该公司的净资产收益率出现大幅下滑的主要原因是 2008 年该公司出现了较大的亏损。分析 2008 年该公司的年度报表可知，亏损的主要原因是交易性金融资产的价值出现了较大的负向变动以及在建工程减值准备计提数额较大。其中，交易性金融资产的价值变动与 2008 年整个股市的疲软不无关系。

5. 成长能力分析。

由图 4-10 可知，北京旅游的主营业务收入增长率在 2007 年出现严重下滑，而 2006～2009 年也整体呈现下滑的趋势。分析 2007 年的年度报表我们知道，该年度主营业务收入下滑主要是由于公司在 2006 年将赛阳水泥厂剥离了出去从而导致主营业务中水泥销售收入减少所致。公司在 2006 年年度报表的附注中显示，2006 年年水泥销售额为 14077418.37 元，占 2006 年主营业务总收入的 9.85%。2007 年，虽然除水泥销售之外的旅游服务和商业销售增长了 7.54%，但是公司总的主营业务收入增长率仍然下降了。

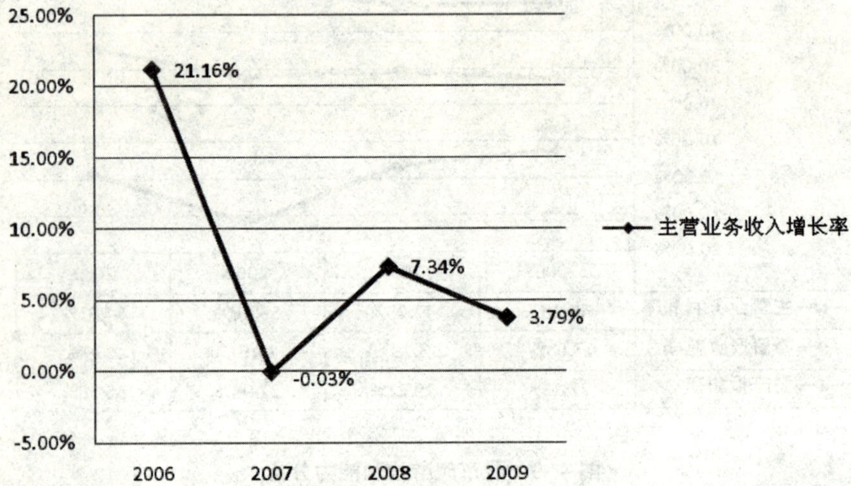

图 4-10 北京旅游成长能力分析

2007 年净利润增长率大幅下滑的原因是 2007 年北京旅游的其他业务利润下滑。分析 2007 年年度报表可知，2007 年房屋使用权补偿收入的减少是导致企业业务利润下滑的主要原因。2008 年该公司净利润增长率大幅下滑的主要原因是 2008 年金融危机导致该公司交易性金融资产价值下滑。

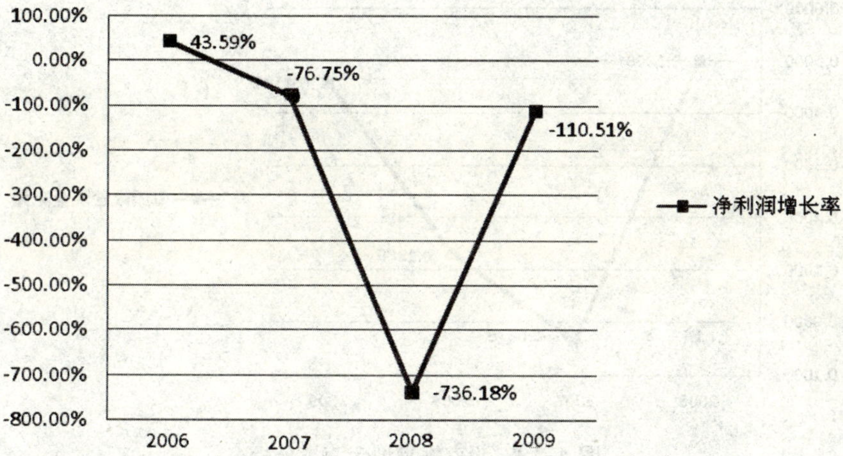

图 4-11　北京旅游成长能力分析

6. 现金流量变动。

由图 4-12 可知，北京旅游的每股经营现金流量呈现出 U 型的发展趋势，并在 2007 年时达到最低点。分析该公司 2007 年年度报告的现金流量表可知，该公司在 2007 年的“收到的其他与经营活动有关的现金”比 2006 年减少了 60762458.51 元，这是导致 2007 年每股经营现金流量大幅下滑的主要原因。但是报表中并未给出“收到的其他与经营活动有关的现金”的详细介绍，所以我们在这里不能进行进一步的分析。

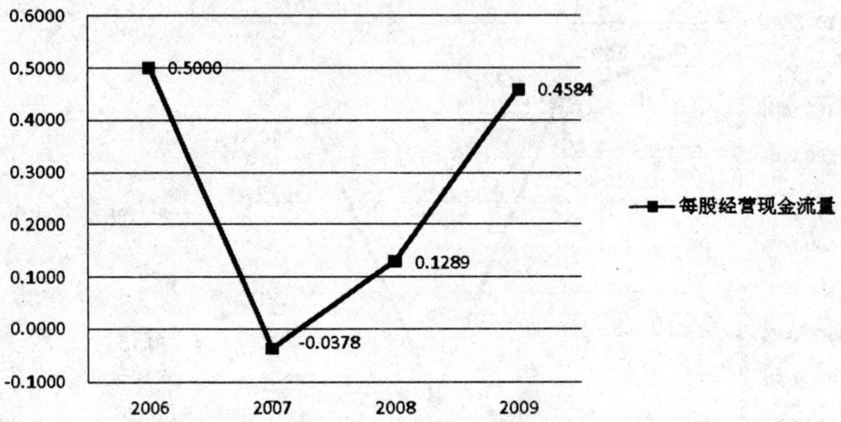

图 4–12 北京旅游现金流量分析

7. 每股收益变动。

每股收益是税后利润与股本总数的比例。它是测定股票投资价值的重要指标之一，并能综合反映公司的获利能力。由于北京旅游在2007 年和 2008 年的股本总数没有变动，因此每股收益的剧烈变化主要源自税后利润的影响。而 2007 年和 2008 年该公司利润变化的主要原因我们已经在之前的分析中作了说明，这里不再赘述。

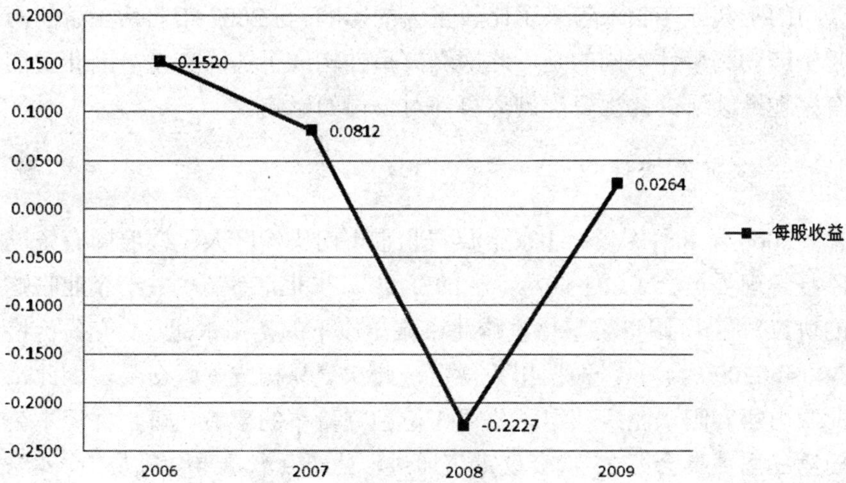

图 4–13　北京旅游每股收益分析

五、案例评价

综上所述，北京旅游在 2007 年的两起资产剥离事件对公司的偿债能力、营运能力和盈利能力产生了一定的影响。但是，对公司的成长能力、现金流量和综合投资价值而言，公司所处的大环境的经济形势的影响较大，这与该公司所处行业的特性有比较大的关系。众所周知，旅游业是受人均收入影响很大的行业，人们往往在经济形势好、可支配收入多时选择旅游出行，而在经济形势恶化且可支配收入减少时首先放弃旅游这一娱乐活动，因此 2008 年的金融危机不仅对股市产生了巨大影响，也对旅游业产生了巨大的影响，进而导致许多旅游上市公司出现亏损。

案例二：2006 年北京旅游资产剥离

在分析 2007 年北京旅游资产剥离的案例时，我们可以看出 2006 年该公司剥离赛阳特种水泥制造分公司（以下简称“赛阳水泥厂”）对公司的主营业务收入带来了比较重大的影响。与2007年北京旅游的两起资产剥离事件不同的是，此次剥离事件构成了关联交易。因此我们有兴趣继续研究此次资产剥离事件对公司的影响。

一、交易概述

2006年6月1日，北京旅游与北京市门头沟区人民政府国有资产监督管理委员会（以下简称“区国资委”）在北京签署《关于企业收购的协议》，由区国资委整体收购北京旅游旗下的赛阳水泥厂，交易价格为14642090.44元。根据相关规定，此次交易构成关联交易。因此，此次出售赛阳水泥厂获得了公司3位独立董事的事前认可，并经本公司第三届董事会第25次会议审议通过，公司9名董事会成员中，4名关联董事回避，4名董事参与表决。表决结果：4名董事同意，0名董事反对，0名董事弃权。另外，交易价格的制定是在北京中威华德诚资产评估有限公司出具的《京西旅游赛阳特种水泥制造分公司资产评估报告》的基础上，由交易双方协商一致确定的。评估基准日为2006年3月31日。

此外，收购协议还指出区国资委承担赛阳水泥厂应承担的银行贷款本金共计人民币6267万元及相应的利息。对于赛阳水泥厂应付北京旅游及分子公司436.4万元账款，区国资委已出具《承诺函》，承诺于《关于企业收购的协议》生效起15个工作日内（2006年6月22日前）将436.4万元账款偿还给北京旅游。而赛阳水泥厂现有员工将随同本次交易一同由区国资委接收。根据有关规定，此次交易无需政府有关部门审批或其他程序。2006年6月2日，北京旅游在中国证监会指定的相关网站上公布了这一交易的信息。

二、交易背景

（一）资产出售方简介

北京旅游的介绍已在前文中提及，在此不再赘述。

（二）关联方即资产接收方简介

区国资委属国家政府部门，而北京石龙工业开发区投资开发总公司（下简称“石龙公司”）是门头沟区政府的全资公司，该公司持有本公司股东北京戈德电子移动商务有限公司（下简称“北京戈德”）33.33%的股权，是北京戈德的实际控制人。北京戈德持有石龙公司2725 万股的股权，占公司总股本的 23.44%，是石龙公司的第二大股东。鉴于北京戈德为石龙公司的原控股股东，在本次交易前 12 月内，区国资委是石龙公司的实际控制人。

根据《深圳证券交易所股票上市规则》（2005 年修订）的有关规定，本次交易构成关联交易。

（三）交易资产简介

本次交易的标的是位于北京市门头沟区军庄镇军庄村东赛阳水泥厂的全部资产、负债。赛阳水泥厂是北京旅游所属分公司，为独立财务核算和纳税的非法人企业，其经营范围包括制造、销售水泥。经营期限为 1999 年 4 月 19 日至 2019 年 4 月 18 日。

赛阳水泥厂原为区国资委下属企业，是门头沟区建材行业重点企业之一，区国资委对赛阳水泥厂的资产负债状况较为了解。

截至 2005 年 12 月 31 日，赛阳水泥厂资产总额为 102702510.07 元，负债总额为 102674046.99 元；2005 年度主营业务收入为 31163425.59 元，主营业务利润为 2776875.36 元，利润总额为 -971536.92 元。

三、北京旅游资产剥离的动因研究

在 2007 年北京旅游两起资产剥离案例的分析中，我们看到剥离赛阳水泥厂使得北京旅游的主营业务收入大幅下降。同时我们分析北京旅游 2005 半年度报告和 2006 半年度报告可知，2006 年 1 月到 6 月的收入总和与 2005 年同期相比有所增长，增长幅度为 13.23%（见图 4-14）。其中，建材及房地产销售收入增长幅度最大，达到 119.14%。

那么在这种情况下，北京旅游为什么剥离赛阳水泥厂呢？

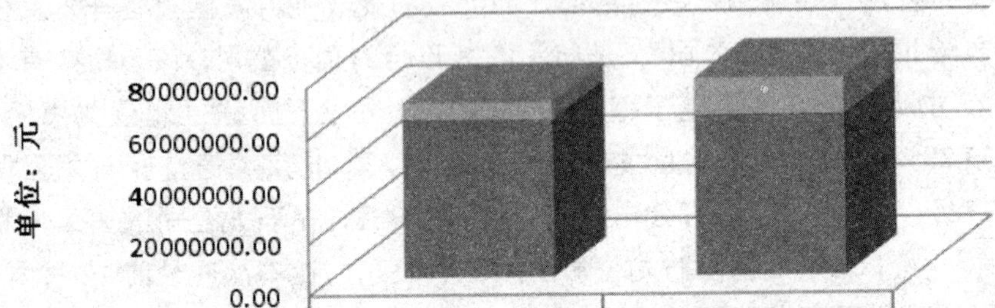

	2005年 1-6月	2006年 1-6月
■建材及房地产销售收入	6423869.34	14077418.37
■商业销售收入	5163672.40	1326386.93
■旅游服务收入	55539861.62	60606122.03

图 4–14　主营业务收入构成分析

我们可以直观地看到，赛阳水泥厂所处的建材行业与北京旅游的主营业务方向相差巨大，它们一个属于第二产业，一个属于第三产业。因此，剥离赛阳水泥厂、退出建材行业可以说是北京旅游归核化战略的一个必要步骤，这使得北京旅游可以集中力量经营旅游业。那么除了战略规划方面的原因，还有其他的原因吗？我们对北京旅游各大主营业务的盈利情况作了分析。

由表 4–2 可知，建材业在 2005 年上半年的利润率是负的，2006 年上半年转负为正，实现了盈利。在 2005 年的半年度报告中我们可以看到，赛阳水泥厂收到了北京市散装水泥办公室的散装水泥专项资金 200 万元，另外，在建工程中也有 1171355.00 元的水泥生产线正在建设。由此可见，北京旅游对于赛阳水泥厂的发展和建设投入了很多的精力和资金。但是赛阳水泥厂在 2006 年上半年的毛利率只有 10%左右，相比较 2006 年上半年旅游业 55.56%的毛利率，相差比较大。

表 4–2

业务	期间	主营业务收入（元）	主营业务成本（元）	主营业务利润（元）	主营业务利润率（%）
旅游业	2005 年 1～6 月	55539861.62	29638610.52	25901251.10	46.64
	2006 年 1～6 月	60606122.03	26931188.30	33674933.73	55.56
零售业	2005 年 1～6 月	5163672.40	4661188.72	502483.68	9.73
	2006 年 1～6 月	1326386.93	1225449.63	100937.30	7.61
建材业	2005 年 1～6 月	6423869.34	7054237.17	-630367.83	−9.81
	2006 年 1～6 月	14077418.37	12437256.02	1640162.35	11.65

由此可见，经营赛阳水泥厂有着“吃力不讨好”的结果，因此北京旅游决定剥离赛阳水泥厂的决策从盈利角度来分析也是正确的。这是剥离赛阳水泥厂的主要动因。

四、资产剥离的财务判断

延续上文的研究思路，我们主要从资产剥离事件的市场反应和财务反应两个方面对此次资产剥离进行分析。

由于在 2006 年上半年的赛阳水泥厂的资产剥离事件之后，北京旅游在 2006 年下半年还发生了收购、债务重组等多笔重大事项，因此，我们选择 2006 年 6 月 30 日为时间节点，采用公司的半年度报告为数据基础分析此次资产剥离事件的影响。为了分析此次资产剥离的纵向影响，我们还选取了 2005 年半年度报告作对比研究。

1. 资产剥离重要性分析。

2006 年 6 月 2 日的公告中指出，对赛阳水泥厂的资产评估采用的评估方法如下：房屋建筑物和设备采用重置成本法进行评估，无形资产——土地使用权采用基准地价系数修正法和成本逼近法进行评估，其他资产及负债分别采用与其相适应的评估方法进行评估。而由于赛阳水泥厂土地使用权的账面取得成本仅包括土地出让金和后期发生的少量征地费用，前期发生的拆迁安置费、青苗补偿费等费用作为工程直接费归集并摊入了房屋建筑类资产的账面成本中，因此土地使用权的账面成本归集不完整，评估中考虑了合理的征地费用，从而形成评估增值较大，其增值率达到350%。

我们认为此次对赛阳水泥厂的资产评估能够更真实地反映出该厂的实际价值，因此我们采用此次评估的资产总额作为赛阳水泥厂的资产总额。与此同时，由于评估的基准日是2006年3月31日，为了与该数据有可比性，我们采用了北京旅游2006年第一季度财务报告中的资产总额数据。如图4-15所示，在2006年3月31日，赛阳水泥厂的资产总额仅占北京旅游资产总额的约2%。

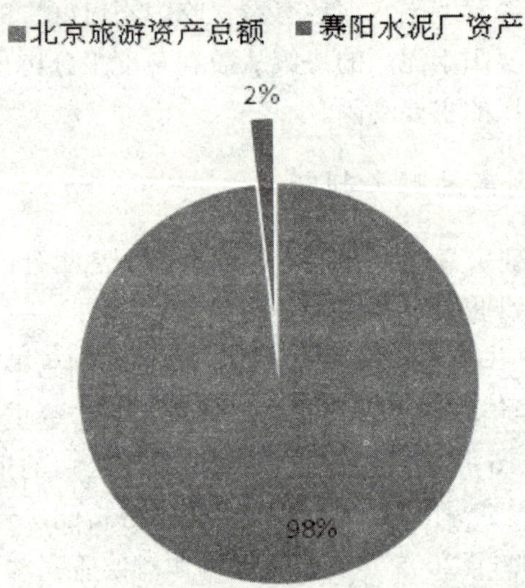

图4-15

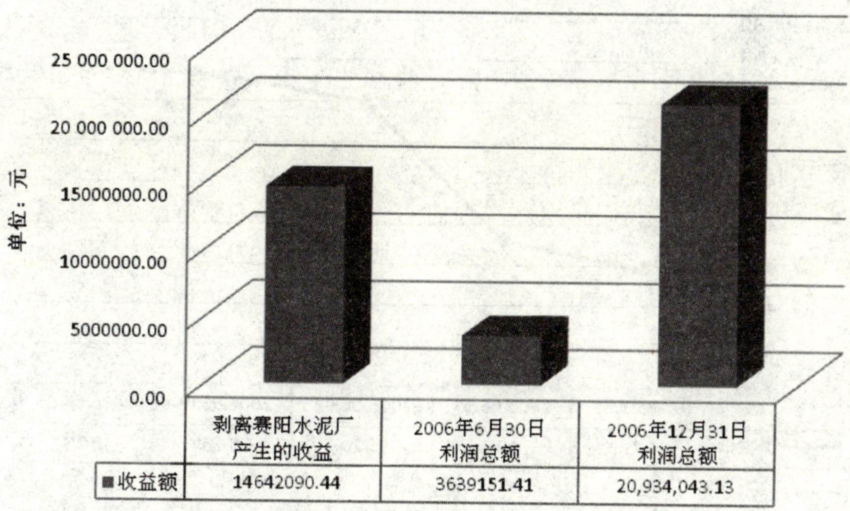

图 4–16

但是，如图 4-16 所示，从收益的角度来看，此次资产剥离产生的收益约是 2006 年 6 月 30 日北京旅游利润总额的 4 倍。由于北京旅游所处的行业特性，其收入在全年分配不均匀，其中下半年是旅游的旺季，收入水涨船高，这种现象更加剧了上述数据比较的差异。但是比较此次资产剥离产生的收益与 2006 年年末的利润总额，我们也可以看出，此次剥离事件对于北京旅游 2006 年的利润变动来说有着十分重大的影响。

2. 交易的市场反应。

北京旅游于 2006 年 6 月 2 日公布剥离赛阳水泥厂的事件。由图 4-17 可以观察到股价在 6 月 2 日有明显的上涨，且这种趋势在随后的几天中一直持续。

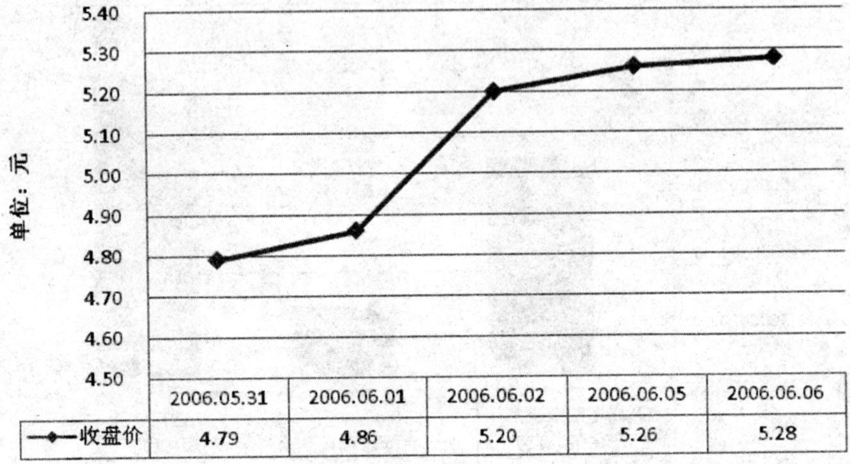

图 4–17

观察 6 月 2 日的股价走势图（见图 4–18），我们可以看出，6 月 2 日，股价以 4.86 元开盘之后经过了大约 1 小时的走低，从 10 点 30 分开始一路走高，最后收于 5.20 元，涨幅率达到 7%，明显高于均线的走势。该日的交易量也达到了 757 万股，远远高于 6 月 1 日的 360 万股。

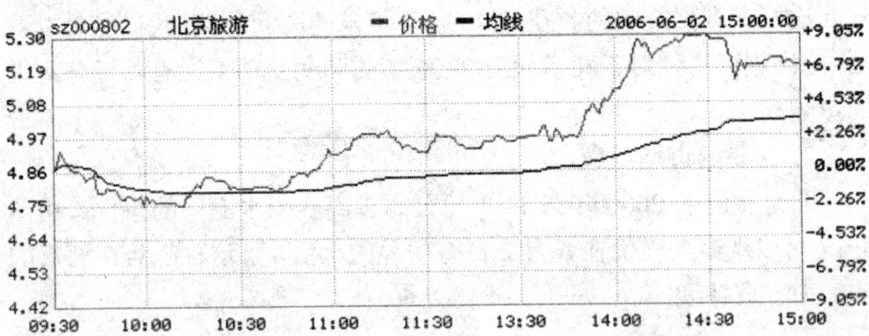

资料来源：新浪财经。

图 4–18

综上我们可以看出，在北京旅游公布剥离赛阳水泥厂的当日，股市对该消息作出了积极的反应，投资者对这一消息也持积极态度。

3. 偿债能力分析。

由北京旅游 2006 年半年度报告可知，该公司在 2006 年上半年只发生过剥离赛阳水泥厂这一项重大事件，因此，我们可以推断，北京旅游流动比率的变化主要源于资产剥离这一事件。由图 4-19 可知，北京旅游的流动比率出现了相对大幅的上升，其涨幅达到 58.2%。由此可见，此次资产剥离后，公司的短期偿债能力加强。

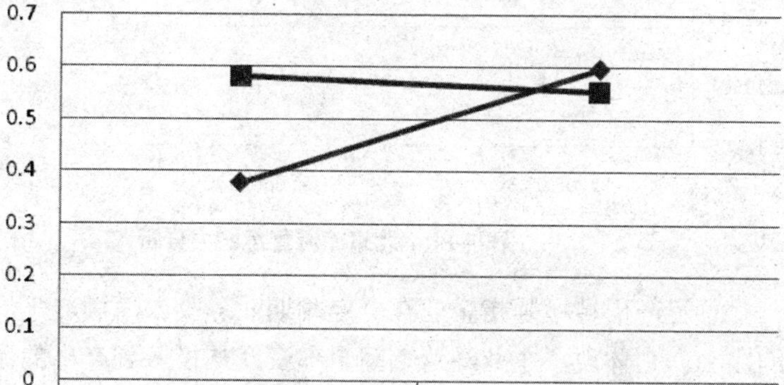

	2005.12.31	2006.06.30
—◆—流动比率	0.3782	0.5983
—■—资产负债率	0.5829	0.5553

图 4-19　北京旅游偿债能力分析

而该公司的资产负债率出现了小幅的下滑，根据 2006 年 6 月 2 日北京旅游的公告计算可知，赛阳水泥厂在 3 月 31 日账面价值的资产负债率为 0.8688。因此剥离了赛阳水泥厂以后，北京旅游出现了资产负债率的下降。剥离后，公司资产负债率达到 55.53%，偿债能力得到加强。

4. 营运能力分析。

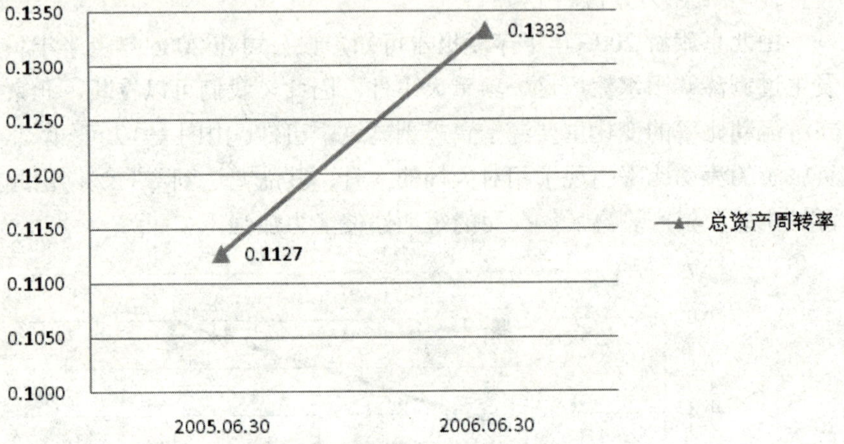

图 4-20 北京旅游营运能力分析

总资产周转率是指企业在一定时期业务收入净额与平均资产总额的比率。它体现了企业经营期间全部资产从投入到产出的流转速度。由图 4-20 可知，剥离赛阳水泥厂以后，北京旅游的总资产周转率比上年同期有所提高。

由于盈利能力指标、成长能力指标以及每股收益这样的财务指标涉及 2006 年上半年的收入和利润数据，而这些数据中包含赛阳水泥厂的部分，这样的指标不能反映此次资产剥离前后北京旅游财务状况的变化，所以我们没有对这些指标进行进一步的分析。

五、案例评价

在北京旅游剥离赛阳水泥厂这一案例中，我们侧重分析了此次资产剥离的原因，并分析了剥离前后北京旅游的财务状况变化和股票市场对于此次剥离的反应。根据上述分析，我们得出此次资产剥离的主要原因在于属于第二产业的建材业和属于第三产业的旅游业在毛利率方面存在巨大差异。正是这种差异使得北京旅游愿意剥离掉其曾努力运营的赛阳水泥厂。而此次资产剥离以后，北京旅游的偿债能力和营运能力都有了一定的提高。另外，北京旅游归核化战略也是此次剥离的战略层次原因之一。从北京旅游的发展历史来看，北京旅游有过很多次的资产剥离行为，正是多次的资产剥离使其越来越专注于旅游业，这样既符合北京旅游的实际运营情况，也符合整个门头沟区的战略规划。

附：我国旅游业资产剥离案例

2002 年 4 月 5 日，黄山旅游发展股份有限公司出让黄山松柏高尔夫乡村俱乐部有限公司 39%的股权。

2008 年 2 月 27 日，桂林旅游股份有限公司与中国国际旅行社总社有限公司、桂林中国国际旅行社有限责任公司达成协议，转让其持有的 51%的桂林中国国际旅行社的股权。

2008 年 9 月 15 日，桂林旅游与龙胜各族自治县旅游开发有限公司、河北遵化得利工贸有限公司董事长王得利签订《股权转让协议》，协议约定桂林旅游转让桂林龙脊旅游有限责任公司 15%的股权给王得利。此次转让股权收益 589 万元。

2009 年 4 月 18 日，桂林旅游与河北帅康座椅有限公司签署协议，转让其持有的桂林市旅游文化演艺有限公司 40%的股权。

2009 年 12 月 9 日，桂林旅游与上海余之乐实业有限公司签订协议，转让其所持有的天人谷公司的 50%的股份。

2010 年，西安旅游股份有限公司披露，其公司的控股股东西安旅游集团有限公司对其所属的陕西光华酒店的所有资产和负债进行了剥离。

第五章　旅游企业的分拆上市与利益分享

第一节　分拆上市概述

一、分拆上市的概念及特征

（一）分拆上市的概念

分拆上市（equity carve-outs）是指母公司将子公司（或者部分资产置入一个新设立的公司）单独上市。分拆上市有广义和狭义之分，广义的分拆上市是指已上市公司或者未上市公司将部分业务或某个子公司从母公司独立出来单独上市；狭义的分拆上市指的是已上市公司将其部分业务或者某个子公司独立出来，另行公开招股上市。分拆上市后，原母公司的股东虽然在持股比例和绝对持股数量上没有任何变化，但是可以按照持股比例享有被投资企业的净利润分成，而且最为重要的是，子公司分拆上市成功后，母公司将获得超额的投资收益。国外学术界一般把分拆上市也看做公司紧缩的一种，其考虑问题的出发点不是看重组前后资产规模的增减，更多的是看总公司直接进行日常控制的业务是否减少。从这个意义上分析，分拆上市使得原来属于公司、需要公司总部日常经营的全资子公司变成多股东股份制的公司，子公司分拆后有了自己独立的董事会和经理层，与总公司的联系仅表现在每年的分红、配股或会计报表的合并报表上。总公司直接经营的业务和资产在某些子公司分拆上市后取得了紧缩效果。

（二）分拆上市的特征

一般来说分拆上市具有以下四大特征。

第一，分拆上市前，母公司拥有对子公司的控制权。子公司在分拆上市之前是母公司的一个部门或者是下属的子公司，原则上母公司对子公司持股比例应该达到绝对控股，但在现实中很多国家认可持股比例不足50%但达到相对控股的情况。

第二，分拆上市后，母公司对子公司控制程度降低，但持股比例不确定，且母公司不一定拥有子公司的控制权。现实市场上，有的母公司在分拆上市后依然持有对子公司的多数股权，而有的则出售大量股份，只保留较小的份额，甚至完全退出。也存在分拆上市过程中减持子公司股票但于一段时间后母公司回购子公司股票的情况。这一切都跟母公司分拆动机以及公司经营战略有关。

第三，分拆上市是子公司的首次公开发行。子公司从原来上市公司的非上市子公司转变成直接面对公众的具有独立上市地位的上市公司，其股权可以在二级市场上公开交易，同时需要对外披露更多内部治理和经营成果的信息。

第四，分拆上市过程中往往会派生出针对不同利益主体的子公司股票的优先购买权，比较典型的有母公司股东及子公司管理层。为了保护母公司股东在分拆子公司过程中的利益，母公司的股东往往享有对子公司股权的优先购买权，这相当于母公司所有的子公司部分普通股的首次公开发售（IPOs），也被称为“子股换母股的 IPO”。另外，为了达到激励目标，子公司管理层往往也能得到优先购买权。

综合以上特征，分拆上市具有重组、上市和融资三大基本属性。重组体现为母公司对分拆子公司股权的变化，所引起的集团内部产业结构、业务范围及股权结构的变化。上市体现为分拆子公司作为上市资产转化为独立上市主体，即母公司资产的二次上市。融资作为一项上市的衍生物，体现为子公司公开募股得到资金流入，同时母公司通过出售子公司股份融入资金。

二、分拆上市的方式

在成熟资本市场上，上市方式一般包括发售以供认购（offer for subscription）、发售现有证券（offer for sale）、股份配售（placing）及介绍上市（introduction）四种。相应地，分拆上市也将选择其中一种或者多种方式实现子公司独立上市。

发售以供认购通过公众认购新增股份导致子公司股本扩大，同时实现资金流入。一般来说，分拆上市存在母公司股东对该上市主体的权益被稀释的问题，为了避免损害原股东利益，在分拆上市的方案中都会增加原股东优先购买子公司股权的规定。但是该优先是股份数量的优先而非价格优先，发售以供认购的发行价格主要由发行市场决定，原股东往往会成为该发行价格的被动接受者。在市场活跃发行价价格过高的情况下，原股东便陷入了要么高价配股要么放弃配股的尴尬局面。因此，这种方式对于原股东的保护力度有限，实际运作中单纯使用这种方法的案例并不多见，1999～2007 年香港地区上市公司中仅有恒基发展分拆恒基数码时采用发售以供认购。

股份配售同样能实现扩股融资的效果，但是新增股份将由母公司及承销商选定的特定投资者进行购买，其相对于发售以供认购来说，风险更可控。而且在分拆上市中可以根据对其在母公司的持股比率安排其对子公司新增股份进行认购。这就很好地规避了原股东利益受损问题，其结果是发行方案更容易获得母公司股东的认可，发行难度较低，因此现实中常常被使用。但是从利益补偿的角度出发，配售价格往往较一般二级市场竞价结果低，子公司融资金额很有限，而且无法达到公众市场宣传的效果。基于以上原因，发售以供认购和配售结合的方式得到更多的认可。

发售现有证券是指由母公司将其持有的部分子公司股权对公众出售，以获得大量现金流入。这将导致母公司对子公司持股比例大幅降低，而子公司股本未增加且无资金流入。其根本动力在于母公司通过出售子公司股权可以获得二级市场溢价。而现实中采用这种方法的并不多，这与大股东限售规定及市场时机选择有关，更重要的是其传达了子公司未来发展不理想而遭致大股东减持的消极信号。

介绍上市主要指母公司将其持有的部分子公司股权通过发放股利的形式发派给其所有股东，即母公司将对子公司的股权向母公司股东转移，且整个过程中无资金交易。这种方式的优点在于方案通过的阻力小，分拆上市成功率最大；另外对于母公司来说，其无需支付现金股利而避免现金流出，同时可以达到避税的效果。但是介绍方式并不能给子公司带来资金流入，同时对于无现金股利计划的母公司来说其变相融资的效果不存在。另外，二级市场挂牌以后由于股权集中可能存在股价操纵和损害中小股东利益的情况。

表 6–5 分拆上市各方式比较

方式	子公司股本	子公司融资	母公司融资	方案通过难度	控制权归属
发售以供认购	扩大	较大	无	较大	母公司
股份配售	扩大	较小	无	较小	母公司
发售现有证券	不变	无	有	较小	不确定
介绍上市	不变	无	无	小	母公司股东

三、分拆上市与其他几种收缩重组方式的区别

公司重组根据资产以及产权配置的特点可以划分为资产扩张型重组以及资产收缩型重组，资产扩张型重组包括合并、兼并、收购等几种方式，而资产收缩型重组包括分拆上市、分立、资产剥离等方式。人们通常容易将分拆上市与上述其他几种资产收缩重组方式混淆，除此之外还有股权再融资以及发行追踪股票等产权变化方式需要与分拆上市作出区分。

（一）分拆上市与分立（spin-off）的区别

1. 在公司分立中，子公司中所有的股份按比例分配给母公司的股东，母公司的股东获得子公司的股份；而在分拆上市中子公司的股份

会出售给新的股东，母公司在子公司的股份是以母公司法人形式持有，母公司的股东并不直接持有子公司的股份。

2. 公司分立后，子公司股票并未在二级市场公开交易。

3. 在公司分立中，无论母公司还是子公司都不会产生现金流；而在分拆上市中，母公司或者子公司很有可能产生现金流。

4. 公司分立通常是母公司和子公司完全的分离，而分拆上市中母公司通常在子公司中保持一定的股份。

（二）分拆上市与股权再融资（SEO）的区别

1. 在股权再融资中，母公司出售自身的股份；在分拆上市中，母公司出售的是子公司的股份。

2. 母公司的股份在 SEO 之前已经公开交易，而在分拆上市以前子公司的股票是不能被公开交易的。

3. 股权再融资会稀释母公司的股份，并且降低每股净资产价值。

（三）分拆上市与资产出售（asset sale）的区别

资产出售是把母公司下属某个业务单位完全剥离，母公司在该业务单位中不再持有股份，母公司获得现金流。该业务单位也不会立即在二级市场交易。显然，分拆上市不会直接导致母公司完全退出子公司。

（四）分拆上市与追踪股票（tracking stock）的区别

追踪股票是由母公司发行，追踪股票的价值由母公司中特定子公司的业绩决定。从法律上讲，在发行追踪股票的过程中，子公司并未从母公司中分离出去。母公司发行追踪股票的目的一方面是在子公司和母公司之间保持协同作用，另一方面股东可以从子公司的快速发展中获得收益。追踪股票主要在美国发行，而在其他地区则较少。

（五）分拆上市与解散式分立（split-up）的区别

解散式分立是指母公司将所有的资产转移到两个或者更多的新公司里，母公司的股东接收每个新公司的股份，母公司不再存在。分拆上市后，母公司和子公司都会延续存在。

四、分拆上市的效应

（一）对公司的正面效应

1. 改变公司的市场形象，提高公司股票的市场价值。实行多元化经营的上市公司，其业务范围往往涉及领域广泛，使得市场可能会低估其股票的市场价值。经过分拆后，有关子公司价值的持续公开信息可能会对子公司的经营业绩产生正面的影响，也可以更容易地对公司的业绩进行评估。

子公司分拆上市后，不仅可以提高公司的资源管理效率，而且公司可以获得超额的资本利得，有助于原上市公司经营业绩的改善。由于企业在发行时通常是采用溢价发行的方式，上市公司作为发起人将一同享有这部分的溢价所得。同时，在经过一定期限之后，上市公司还可变现其分拆子公司的股份，从而获得资本增值收益。此外，由于分拆的子公司多为高成长性的企业，这些企业借助资本市场能够获得较快的发展，从而也会带动母公司经营业绩的改善。

母公司的合理价值应当等于公司在子公司市值中所占权益的市值加上母公司扣除这部份权益后的价值，其股价必然会同步反映；同时，主业的清晰更加有利于投资者对公司的价值进行正确评估，减少由于信息的不对称或效率低下所带来的误判现象，从而使股份能够真正反映公司的价值。

2. 分拆可以通过消除“负协同效应”来提高公司的价值。

分拆上市有助于原上市公司法人治理结构的完善。它使分支机构的经理直接面对市场，接受市场的评估，可强化在分支机构内部的激励和约束机制。分拆上市还有助于实现原上市公司的主业转型。分拆上市的子公司通常都是母公司的优质资产，具有很大的发展潜力。而且随着子公司的逐渐壮大，母公司还会不断地注入优良资产，对于那些处于衰退行业的母公司，这种方式为其主业转型的实现提供了一条途径。

对于一些多元化经营的企业，通过分拆可以为母公司和子公司重新定位；业务多元化的公司通过分拆上市，可以使主业更加突出。当企业发展到了一定阶段，可能规模过于庞大，业务过于繁杂，子公司与母公司的主业关联度较低，母公司已进入成熟发展期而子公司处于高速增长阶段（比如母公司为发电企业，子公司为网络信息主业），其现有的管理层已无法灵活高效地控制这一庞大机构，使得整个公司的管理效率降低。将部分业务分拆出去，不仅可以使企业的主业结构更加清晰，而且会提高公司的管理效率，降低多元化业务之间的负协同效应。公司还可以剥离掉不适合公司长期发展战略、没有成长潜力或影响公司整体业务发展的部门或产品生产线；通过这样的一系列分拆可以使它们更加集中于各自的优势业务，从而为公司的股东创造更大的价值。

分拆上市后，原母公司的股东虽然在持股比例和绝对持股数量上没有任何变化，但是可以按照持股比例享有被投资企业的净利润分成，而且最为重要的是，子公司分拆上市成功后，母公司将获得超额的投资收益。按照现行相关会计准则，上市公司投资所获得的股权投资差额的收益摊销期可超过 10 年，这样，母公司的业绩在大幅提升的基础上，还可保持一定的稳定性。在这里，我们不妨按照现行市场状况作一假设。例如一家 A 股上市公司成功地将一家高科技子公司在二板上市，原始投资额为 3000 万元，所占子公司的投资比例为 60%，子公司总股本为 5000 万股，二板上市的首日交易平均价为 15 元/股。那么，若母公司当日全部套现，可获得投资收益 4.5 亿元，母公司业绩将出现激增。

3. 分拆能够更好地把管理人员与股东的利益结合起来。

分拆可以将公司的不同业务按其特点划分成两个或更多的有着不同管理人员的独立实体，子公司（独立实体）直接进入资本市场，将子公司经营管理人员的报酬与公开交易的股票的市场表现联系在一起，强化子公司的激励机制，从而使分拆出去的子公司的管理人员和其他重要员工的激励和报酬制度与他们最直接从事的活动相互联系起来，而且期权计划也能在子公司中有效实施。分拆上市对于上市公司还有另外的好处——股份全流通。

通过分拆上市，主板已上市公司则可通过各种渠道，使管理层及主要员工在新公司里拥有一定的股份，一旦子公司分拆上市成功，则管理层及主要员工持有的股份便可上市流通兑现，管理层及主要员工则成为富翁。以在香港地区创业板上市的青鸟环宇来看，该公司的第一大股东是代表青鸟环宇高级管理人员和员工持股的致胜资产，这部分股权为 2200 万股（占其总股本的 31.43%），盈利为 2.7 亿元，可制造 270 个百万富翁。

4. 分拆有利于公司更好地适应和利用有关法规和税收条例，及完善信息披露。

分拆上市，有利于提高信息披露的充分性和准确性，便于投资者对公司真正价值进行评估。随着网络时代的到来，国内众多上市公司纷纷“触网”，形成了一大批控股型网络公司，而非真正意义上的互联网公司。在控股公司模式下，互联网控股公司以合并报表方式披露财务业绩，并且主要披露主营业务收入，不披露其控股的互联网业务信息，因此，股票市场只能通过母公司间接评估网络业务价值，使投资者难以获得估价所需要的信息。另外，由于传统业务与网络服务业务的会计账务具有截然不同的未来成长价值信息，两者业务组合和合并报告，使市场难以进行估价。

分拆上市后母公司与子公司将独立编制和披露财务报表及其他信息，这样可以减少投资者对公司下属业务部门经营业绩、现金流生产能力等方面信息了解不充分的状况，有助于股票市场获得估价所需要的必要信息，增强投资分析家的关注，从而减少股票价值低估或误估现象。

由于目前针对不同地区、不同类型的上市公司的税率有所差别，通过分拆独立出若干子公司，母公司可以合法避税，并且给分立出的子公司的股东带来利益，而他们（最初）也正是母公司的股东。

5. 分拆可以作为公司反兼并与反收购的一项策略。

公司的潜在价值得到释放后，公司遭受敌意收购的风险也就减少很多。由于公司的某项业务的价值没有被市场充分认识，造成母公司的价值被低估，经过分拆后，可以将公司的价值最大化体现出来，增加收购方的收购成本。

6. 开辟新的融资渠道。

对于未取得上市资格的公司，采取将优质资产注入、不良资产剥离的方式，使股份公司具备上市资格，然后分拆出去独立上市，开辟直接融资渠道，在国内已是普遍做法。而对于已经上市的公司而言，由于业绩欠佳失去配股资格，或由于股本偏大的缘故，股性呆滞，从而丧失或降低了二级市场再融资的能力。对于上述上市公司，采取将子公司分拆上市的方式，达到开辟新的融资渠道目的，应是较为现实的选择。

此外，母公司可以借助子公司的上市融资，在增强自身资金实力的同时，使母公司利用增量资金不断培育新的可上市子公司，形成良性循环。

7. 实施分拆上市对公司治理有积极影响。

第一，通过分拆，使分拆出去的子公司可以从外部筹集资本，资本来源将不再仅限于母公司这一渠道，即不再完全依赖母公司其他业务的收益所产生的现金流的唯一支持。

第二，针对一再困扰我们的上市公司中所存在的委托代理问题，一个解决之道就是，采取公司股份、股票期权及与股票价值相关的业绩奖励等措施来激励管理人员，从而设法缓解股东和管理人员之间的冲突，那么这对于促使高级管理人员的利益和股东利益取得一致是否有效呢？应该说，股权激励在解决高级管理人员的代理问题方面至少部分是成功的，但是这些措施在驱动和激励分支机构的经理时可能并不十分有效。因为在一个多部门企业或多元化发展的企业中，基于整个企业价值之上的股权激励措施其实并不与处于分支机构内的经理的决策或业绩密切联系，从而股权激励对于企业内的各个部门难以发挥正面激励作用，导致对分支机构经理激励的弱化；另一方面，分支机构经理和高级管理人员之间信息不对称和偏好的差异，可能导致低效率的内部资本分配和失败的投资决策，使得企业内部有限的资源配置不合理，给股东带来意料不到的成本和费用。而通过分拆使得子公司的管理人员对财务和投资决策承担主要责任，公司充分进入和利用资本市场，直接受到资本市场的严密审视，对子公司的管理人员的激励和评估将基于市场上的业绩表现，从而使分拆出去的公司的管理人员和其他重要员工的激励和报酬制度与他们最直接从事的活动相互联系起来。

第三，在迅速变动的经济技术环境中，依赖集权和层级组织进行决策可能会丧失市场先机，而分拆正是基于分权决策，特别是在投资和购买资产的决策中采用分权决策有其独到的好处。

第四，由于将子公司分拆出去，将使得市场对于母公司和子公司更容易进行专业分析，从而避免两个或几个互不相同的业务相互干扰，难以对股票作出正确的评估；另一方面，由于分拆使得公司专注于某一专业细分领域展开“专精竞赛”（pure play），投资者等于又多了投资选择，可以专注于自己有研究和感兴趣的领域。

（二）对上市公司的负面效应

分拆上市也并非是完美无缺的。由于上市公司必须在人员、财务和资产三个方面完全剥离独立，这也就为公司的管理和经营带来了一定的影响。

第一，分拆上市的公司必须组建一套独立的经营管理班子，原先可以由母公司人员管理的业务，分拆后要独立经营了。作为上市公司，其管理要比一般的企业复杂，分拆后管理人员的增加是在所难免的。而人员的增加就意味着成本的增加，产生矛盾的机会也要增加。如果控股公司与分拆上市公司之间协调不好，还会影响到公司运作的效率。

第二，国内的上市公司规模本身都不大，分拆出来的资产规模就更小，抗风险能力因此相应降低。如果把公司发展的希望全部寄托在分拆上市的公司上，风险将成倍增加。一旦分拆出来的企业出现问题，整个公司的前景都将十分黯淡。在此最典型的例子莫过于综艺股份了，当初很多基金看好它，无非是冲着它旗下的 8848 网站能在美国纳斯达克上市，故其股价一度涨到过每股 60 多元。但随着 8848 上市期望值的降低，其股价已经跌去了一半。好在公司早有“先见之明”，及时将 8848 股权转让了，加上公司原有的业务还有些利润，否则公司将遭遇灭顶之灾。

第三，不能脱离母公司的影响。尽管完全独立，但现实是不容回避的，二者经常会保持千丝万缕的联系，尤其是母公司或集团公司的影响甚至对业务的干涉无法完全避免。

第四，易引发关联交易。现在的中国证券市场上，关联交易可谓十分普遍，很多关联交易来自集团公司和上市公司，分拆也无法回避此种现象发生。

第二节 企业分拆上市文献综述

目前，专门研究旅游企业分拆上市的文献几乎没有，本节主要介绍国内外学者关于企业分拆上市的相关研究文献，由此为旅游企业的分拆上市研究提供借鉴。总的来看，目前分拆上市领域的研究主要从以下几个方面展开：从分拆上市的动机角度研究母公司为何在众多的公司重组方式中选择分拆上市；从分拆上市后母公司和子公司的市场价值和业绩表现角度研究分拆上市对母公司和子公司的影响如何；此外，学者将分拆上市、分立等公司紧缩方式从对公司市场价值影响以及信息传递内容等方面进行了比较研究，下面将从这三个视角对分拆上市的研究现状进行总结和评论。

一、分拆上市经济动因文献综述

需要指出的是，母公司选择子公司分拆上市的最终目标是为了增加股东的价值。但是，母公司在作出分拆上市决定时的具体动机则可能是多样的。以往的文献表明，分拆上市的决定是复杂的，有多种可能的动机驱动分拆上市交易。各种各样的假设被理论研究者们提出以解释分拆上市的动机，这些动机大致可以分为 7 个可实证的假设，包括公司业务集中假设、融资假设、市场时机假设、信号假设、管理层激励假设、内部资本市场假设和公司控制权假设。

公司业务集中假设表明母公司可能从公司战略的角度出发，认定某个业务部门不再适合公司总体的长期战略，从而将其分拆上市。Comment 和 Jarrell[①]（1995）通过对美国上市公司的研究发现，1978～1989 年随着上市公司业务集中公司股东财富也剧增。Daley、Mehrotra 和 Sivakumar[②]（1997）检验了跨行业的公司分立要比仅涉及同行业的公司分立要创造更多价值的假设，结果发现，跨行业的公司分立引起价值显著增加，而同行业内的公司分立则没有明显价值变化，验证了剔除不相关的业务之后管理者将精力集中在核心业务上对公司价值是有益的假设。

融资假设由 Allen 和 McConnell[③]（1998）提出，分拆作为融资受限制的公司的融资工具，母公司管理者被迫放弃对子公司资产的部分所有权。分拆上市最显著的动机就是融资，分拆和资产出售相比（Lang、Poulsen 和 Stulz，1995）[④]，不是针对一个买家而是面对公众，

① Comment and Jarrell. Corporate Focus and Stock Returns [J].Journal of Financial Economics, 1995, 37: 67-87

② Daley, Mehrotra and Sivakumar. Corporate Focus and Value Creation: Evidence from Spinoffs [J]. Journal of Financial Economics,1997, 45 (2): 257-281

③ Allen and McConnell. Equity Carve-outs and Managerial Discretion[J]. Journal of Finance, 1998, 53(2): 163-86

④ Lang, Poulsen and Stulz. Asset Sales, Firm Performance, and the Agency Costs of Managerial Discretion [J]. Journal of Financial Economics, 1995, 37 (1): 3-37

母公司仍然可以保持控股股东地位。Harris 和 Raviv[①]（1996）提出，高管可以从其控制的资产中获得私人收益，在此基础上 Allen 和 McConnell（1998）提出了融资假设，基于高管建立企业帝国的管理偏好，通常会避免公司部门的公开交易所导致的所控制的资产的减少，因此分拆上市释放出了一个明显的信号，母公司受到资金限制，需要融资。

市场时机假设表明分拆上市的主要原因是母公司在交易中出售溢价的股权，Baker 和 Wurgler[②]（2002）的研究证实了这一点，Pagano、Panetta 和 Zingales[③]（1998），Hand 和 Skantz[④]（1999）以及 Powers[⑤]（2003）进一步研究发现，分拆上市主要是从市场时机角度考虑驱动的。如果子公司的市场价值高于行业内同类型的企业，也就是分拆后的市场价值大于本身内在的价值，母公司会倾向于分拆上市。

Nanda[⑥]（1991）提出了市场信号假设，认为公司公告分拆上市是为了向外部投资者传递公司价值被低估的信号。Nanda 进一步拓展了 Myers 和 Majluf[⑦]（1984）的理论，认为管理者知道公司资产的错误估值，但是外部投资者并不清楚。该模型有助于解释分拆上市消息公告后，市场上出现的积极的公告效应。

管理层激励假设基于 Aron[⑧]（1991）、Meyer 等[⑨]（1992）以及 Holmstrom

---

① Harris and Raviv. The Capital Budgeting Process: Incentives and Information [J]. Journal of Finance, 1996, 51 (4): 1139-1174

② Baker and Wurgler. Market Timing and Capital Structure [J]. Journal of Finance, 2002, 57(1): 1-32

③ Pagano, Panetta and Zingales. Why do Companies Go Public? An Empirical Analysis [J]. Journal of Finance, 1998, 53 (1): 27-64

④ Hand and Skantz. The Bad News in Equity Carveouts. Working paper, 1997

⑤ Powers. Deciphering the Motives for Equity Carve-outs [J]. Journal of Financial Research, 2003, 26 (1): 31-50

⑥ Nanda. On the Good News in Equity Carve-outs [J]. Journal of Finance, 1991, 46 (5): 1717-1737

⑦ Myers and Majluf. Corporate Financing and Investment Decisions When Firms Have Information that Investors do not Have [J].Journal of Financial Economics, 1984, 13 (2): 187-221

⑧ Aron. Using the Capital Market as a Monitor: Corporate Spinoffs in an Agency Framework [J]. RAND Journal of Economics, 1991, 22 (4):505-518

⑨ Meyer, Milgrom and Roberts. Organizational Prospects, Influence Costs, and Ownership Changes [J]. Journal of Economics and Management Strategy 1992, 1: 9-35

和 Tirole[1]（1993）的研究，认为分拆是内部激励问题的结果。在这个假设下，母公司的管理者使用分拆上市作为公司重组的工具提升部门经理的激励水平。分拆后子公司雇员在获得公开交易的股票或者期权时可以受到更大的激励，通过分配股票或者期权，分拆上市允许雇员参与子公司利益分享，子公司管理层的收益与子公司在二级市场的股票价值紧密联系在一起。

内部资本市场假设，分拆前子公司作为母公司的一部分，是母公司内部资本市场的一部分。内部资本市场是大型公司最显著的特征，母公司拥有附属各单位的剩余控制权（Williamson[2]，1975；Stein[3]，1997），总部可以在各部门之间重新配置现金流。高度多样化的结构会天然地导致低效的内部资本市场。以往的研究表明，内部资本市场的效率依赖于公司规模和内部多样化程度，公司各部门之间或者集团内各子公司之间的相关度也会影响内部资本市场的效率，进而影响公司价值。母公司的管理者通过放弃子公司的控制权，部分关闭内部资本市场，提升内部资本市场效率，从而影响公司价值。

Hulburt[4]（2003）提出的公司控制权假设认为，分拆上市作为一种经济的方式将子公司的控制权转移给潜在的可以创造更多价值的买方。通过实证得出结论——最优的子公司 IPO 时母公司拥有的股权比例在 10%～50%。该模型无法从理论上解释为什么子公司 IPO 时母公司拥有的最优比例在上述范围。Perroti 和 Rossetto[5]（2007）建立的分拆上市战略期权模型完美地从理论上回答了这个问题，并将控制权和企业战略期权结合起来解释了子公司分拆上市后的临时性特征。

---

① Holmstrom and Tirole. Market Liquidity and Performance Monitoring [J]. Journal of Political Economy, 1993, 101 (4): 678-709

② Williamson. Markets and Hierarchies: Analysis and Antitrust Implications [M]. The Free Press, 1975, New York

③ Stein. Internal Capital Markets and the Competition for Corporate Resources [J]. Journal of Finance, 1997, 52 (1): 111-133

④ Hulburt. Equity Carve-outs and Changes in Corporate Control [J]. The Journal of Applied Business Research, 2003, 19 (1): 29-42

⑤ Perroti and Rossetto. Unlocking Value: Equity Carveouts as Strategic Real Options [J]. Journal of Corporate Finance, 2007, 13 (5): 771-792

二、分拆上市后绩效表现文献综述

子公司分拆上市后对母公司以及子公司的市场价值会产生怎样的影响，一直是相关领域学者感兴趣的问题，并对此作了大量深入的研究。学者们从短期绩效、长期绩效、母公司和子公司绩效相关性等不同视角对母公司和子公司分拆上市后的绩效表现进行了实证检验。

最早关注分拆上市绩效表现的是 Schipper 和 Smith，Schipper 和 Smith[①]（1986）对 1963～1984 年 76 家分拆上市的公司进行研究后发现，子公司分拆上市公告宣布后，母公司的股价有积极的反应，平均有 1.83%的超额收益。Slovin、Sushka 和 Ferraro[②]（1995）切换了研究视角，对分拆上市子公司所在行业内的竞争对手的股价反应进行了研究，发现存在-1.1%的异常收益率。但是该研究的样本量偏小，只有 36 个分拆样本，同时并没有研究母公司所在行业的竞争对手的收益率。Hand 和 Skantz[③]（1997）发现母公司公告子公司分拆上市之后 5 天股价的累计收益率为负值，这个结果与之前公告期收益率的研究结果相反，对积极的公告期效应的结论产生了质疑。Prezas、Tarimcilar 和 Vasudevan[④]（2000）扩大了样本量，对 1986～1995 年的分拆上市样本研究后发现，子公司确实存在短期的超额收益。Allen 和 Mcconnell[⑤]（1998）对 1978～1993 年的 188 个分拆样本进行研究，发现母公司在公告期 3 天内的累计超额收益率为 2.12%，其中 54 个样本在公告中阐明分拆上市子公司发行股票筹集来的资金主要用于偿还债务或者向股东分红，平均超额收益率为 6.63%。60 个样本在公告中声

① Schipper and Smith. A Comparison of Equity Carve-outs and Seasoned Equity Offerings: Share Price Effects and Corporate Restructuring [J]. Journal of Financial Economics, 1986, 15(1/2): 153-186

② Slovin, Sushka and Ferraro. A Comparison of the Information Conveyed by Equity Carve-outs, Spinoffs and Asset Sell-offs [J]. Journal of Financial Economics, 1995, 37 (1): 89-104

③ Hand and Skantz. The Bad News in Equity Carve-outs. Working Paper, 1997

④ Prezas, Tarimcilar and Vasudevan. The Pricing of Equity Carve-outs [J]. Financial Review, 2000 (35), 123-138

⑤ Allen and McConnell. Equity Carveouts and Managerial Discretion [J]. Journal of Finance, 1998 53 (2): 163-86

明子公司上市发行股票筹集来的资金主要用于与投资有关的目的，平均超额收益率只有-0.01%，这个结果与管理者判断假设一致。上述研究着重于子公司与母公司在分拆上市后的短期绩效表现，从研究结果中我们可以确信分拆上市对母公司和子公司来说均存在短期的超额收益。

Vijh[①]（1999）对分拆上市后的长期绩效表现给予了关注，对1981～1995年的628个分拆样本进行了研究，发现分拆后的3年内子公司的业绩并不低于相应的基准收益，这与之前的文献中对IPO和SEO的研究结果是相反的。Madura 和 Nixon[②]（2002）研究发现母公司和子公司在分拆后的长期业绩是下降的，这个结果和 Ritter[③]（1991）对 IPO 的长期绩效研究的结果相一致。特别是在分拆前处于财务困境的母公司，分拆后母公司和子公司的长期绩效越差，越表明母公司并没有通过分拆子公司有效地减轻压力，子公司会经历长期不利的价值效应。现有的研究对分拆上市后母公司以及子公司的长期收益并未得到一致的结论，究竟是存在正面影响还是负面影响以及影响长期收益的因素是什么，是值得我们进一步研究的。

Vijh[④]（2002）对影响分拆上市股票价格收益的因素进行了研究，发现若分拆上市子公司资产比未分拆上市时资产大，公告期的超额收益率为 4.92%；若分拆上市子公司的资产小于未分拆上市时资产，公告期的超额收益率仅为 1.19%。这个结果与不对称信息假设不符，但是与分拆收益假设相一致。Hogan 和 Olson[⑤]（2004）比较了证券市场正常期和泡沫期分拆上市收益率的差别，发现：在1990～1998年子公

① Vijh. Long-term Returns from Equity Carve-outs [J]. Journal of Financial Economics, 1999 (51): 273-308

② Madura and Nixon. The Long-term Performance of Parent and Units Following Equity Carve-outs [J]. Applied Financial Economics, 2002 (12): 171-181

③ Ritter. The Long-run Performance of Initial Public Offerings [J]. Journal of Finance, 1991, 46 (1): 3-27

④ Vijh. The Positive Announcement-period Returns of Equity Carveouts: Asymmetric Information or Divestiture Gains? [J]. Journal of Business, 2002, 75 (1):153-190

⑤ Hogan and Olson. The Pricing of Equity Carve-outs during the 1990s [J]. The Journal of Financial Research, 2004 (4): 521-537

司上市首日平均收益率为8.75%；在1999～2000年的泡沫期，上市首日平均收益率为47.76%。该研究表明证券市场波动性对分拆上市的收益也有重要影响。Benveniste，Fu，Seguin和Yu①（2008）对子公司分拆上市折价问题的研究进一步深化了对分拆上市短期超额收益影响因素的理解，他们发现子公司上市首日回报和母公司在子公司股票发行询价期的回报显著相关，但是和母公司同期的回报无关。

从现有研究可以看到，无论是分拆上市后母公司和子公司的短期绩效还是长期绩效，都是用公司的市场价值来表示，即用股票价格的异常收益率来表示公司绩效，研究方法采用的是事件研究法，研究短期绩效的时间窗口往往将公告日当天选为 0，公告前一天为-1，公告后一天为 1。长期绩效研究的时间窗口通常在公告后 1 年以上 6 年以内。在金融市场不成熟、不完善的地方，公司市场价值并不能准确反映公司绩效，因此我们可以尝试使用公司财务指标来度量公司绩效。

三、分拆上市与分立等公司紧缩形式的比较研究

分拆上市作为公司紧缩的主要方式之一，学者们除了关心公司管理层选择分拆上市的动机之外，对于管理层如何决定选择分拆上市而不是其他方式的紧缩重组表现出了浓厚的兴趣，显然公司紧缩方式的选择机制对于我们深刻认识分拆上市有着重要的意义。Michaely 和 Shaw②（1995）对分拆上市和公司分立两种紧缩方式的选择机制进行研究，样本公司为1981～1988年91家美国上市公司，发现风险越大、杠杆越高、利润越少的公司越倾向公司分立。实施公司分立的公司要比实施分拆上市的公司规模小、利润低。这表明在选择公司紧缩方式的时候，公司进入资本市场的难易程度也是一个重要因素。分拆上市要比公司分立受到更严格的审查和信息披露。该研究并没有支持管理

① Benveniste, Huijing Fu, Seguin. On the Anticipation of IPO Underpricing: Evidence from Equity Carve-outs [J]. Journal of Corporate Finance, 2008 (14): 614-629

② Michaely and Shaw. The Choice of Going Public: Spin-offs vs. Carve-outs [J]. Financial Management, 1995, 24 (3): 5-21

层在资产被低估时倾向公司分立的假设以及对资金需求越高的公司越倾向分拆上市的假设。Frank 和 Harden[①]（2001）的研究扩大了样本量，对1991～1997年的140家实施分拆上市或者公司分立的样本公司进行研究，得到了与 Michaely 等人不同的结论，支持了与公司分立相比对现金需求越高的公司越倾向采取分拆上市的假设。此外，Frank 和 Harden 发现子公司所在行业发展越快、利润增长越高，越倾向分拆上市，子公司所在行业与母公司关系越密切越倾向分拆上市。Powers[②]（2001）进一步将紧缩方式的比较扩展到公司分立、分拆上市和资产出售三种，对影响公司分立、分拆上市和资产出售三种紧缩方式选择的决定因素进行研究，选取了 1981～1998 年 187 家公司分立样本、204 家资产出售样本和 181 家分拆上市样本，发现母公司对外部资本的需要以及被分拆部门的质量是影响分拆方式选择的主要因素。Chen 和 Guo[③]（2005）对 1985～1998 年 2674 家公司样本进行研究，其中包括 206 家分拆上市样本、146 家公司分立样本、2322 家资产出售样本。结果发现运营效率低下的高度多样化公司更倾向实施公司分立、分拆上市以及资产出售等分拆业务单位的重组方式，从而支持了公司业务集中假设。高杠杆、低现金收入的公司更倾向分拆上市和资产出售。在分拆同行业中较小的业务单位时，公司主要采用资产出售方式；在分拆较大的业务单位时，则倾向公司分立和分拆上市方式。高收益增长、高账面市值比以及市场情绪较高时，母公司较少采用公司分立形式；高分红、低信息不对称、分拆的业务单位在不同的行业时更倾向分拆上市方式。

学者们还从其他角度对分拆上市等公司紧缩方式进行了比较。Slovin，Sushka 和 Ferraro[④]（1995）对同一行业内采取紧缩重组的公司

① Frank and Harden. Corporate Restructuring: a Comparison of Equity Carve-outs and Spin-offs [J]. Journal of Business Finance and Accounting, 2001, 28 (3): 503-529

② Powers. Spinoffs, Selloffs and Equity Carve-outs: an Analysis of Divestiture Method Choice. Working Paper, 2001

③ HSLU-LANG CHEN and RE-JIN GUO. On Corporate Divestiture [J]. Review of Quantitative Finance and Accounting, 2005 (24): 399-421

④ Slovin, Sushka and Ferraro. A Comparison of the Information Conveyed by Equity Carve-outs, Spinoffs and Asset Sell-offs [J]. Journal of Financial Economics, 1995 37 (1): 89-104

从信息传递视角进行了比较研究，公司紧缩形式包括分拆上市、公司分立以及资产出售。研究发现分拆上市子公司的竞争对手的股价存在显著的消极反应，母公司分立出的子公司的竞争对手的股价存在积极反应，被公司出售的业务单位的竞争对手股价没有特别的变化。Slovin等认为分拆上市、公司分立和资产出售相比传递了不同的信息，当母公司的管理者发现外部投资者对公司所属业务单位的估值高于管理者认可的价值时，母公司的管理者将会采取分拆上市的重组方式。Geersing①（2007）对 1995～2006 年美国上市公司中进行公司分拆和分立的 136 家样本进行研究，比较了公司分拆与公司分立哪种重组形式可以创造更多的价值。从长期看，公司分立为母公司创造了 39.6%的异常收益率，子公司分拆上市为母公司创造了 27%的异常收益率。在短期内，公司分立使母公司市场价值增加了 30.9%，公司分拆则仅使母公司价值增加了 17.3%。Geersing 认为公司分立比公司分拆创造了更多的价值。

分拆上市和其他紧缩重组方式的比较研究中仍然有一些问题困惑着我们，如何从理论上解释管理层采用分拆上市方式重组而不是其他方式，现有的研究结论都是从实证研究中得到的，无法纳入到一个统一的框架中解释，不具有系统性和普遍适用性。还有，分立为什么比分拆上市创造了更多的价值？影响价值创造的因素是什么？对此都没有一个合理的答案。

通过回顾已有文献，笔者发现目前我国对于分拆上市的研究非常匮乏，主要停留在对国外理论的综述及个案解析上，未形成完整的理论体系，也未针对我国资本市场的特殊性对相关现实问题进行全面的梳理和分析。另外，国外关于分拆上市绩效的研究主要集中于对公司市场价值变动的研究，极少关注其对经营绩效的影响，我们可以尝试使用公司财务指标来评估公司绩效。另外，目前分拆上市在我国尚属

① Geersing. What Creates More Value: Equity Carve-outs Versus Spin-offs. Working Paper, 2007

起步阶段，相关政策制度未完全建立，随着创业板分拆上市政策的出台，创业板分拆上市是否存在损害投资者利益的风险，以及如何去规避这些风险应当成为监管机构和广大投资者思考的问题。

第三节　旅游企业分拆上市案例

分拆上市同资产剥离一样也是企业资本收缩运作的一种形式。分拆上市是指母公司将部分业务从母公司中分拆出来形成独立的法人实体（一般与其他发起人共同发起），并在国内外证券市场进行公开上市的行为。分拆上市中，新成立的法人实体进行公开上市后，成为公众公司，但母公司一般继续对其具有控股权。同时由于分拆上市后，新公司有其独立的职能组织进行管理，母公司不再对其进行直接的经营管理，所以分拆上市被认为是母公司的资本收缩行为。

目前国内旅游类企业分拆上市的案例仅有一家。香港中旅（集团）有限公司（香港联交所上市，股票代码 308）为重点发展集团下属的酒店业务，提高旅游主业的经营管理，2012 年 5 月 29 日刚刚完成将其旗下的物流业务单独分拆出来在上海证券交易所上市。分拆后成立港中旅华贸物流国际股份有限公司（股票简称“华贸物流”）。国外旅游企业分拆上市的案例有：2011 年 12 月 21 日全球最大的在线旅游公司 Expedia 宣布完成 TripAdvisor 的分拆。根据公司之前的分拆计划，2011 年 12 月 20 日收市后的原 Expedia 股东所持每股股份将获得 1 股 TripAdvisor 股份和 1 股新拆分出来的 Expedia 股份。从 2011 年 12 月 21 日开始，TripAdvisor 将以代码“TRIP”在纳斯达克交易，而拆分后的 Expedia 仍将以代码“EXPE”交易。

目前我国国内旅游企业分拆上市的案例很少。这是因为我国资本市场起步较晚，在 2010 年 4 月之前我国上市公司不允许在境内创业板进行分拆上市，为数不多的进行分拆上市的公司也是通过借道香港地区和海外资本市场来实现分拆上市的，如2000年同仁堂股份有限公司成功登陆香港联交所创业板。2010年4月，证监会规定上市公司在同时满足6个条件的情况下可以分拆子公司到境内创业板上市，这为我国旅游业分拆上市进行融资、集中力量加强旅游主业的发展、提高管理效率进而提升股东价值提供了新的契机。目前，中青旅控股股份有限公司正积极推进分拆子公司乌镇旅游股份有限公司境外上市工作。港中旅也有意将其旗下的芒果网独立出来进行分拆上市。

近年内我国多元化经营失败的例证很多。许多上市公司“一年盈、二年亏、三年ST”，这一现象与盲目投资、放弃主业不无关系。主业突出的公司经营一般都非常成功，原因就在于其注重在拳头产品的基础上形成规模效应。而且，主业突出大大提高了公司的信任度和产品的知名度。相反，主业萎缩的公司投资分散，经营思想混乱，盲目跟风，组织膨胀。所以旅游企业应该谨慎对待多元化问题。二战之后，美国经济发展急剧膨胀，大公司实力不断扩大，全球性市场为跨国公司的扩张奠定了基础，1950年《克莱顿法》的修订使得横向兼并和纵向兼并的环境变得不利，混合兼并即跨行业兼并、多元产业发展成为主流。然而自20世纪80年代以来，多元化并购开始转向与本行业有关的行业，公司纷纷将非核心产业剥离、出售，通过提高企业核心能力进行竞争。日本和韩国的大型企业大多采取了多元化经营战略。20世纪90年代后，日本经济停滞不前，韩国经济在东南亚金融危机中也矛盾凸现，两国企业在国际市场上的竞争力大受挫折，这种高度多元化的经营模式受到普遍置疑。企业多元化经营的利弊一直是理论界争论的焦点。Rumelt（1974）的研究表明，由于核心能力的延伸作用或资源共享作用，向相关行业的有限的多元化经营会使业绩提高，过度的多元化会使协同作用降低，对公司业绩有负面影响。Porier（1980）指出，一个公司所经营的业务和该业务在行业中所占的地位会影响整体业绩，也就是说公司的业务结构和各项业务竞争地位是业绩的主导力量。Grant（1988）等人指出，在一定界限内，公司业绩和经营业务的多少呈正向变动关系，但在这一界限之外，随着经营业务越来越多，公司业绩呈下降趋势。Berger、Ofek（1995）通过实证研究指出，多元化经营平均带来 13%～15%的损失，其原因是多元化企业存在过度投资和交叉补贴问题。适度的多元化可以降低企业面临的业绩风险，提高企业现金流的稳定性，然而事物的两面性决定了多元化也必然有其弊端。我国旅游企业在其发展过程中也应避免盲目多元化导致过度投资，从而减少企业价值。随着我国证券市场的发展与完善，深交所创业板上市政策的出台，企业可以利用分拆上市这一资本运作手段来加强对企业核心业务的运作，进而提升企业价值。

案例一：港中旅分拆华贸物流

一、交易概述

港中旅华贸国际物流股份有限公司（以下简称“华贸物流”）是由港中旅华贸国际货运有限公司（以下简称“港中旅华贸”）、中国旅行社总社有限公司（以下简称“中旅总社”）、港旅商务公寓（广州）有限公司（以下简称“港旅公寓”）、创华投资发展有限公司（以下简称“创华投资”）共同发起设立的股份有限公司。

2010 年 7 月 15 日，国务院国有资产监督管理委员会印发《关于中国港中旅集团公司物流贸易业务重组改制并境内上市有关事项的批复》（国资改革[2010]558 号），原则同意中国港中旅集团公司（以下简称“港中旅集团”）以华贸国际货运有限公司（以下简称“华贸有限”）作为物流贸易业务重组整合平台，重组改制并境内上市的方案。

2010 年 9 月 28 日，上海市商务委员会出具《市商务委关于同意华贸国际货运有限公司变更为外商投资股份有限公司的批复》（沪商外资批[2010]2649 号），同意华贸有限整体变更为外商投资股份有限公司，股本总额为 30000 万股。

同日，上海市人民政府向华贸国际换发变更后的《中华人民共和国台港澳侨投资企业批准证书》。

2010 年 9 月 29 日，华贸国际在上海市工商局完成整体变更为股份有限公司的工商登记手续，并领取了其核发的《企业法人营业执照》，注册号为 310000400000470，注册资本为 30000 万元，注册地为上海市浦东机场海天一路 528 号。

2012 年 1 月 16 日，中国证券监督管理委员会批准通过了华贸物流股票发行与上市的申请。

2012 年 5 月 28 日，上海证券交易所发布公告（2012）17 号，同华贸国际物流股份有限公司（以下简称“华贸物流”）A 股股票在上交所交易市场上市交易。华贸物流 A 股股本为 4 亿股，其中 1 亿股于 2012 年 5 月 29 日起上市交易。证券简称为“华贸物流”，证券代码为“603128”。

2012 年 5 月 29 日，华贸物流在上海证券交易所挂牌交易，发行价为 6.66 元/股，首日开盘价 7.83 元，涨 17.57%，下午以 8.05 元/股报收，涨 20.87%，全日最高价 8.35 元/股，当天成交量 1 亿股，成交金额 6.66 亿元，换手率达 83.9%。这是一次非常成功的上市。

表 5-2 本次发行前后华贸物流股本结构情况

股东名称	本次发行前		本次发行后	
	股份数量（万股）	持股比例	股份数量（万股）	持股比例
港中旅华贸	23400	78%	23400	58.50%
中旅总社	300	1%	300	0.75%
港旅公寓	300	1%	300	0.75%
创华投资	6000	20%	6000	15%
社会公众股			10000	25%
合计	30000	100%	40000	100%

本案例为境外旅游企业将其资产分拆并在境内 A 股上市的首案，

分析本案例为指导我国旅游企业到境内外上市具有很大的借鉴意义。

二、交易背景

2009 年 2 月 19 日，香港中旅集团通过《物流贸易板块整合重组方案》，拟整合华贸有限、香港中旅货运有限公司及港中旅物流贸易有限公司的资产、业务，并实现物流贸易业务整体境外上市。随着制度建设的不断完善，我国资本市场开始快速健康地发展。从长期发展战略考虑，港中旅集团决定放弃境外上市计划，选择在境内 A 股市场首次公开发行股票并上市。2010 年，港中旅集团以华贸物流作为主体，进行了资产、业务重组及股权重组工作。通过资产及业务重组，华贸物流整合了集团旗下的其他物流贸易业务；通过股权重组，对原已搭建的境外上市架构进行了调整，实现了股权层级的简化。

华贸物流是中国港中旅集团公司（以下简称“港中旅集团”）下属的物流贸易板块公司，是集团支柱产业之一。公司于 1984 年在上海注册成立，在行业内有悠久的经营历史，是最早经原外经贸部、民航总局、海关总署批准成立的一级货运代理企业之一。公司总部设在国际航运中心上海，主业是跨境综合物流业务（包括国际货代、仓储及第三方物流、项目物流）以及供应链贸易业务。

表 5-3　华贸物流近三年的跨境综合物流业务运营数据

业务明细	2011 年 1～6 月	2010 年	2009 年	2008 年
海运业务（TEU）	238361	412403	308580	334309
空运业务（吨）	72010	145369	112495	107050
仓储面积（平米）	232928.46	172751	166316	85712
工程物流合同（单）	1501	3104	2135	1927
主营业务收入（万元）	198999.57	441791.67	269767.89	333083.87

数据来源：华贸物流 IPO 招股说明书。

表 5–4 华贸物流供应链贸易业务运营数据 （单位:万元）

业务明细	2011 年 1～6 月	2010 年度	2009 年度	2008 年度
主营业务收入	143515.6	258440.8	176504	165057.4

数据来源：华贸物流 IPO 招股说明书。

华贸物流已形成网络化、集约化相结合的经营和发展格局。34 个分子机构遍布中国主要港口和内陆经济发达城市以及纽约、洛杉矶、亚特兰大、德国法兰克福等，主营业务服务网络遍布世界各大货物集散中心城市。公司年营业收入超过 70 亿元，职工人数近 2000 人。华贸物流是轻资产型的物流企业，在中国包括大型重资产型物流企业、跨国货代物流企业在内的同业百强企业评比中名列第八位，在多个重要港口城市行业内排名长期位列前三名。

华贸物流具有如下竞争优势：

1. 该公司是中国最早获得国家经营许可的一级国际货代企业之一，在跨境综合物流行业内具有领先地位。

2. 该公司服务产品丰富多样且具有较强的现代物流整合能力，在国际运输服务上具有明显优势。

3. 该公司拥有遍布全国主要城市的国内网络和以海外代理为主的全球服务网络，具有集约化经营的规模优势。

4. 该公司拥有行业经验丰富的管理层和骨干人才队伍。

5. 该公司拥有先进的、覆盖全程的管理信息系统。

6. 该公司具有难以复制的管理创新优势。

由此可见，华贸物流具有优质的综合物流业务及供应链贸易业务，发展势头良好，如果成功分拆上市，募集到的资金不仅可以用来进行物流及供应链项目的投资，也可以为港中旅集团酒店业务的发展提供资金支持。

三、华贸物流控股股东和实际控制人的基本情况

（一）实际控制人基本情况

华贸物流股东港中旅华贸、中旅总社及港旅公寓的实际控制人均为港中旅集团，截至招股说明书签署日，上述三名股东合计持有华贸物流80%的股份，即港中旅集团间接控制本公司80%的股份，是华贸物流的实际控制人。

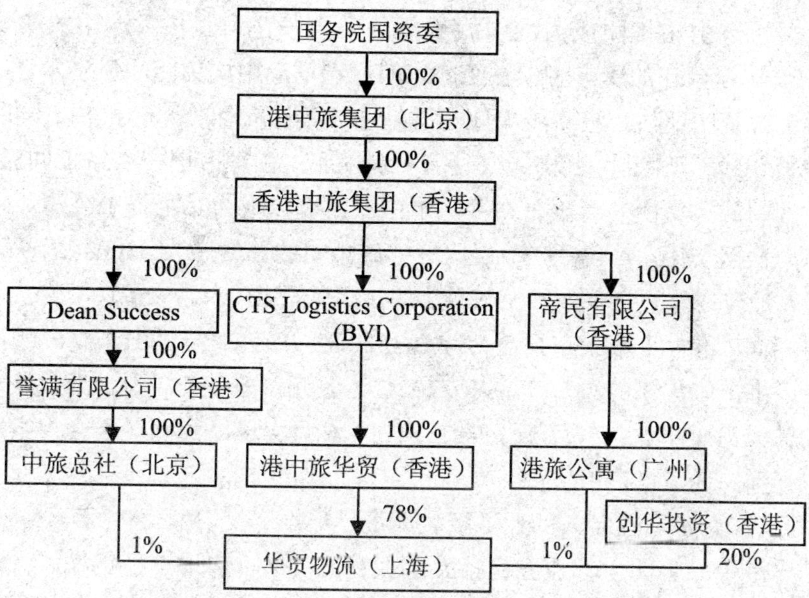

图5–1　华贸物流与实际控制人的具体股权关系

港中旅集团为国务院国资委履行出资人职责的国有独资企业，为香港中旅集团的母公司；香港中旅集团前身为中国旅行社香港分社，于1928年4月在香港创办。1985年10月，香港中旅集团正式成立，直属国务院侨办。1999年4月，香港中旅集团与国务院侨办脱钩，成为中央直接管理的国有大型骨干企业。2005年6月30日，香港中旅

集团和招商局集团有限公司共同签署了《关于招商局集团向香港中旅（集团）有限公司移交中国招商国际旅游管理总公司管理权的协议》，招商局集团有限公司向香港中旅集团无偿转让中国招商国际旅游管理总公司。2006年8月15日，国务院国资委发布《关于理顺香港中旅（集团）有限公司管理体制有关问题的通知》，将中国招商国际旅游管理总公司更名为“中国港中旅集团公司”，作为国务院国资委代表国务院履行出资人职责的国有独资企业，并将香港中旅集团6位负责人代中国旅行社总社持有的香港中旅集团全部股权调整为港中旅集团持有，香港中旅集团成为港中旅集团的全资子公司。按香港中旅集团2005年度审计的所有者权益总额，相应调增港中旅集团注册资本，不再进行资产评估。港中旅集团与香港中旅集团实行“一套机构、两块牌子”的管理体制。2007年6月，经国务院、国务院国资委审批同意，中国中旅（集团）有限公司并入港中旅集团，成为其全资子公司。

截至2010年12月31日，港中旅集团的总资产为5500192.59万元，净资产（不含少数股东权益）为1273492.52万元，2010年度实现净利润（不含少数股东损益）为103530.82万元。截至2011年6月30日，港中旅集团的总资产为6077021.11万元，净资产（不含少数股东权益）为1317534.57万元，2011年1～6月实现净利润（不含少数股东损益）为64537.46万元。

（二）实际控制人的业务板块概况

港中旅集团主营业务包括旅游、物流贸易、房地产及钢铁。各业务板块的基本情况如下：

1. 旅游业务。

旅游业务是港中旅集团的核心业务，主要包括境内外旅行社、景区、酒店运营、主题公园和综合性旅游度假区、芒果网、跨境水路客运、高尔夫俱乐部等业务。港中旅集团的旅游业务主要通过中国中旅、招商国际系列旅行社、香港中旅国际投资有限公司经营。

2. 物流贸易业务。

目前，港中旅集团旗下的物流贸易业务已全部整合进入华贸国际，港中旅集团通过华贸国际提供跨境综合物流业务及供应链贸易业务。

3. 房地产业务。

港中旅集团自20世纪80年代末进入房地产业，先后独立或参与开发了香港、澳门及内地十几个项目，包括锦绣中华、民俗文化村、世界之窗和珠海海泉湾上千万平方米的主题公园、住宅和商业、文化设施，创立了“旅游+绿色地产”的开发模式。港中旅集团为国务院国资委批准的以房地产为主业的中央企业之一，房地产业务的运营主体主要是港中旅（中国）投资有限公司，为香港中旅集团下属的外商独资企业。

4. 钢铁业务。

港中旅集团的钢铁业务主要通过唐山国丰经营，港中旅集团间接持有唐山国丰钢铁有限公司51%的股权。唐山国丰成立于1993年，主营业务为生产烧结矿、生铁、钢锭、钢材（普通钢、特种钢、低合金材质钢材）、氧气、热轧卷板、镀锌板等。

四、港中旅集团分拆上市的交易动因

港中旅集团进行物流板块分拆上市的计划由来已久，这主要基于公司集中发展旅游业务的战略层面考虑。港中旅集团是以旅游为主业，实业投资（钢铁）、房地产、物流贸易为支柱产业的多元化经营企业集团。经国资委批准许可的业务主要包括：旅游、实业投资（钢铁）、房地产开发经营以及物流贸易，从事有电力、资产经营等业务。2011年是港中旅集团第二个“10年计划”的开局之年。港中旅集团曾多次对媒体表示，要将旗下的物流和钢铁业务陆续分拆上市融资，以获取充足的资金流，并投入到集团内更具有发展前景的旅游酒店业务中去。截至2010年，港中旅集团旗下有4个酒店品牌，即维景国际、维景、旅居、旅居快捷，覆盖了高、中、低端市场。不过港中旅集团官网显示其酒店数量仅30家，其中北京酒店数量最多，共7家，与旗下旅行社规模相比逊色不少。2011年港中旅集团除了将要扩充其酒店队伍，还可能重新规划品牌。业内人士认为，港中旅集团虽然品牌响亮，但其品牌酒店数量较锦江集团等明显不足。以同类业态品牌锦江之星的发展对比来看，港中旅集团旗下酒店在数量上还有待大规模提升。

港中旅集团分拆上市的经济动因符合分离收益假说下的管理效率与公司业务集中假说。该假说认为多元化由于管理效率的原因会导致公司价值的损失。许多资产售出活动的主要目的都是通过不同方式分立（或剥离）出那些与母公司其余的经营活动不相适应的部分，以提高公司的业务专业性。港中旅集团作为一家以旅游业为主，兼营物流业务、钢铁业务、房地产的大型多元化公司，也希望通过将其物流、钢铁等与旅游业不相关的业务分拆上市来提高管理效率，减少公司总部与各业务管理部门的信息不对称程度，进而提升公司价值。

五、港中旅集团分拆上市的经济后果——基于资本市场的分析

由于港中旅集团于2012年5月份刚刚完成华贸物流的分拆上市，目前尚无法进行分拆前后的财务指标分析，本案例将重点分析华贸物流分拆前后港中旅和华贸物流的股价反应。下面是港中旅分拆华贸物流上市的几个重要时间：

2009年2月19日，港中旅发布境外上市计划；

2010年7月15日，港中旅发布境内上市计划；

2012年1月16日，证监会批准港中旅分拆上市申请；

2012年5月28号，华贸物流公开招股；

2012年5月29日，华贸物流在上海证券交易所公开上市；

图5-2为2010年7月9日～2010年7月22日境内上市计划发布前后一周港中旅集团的股价变动趋势图，图5-3为2012年5月21日～2012年6月5日华贸物流分拆上市前后一周港中旅集团的股价变动趋

势图。可以看出，港中旅集团分拆华贸物流上市后，港中旅的股价有所提高，这说明分拆上市成功后投资者看好港中旅的未来发展。通过将华贸物流分拆出去，港中旅集团将有更多的精力及资金用于其酒店类核心业务的发展。

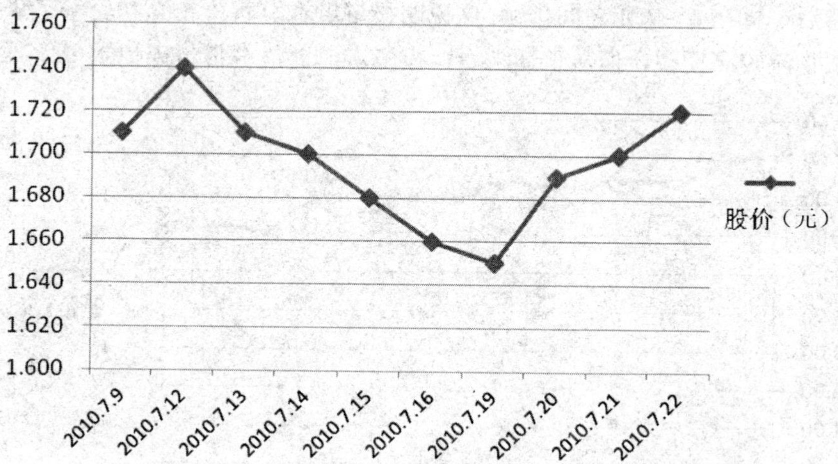

图 5–2　港中旅集团分拆上市计划宣布前后一周股价变动图

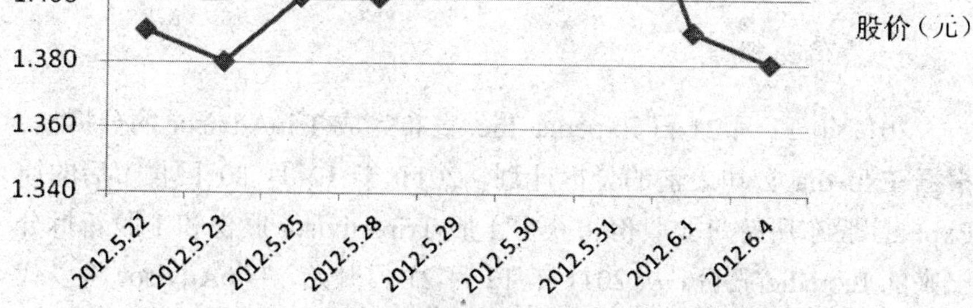

图 5–3　港中旅集团分拆上市前后一周股价变动图

图 5-4 为华贸物流 2012 年 5 月 29 日在上海证券交易所分拆上市以来的股价表现。2012 年 5 月 29 日，华贸物流分拆上市首日，开盘价为 7.83 元，收盘价为每股 8.05 元，全日最高价每股 8.35 元。2012 年 6 月 25 日之后，华贸物流的股价开始走低，降到每股 7.00 元以下，随后一直在 6～7 元之间徘徊。这说明投资者在分拆上市之初给予了华贸物流较高期望，但从长远来看，投资者对此次分拆持谨慎态度。

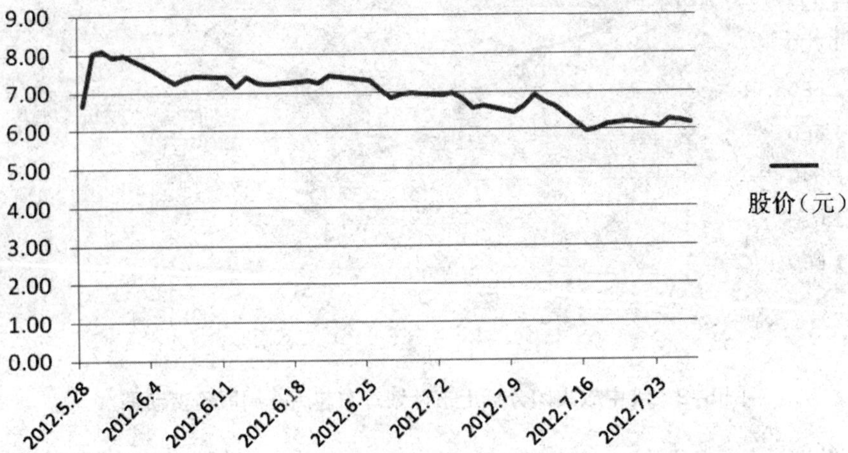

图 5–4　华贸物流上市以来股价变动图

案例二：Expedia 分拆 TripAdvisor 上市

一、交易概述

2011 年 12 月 21 日 Expedia Inc. 宣布完成 TripAdvisor 的分拆[①]。根据 Expedia 公司之前的分拆计划，2011 年 12 月 20 日收市后的原 Expedia 股东所持每股股份将获得 1 股 TripAdvisor 股份和 1 股新拆分出来的 Expedia 股份。从 2011 年 12 月 21 日开始，TripAdvisor 将以代

① 资料来源：雪球财经 http://www.imeigu.com。

码“TRIP”在纳斯达克交易，而拆分后的Expedia仍将以代码“EXPE”交易。拆分后的Expedia公司上市首日开盘每股27.36美元，随后小幅振荡收于每股 27.89 美元，上涨 3.87%，收盘市值约 33.7 亿美元。TripAdvisor则收跌5.85%，报每股28.48美元，市值约35亿美元。两家公司总市值约68.7亿美元，与拆分前Expedia市值相当。

12 月 6 日，原 Expedia 公司的股东投票通过了分拆计划以及 1:2 的股票分拆方案。根据该计划，分拆结束后，Expedia公司本身不持有TripAdvisor的任何股份。原Expedia公司董事长Barry DillerDiller先生将成为Expedia公司和TripAdvisor两家公司的董事长，并且分别控制两家公司61%的投票权。

TripAdvisor提交的文件显示，公司营收从2008年的2.98亿美元增长至2010年的4.86亿美元，年复合增长率28%；2011年上半年营收3.18亿美元，同比增长33%。TripAdvisor净利率在30%左右，2008年至2010年净利润复合增长率38%，2011年上半年净利润1亿美元，同比增长31%。

二、交易背景

（一）Expedia Inc.简介

Expedia是全球最大的在线旅游公司，其业务量约占全球在线旅游市场的1/3，它是一家集机票预订、宾馆度假预订、车船租赁、旅游资讯及特约商户服务为一体的综合性旅行服务公司。

起初，Expedia只是微软内部员工的一个旅游工具，被微软发现了它所蕴藏的商业价值后，成为了MSN的一个子站点，并于1997年开始全面独立运作，1999年公开上市。在历经互联网泡沫、“9·11”事件等一系列冲击后，陷入低迷期的 Expedia 在几度转手后被媒体巨头迪勒旗下的IAC公司收购，重新独立运作的Expedia公司焕发出了新的活力：2006年、2007年预订量分别增长10%和16%；2007年净利润达到2.959亿美元；2008年4月市场份额占据全美网上旅游运营额的14%，成为全美网上旅游预定量最高的旅游网站。

2007年Expedia通过与艺龙的合作正式进入中国市场，现有业务部门遍及美国、加拿大、法国、英国、比利时、德国、意大利和西班牙。2011年12月20日，公司分拆为新Expedia和TripAdvisor两家公司，其中前者将经营该公司旅游交易品牌的美国和国际业务，后者则将经营旅游媒体和广告品牌业务。在中国，Expedia于2004年收购了在线旅游网站艺龙网（eLong.com），其兄弟公司TripAdvisor拥有中文点评网站到到网和中文旅游搜索引擎酷讯网。除Expedia.com这一主品牌外，Expedia公司还创立或纳入hotwire、Expedia Affiliate Network (EAN)、hotels.com、Classic Vacations、Expedia Local Expert (ELE)、Expedia CruiseShip Centers、Egencia、Venere.com、eLong等9个面向不同细分市场的品牌。其中hotwire主要面向对价格敏感的客户，hotels.com专注于订房市场，ELE主要提供目的地服务和礼宾服务，Classic Vacations则面向高端度假客户。

（二）TripAdvisor简介

TripAdvisor在我国、美国、英国、西班牙、印度等地都设有分站，总共包含了全球超过40万家酒店和9万处景点的信息介绍，TripAdvisor媒体集团由TripAdvisor有限责任公司运营，旗下有18个旅游网站品牌，每月吸引超过6000万用户。TripAdvisor原隶属于Expedia，2011年12月21日已经拆分出来并单独上市。

TripAdvisor旗下众网站组成了全球最大的旅行社区，每月有超过4500万独立用户以及超过5000万条点评，在全球有30个国家的子网站。TripAdvisor还运营其独立的商务部门（TripAdvisor for Business），专注于帮助旅行有关机构接触TripAdvisor的用户。此部门涵盖了酒店全球通业务以及度假租屋业务以及度假租屋业务。到到网是TripAdvisor的中国官方网站，自2009年4月21日正式上线以来，收录了超过2万家中国酒店的数据和点评，同时推出了包括各类型酒店的人气排名列表，成为中国目前酒店信息最全、用户评论最多的网站之一。

（三）国内外旅游网站发展简介

下文主要以美国旅游网站为例来介绍国外旅游网站的发展情况，这是因为美国旅游网站是全球旅游网站的领军者，其发展现状也代表了一定时期内其他国家旅游网站的发展方向。

美国旅游网站具有数量多、类型全面、功能齐全、涵盖面广等特征。首先，从市场规模来看，全球最大的网上旅游消费群体在美国。根据 Emarketer 和中国网络研究中心 Iresearch 市场咨询的研究结果显示，2010 年美国在线旅游市场规模达到 120 亿美元，比 2009 年增长 50 亿美元，接下来的 3 年以年均约 100k 的速度增长。其次，从网站类型来看，美国旅游网站类型可谓分门别类，供游览者各取所需。根据网站经营主体的不同，美国旅游网站细分为五大类型：旅行社线上分支、旅游酒店线上分支、航空公司线上分支、旅游景区景点线上分支、综合型旅游在线服务商。最后，从旅游产业发展阶段来看，美国旅游网站从最初的仅提供旅游在线预订发展到如今涵盖旅游业各个方面的网上旅游产业体系，形成了旅行社、酒店、航空公司、景点景区、综合型旅游在线服务商等各类型网站百花齐放的局面。而近几年发展较快的旅游在线搜索引擎引起了人们的广泛关注，该类网站可以提供全面的价格比较服务，根据用户需求将其链接到相应旅游服务供应商网站。

我国旅游网站主要包括旅游在线预订网站、旅游资讯网站、门户网站下设的旅游频道、旅行社类网站、景区旅游网站、地方政府建设的旅游网站等几种类型。影响力较大的有携程网、艺龙网、远见优游、驴妈妈等旅游在线预订网站。尤其是携程网，自 1999 年开办以来，其市场份额不断增加，2009 年携程网的营业收入达到 21.2 亿元，同比 2008 年增长 33.3%，市场占有率达到 55.6%，成为同行业中的佼佼者。

综上所述，我国旅游网站正以极高的年均增长率快速发展，但是应该正视的是，与国外旅游网站相比，我国旅游网站主要存在个性化服务产品缺失、同质化竞争严重、市场细分不深入等问题。旅游网站作为旅游业和IT业两个新兴朝阳产业结合的产物，虽然出现的时间不长，但发展迅猛，并且有着极强的发展潜力。它将对我国旅游业的优质快速发展产生重大促进作用。分拆上市是企业资本收缩的一种方式，我国旅游企业可以通过运用这一资本运营手段来提升管理效率和企业价值，进而达到持续快速发展的目标。对于美国 Expedia 公司分拆 TripAdvisor 业务独立上市这一案例的分析，于我国旅游网站的资本运作具有很大的借鉴意义。

三、分拆上市的经济动因

TripAdvisor 不仅仅是 Expedia 最大和最活跃的在线旅游社交网站，也是 Expedia 公司媒体和广告业务的主要运营部门。TripAdvisor 最近几年发展很快，它的收入在 2006 年占 Expedia 总收入的 4%，2010 年翻了将近 3 倍，占 Expedia 总收入的 12%。在 2011 年的第一和第二季度，TripAdvisor 的收入增长率达到 30%，当然这部分归功于 TripAdvisor 国际业务的快速扩展。

那么 Expedia 公司为什么要将 TripAdvisor 这个高利润的业务单元分拆出来独立上市呢？总部位于芝加哥的 Spin-Off Advisors 总裁 Joseph W. Cornell 认为："随着 TripAdvisor 的上市获取估值溢价，此次分拆将会释放股东价值。"由于分拆上市会给原公司及分拆上市新公司带来更高的合计价值，所以很多多元化公司会选择分拆上市这种资本重组方式来为股东创造更多的价值。由此看来，Expedia 公司分拆上市的主要动因是其认为 TripAdvisor 这一高利润单元的价值被低估，分拆完成后，Expedia 的股东将同时持有 Expedia 和 TripAdvisor 两家公司的股票，这将会大大提高股东价值。

《华尔街日报》在 2011 年 4 月 11 日的一篇分析文章中称，Expedia 分拆实际上是为了对付 Google 在在线旅游市场的扩张。[①]Expedia 宣布

① 资料源自雪球财经 http://news.imeigu.com/a/1302491434197.html。

将公司分拆为 Expedia 和 TripAdvisor 两大块。乍看上去此举颇令人不解。根据德意志银行分析师赫尔曼·龙（Herman Leung）的分析，TripAdvisor 品牌 2010 年销售额仅占 Expedia 的 15%，但是却贡献了 31%的利润。目前 TripAdvisor 市值约为 24 亿美元，而当初 Expedia 在 2004 年收购 TripAdvisor 时只花了 2.19 亿美元。

《华尔街日报》指出，如果考虑到 Google 正在进入 TripAdvisor 的业务领域，Expedia 的分拆则有了明智的味道。在过去数月中，Google 一直在推广其定位及本地搜索服务“Places”。和 TripAdvisor 一样，该服务可以展示酒店评论，并将用户指向酒店预订网站。随着 Google 改善“Places”，TripAdvisor 公司高层透露其流量正在下滑。comScore 的数据也显示，从 2010 年 11 月以来，TripAdvisor 的流量开始出现同比下滑。另外 2010 年 4 月 5 日，Google 收购旅游搜索软件开发商 ITA 的交易获得反垄断机构批准，这意味着 Google 即将推出旅游搜索服务。TripAdvisor 面临被网民“绕过去”的风险。《华尔街日报》也指出，对于投资人来说，持股一家业绩良好的旅游搜索网站很令人兴奋，但是他们也必须时刻警惕 Google 的“脚步声”。

四、分拆上市的财务判断

（一）股票市场的反应

Expedia 公司于 2011 年 12 月 7 日召开年度股东大会，通过了关于分拆 TripAdvisor 独立上市的方案，且交易于 2011 年 12 月 20 日完成。因此，笔者选择 2011 年 12 月 7 日和 12 月 20 日为两个时间点，分析这两个时间点上以及前后几个月 Expedia 公司的股价波动情况。同时，笔者也将分析 TripAdvisor 在 2011 年 12 月 21 日独立上市后的股价反应。

由图 5-5 和图 5-6 可以发现，分拆上市方案通过后 Expedia 公司的股价先是出现了一个小范围的下降，随后几天公司股价逐渐回升。直至 2011 年 12 月 20 日公司分拆交易完成后的几日内公司股票一直处于缓慢回升状态，在随后的几个月内公司股价也保持着稳中求升的良好态势。这说明市场对此次的分拆反应是积极的，广大投资者比较看好 Expedia 分拆 TripAdvisor，对于这一释放股东价值的分拆行为给以支持态度。

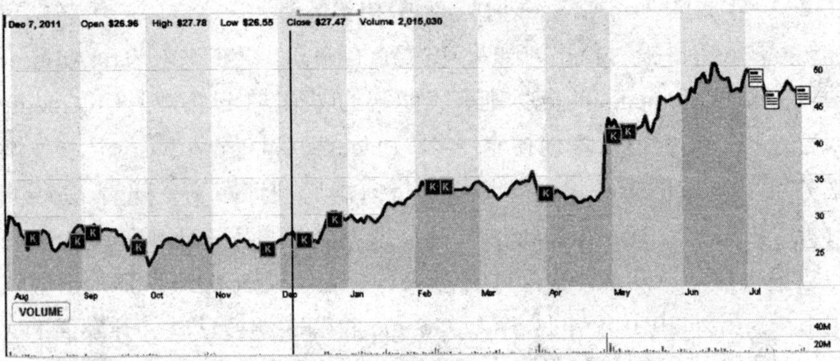

图 5-5 2011 年 12 月 7 日前后几个月 Expedia 公司的股价反应

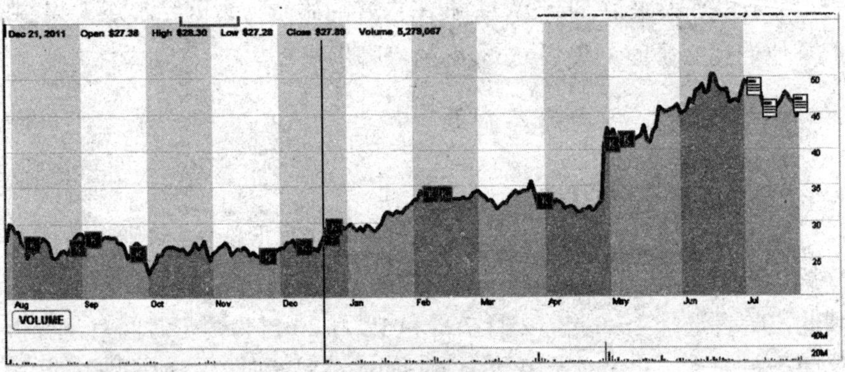

图 5-6 2011 年 12 月 20 日前后几个月 Expedia 公司的股价反应

由图 5-7 可以看出，分拆上市完成后 TripAdvisor 公司的股价并没有立即回升，而是在一周之后开始稳步提高。这说明市场对此次分拆的反应是积极的，投资者看好 TripAdvisor 的发展前景，分拆上市给 TripAdvisor 带来了短期收益，提升了股东价值。

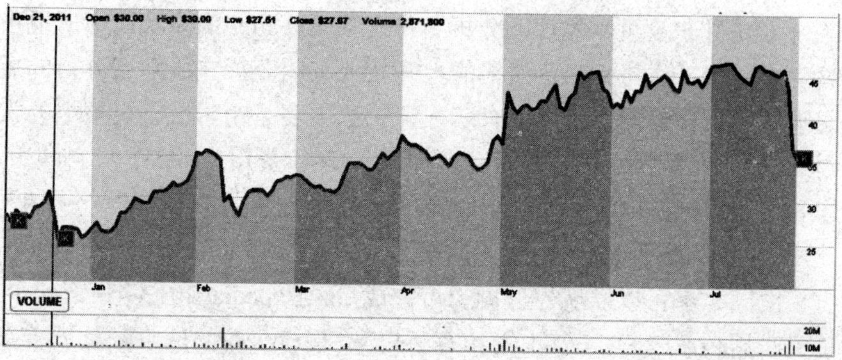

图 5–7　TripAdvisor 在 2011 年 12 月 21 日独立上市后的股价反应

（二）Expedia 分拆上市前后的财务指标反映

由于 Expedia 于 2011 年 12 月 21 日刚刚完成分拆上市，2012 年年报未出，为了使分析具有可比性，笔者主要对 Expedia 公司 2011 年上半年和 2012 年上半年的财务报表数据进行对比。

1. 偿债能力分析。

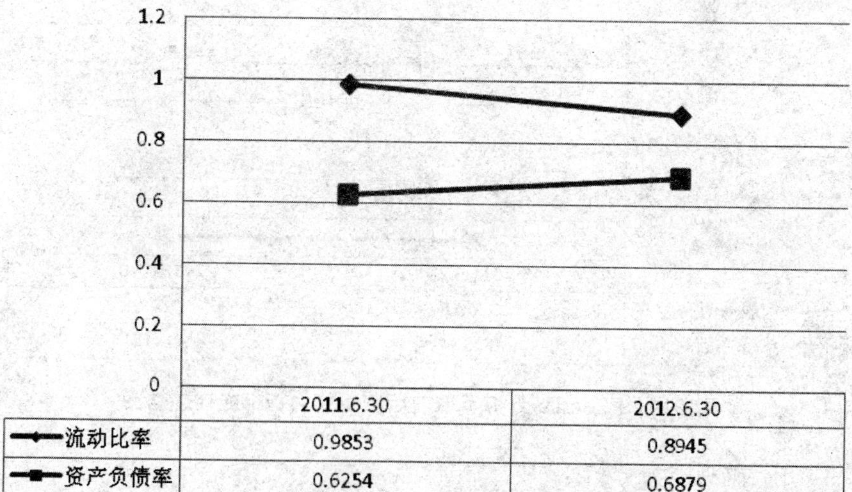

图 5–8　Expedia 分拆上市前后的偿债能力分析

通过图 5-8 可以发现，分拆上市之后 Expedia 的流动比率出现小幅度的下降，这与资产负债率的上升一致表明分拆完成之后公司的短期偿债能力和长期偿债能力有所下降。这主要是由于流动负债中的收到的供应商预订费大幅度提升的原因，该项费用从 2011 上半年的 14.65 亿美元提升 22%，到 2012 年上半年达到 17.92 亿美元。

2. 营运能力分析。

由图 5-9 可以发现，分拆上市完成后，Expedia 2012 年上半年的总资产周转率较 2011 年上半年有所提升。但该公司的应收账款周转率由 3.9315 下降至 3.6199，这主要由于 Expedia 公司 2012 年上半年应收账款比 2011 年上半年提高了 9.24%，但同期销售额仅比 2011 年上半年提高了 0.58% 所致。可见 Expedia 把高利润的业务分拆出去之后，销售额并没有实现快速增长，但是资产管理效率得到了提升。

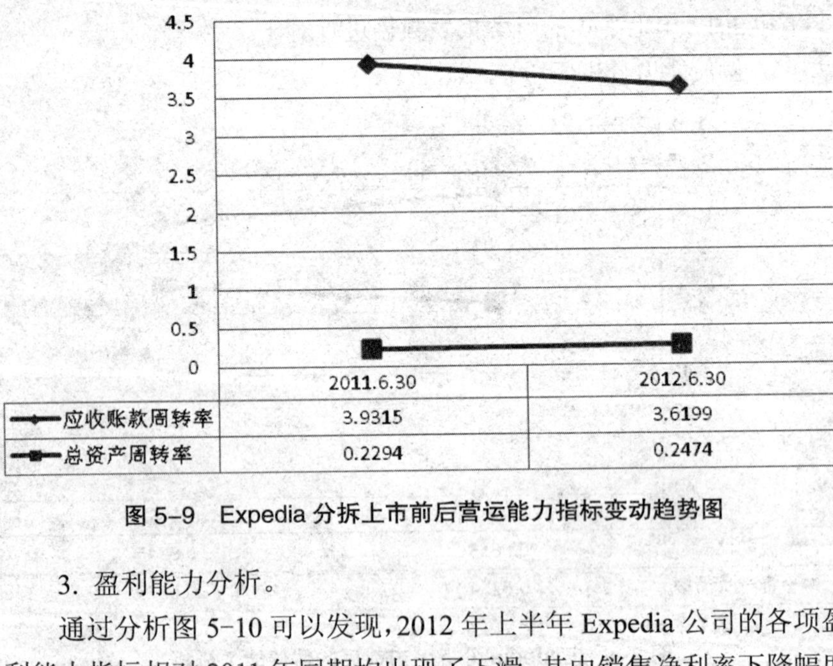

图 5-9　Expedia 分拆上市前后营运能力指标变动趋势图

3. 盈利能力分析。

通过分析图 5-10 可以发现，2012 年上半年 Expedia 公司的各项盈利能力指标相对 2011 年同期均出现了下滑，其中销售净利率下降幅度最大，由 2011 年的 11.76%下降至 2012 年的 5.59%。这主要是由于分拆之前 TripAdvisoa 是该公司利润贡献最高的业务部门，分拆之后 TripAdvisor 作为一家独立的公司在纳斯达克上市，这必然会对 Expedia 的销售利润率造成一定的冲击。其次我们发现，Expedia 公司的权益收益率也出现了一定幅度的下降，这主要也是由于 2012 年上半年净利润同比上期下降了 46.24%所致。

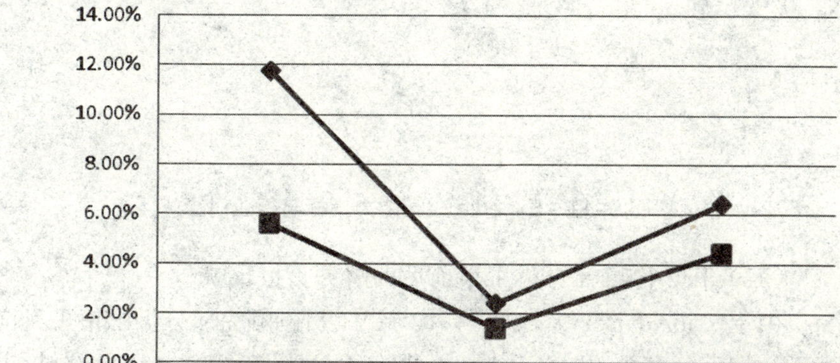

	销售利润率	资产收益率（ROA）	权益收益率（ROE）
2011.6.30	11.76%	2.40%	6.41%
2012.6.30	5.59%	1.38%	4.43%

图 5-10　Expedia 分拆上市前后盈利能力指标变动趋势图

4. 成长能力分析。

图 5-11 为 Expedia 公司的销售额增长率、EPS 增长率、资本支出平均增长率与行业平均水平的对比。可以发现，该公司 2012 年最新一季度的销售额增长率和 EPS 增长率均低于行业平均增长率，但该公司最近 5 年的销售额平均增长率、EPS 最近 5 年平均增长率和资本支出最近 5 年平均增长率均高于行业水平。这说明分拆 TripAdvisoa 上市后，Expedia 公司最新一季度成长能力一般，但从长期来看，该公司的成长能力还是高于行业平均水平的。

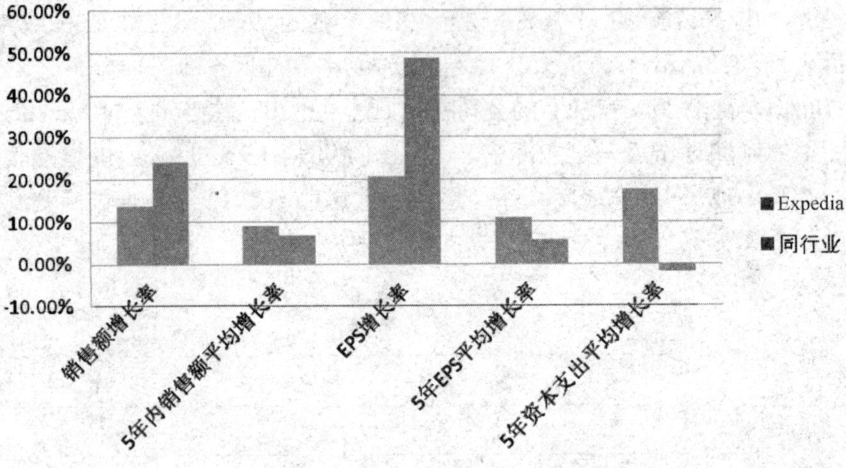

图 5-11 Expedia 成长能力指标与行业对比

（三）TripAdvisor 分拆上市前后的财务指标反映

由于 TripAdvisor 于 2011 年 12 月 21 日刚刚完成分拆上市，目前尚无法搜索到全面的财务数据，因此笔者主要分析 TripAdvisor 分拆上市前后的盈利情况。

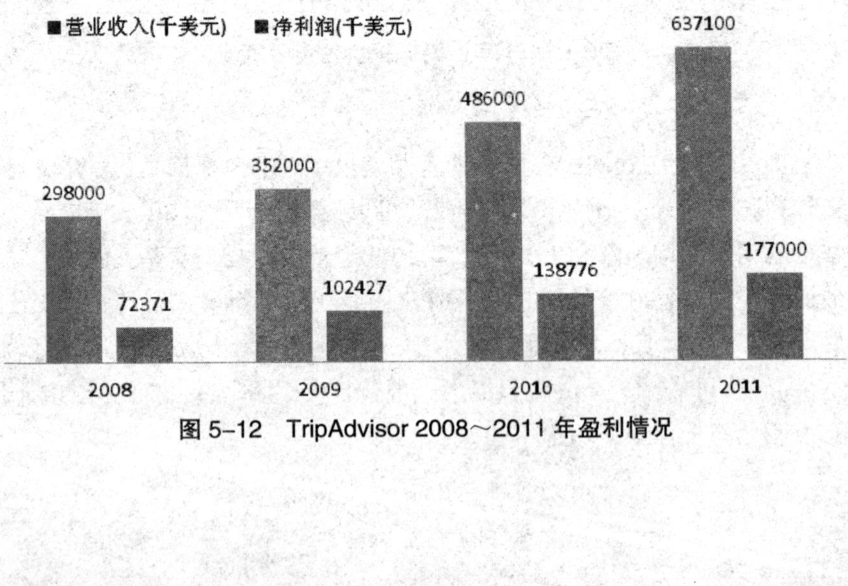

图 5-12 TripAdvisor 2008～2011 年盈利情况

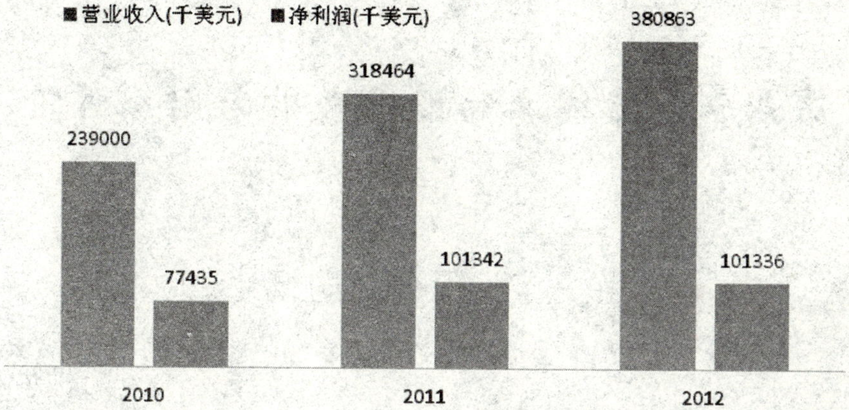

图 5–13　TripAdvisor 2010 年上半年至 2012 年上半年盈利指标对比图

通过图 5-12 可以发现，TripAdvisor 2008～2011 年的营业收入和净利润均保持持续而稳定的增长，正如前文所提到的，TripAdvisor 分拆之前是 Expedia 公司利润贡献最高的业务部门，其广告和旅游点评业务在业内独树一帜。通过图 5-13 可以看出，分拆上市完成后的 2012 年上半年 TripAdvisor 的营业收入依然保持着 19.6%的增长率，2012 年上半年的净利润较 2011 年同期下降了 2%，但较 2012 年一季度增长了 10%。

ComSore 的数据显示，TripAdvisor 的旅游社区不断扩大，截至 2012 年 6 月 30 日，其平均每月独立访客数量为 5400 万以上，5 月该网站的独立访客数量达到 5600 万。根据 TripAdvisor 记录的数字，自 2012 年 3 月 31 日起，该网站的会员数量增长超过 25%，达到 3200 万以上。TripAdvisor 的会员每分钟发布的内容数量不断增加，目前每分钟在网站上发布超过 50 条用户生成内容。其平台上拥有超过 7500 万条评论和意见，涵盖超过 61 万家酒店、88 万家餐厅以及来自世界各国超过 11 万个目的地的 20 万个景点。

由此可见，分拆上市完成后 TripAdvisor 的品牌影响力进一步提升，这将为该公司未来的发展提供良机。

第六章　旅游业的股份回购与财务评价

第一节　股份回购概述

一、股份回购的基本概念

（一）股份回购的概念

股份回购是指由要约人（指进行或考虑进行回购本身股份的公司）或要约人代表向要约人股东提出的购买、赎回或以其他方式取得股份的要约，而全部或部分属于此类要约的私有化计划、协议安排或其他形式的重组计划亦包括在内。

企业的股份回购一般分为狭义股份回购和广义股份回购。

1. 狭义的股份回购。

狭义的股份回购又称为股份购回、股票回购，是指上市公司出资通过公开或协议等方式购回其自身发行在外的股份，从而减少公司发行在外的流通股份的行为。[①]

2. 广义的股份回购。

广义的股份回购除包括公司从股票市场上购回本公司发行在外的部分股份的行为外，还包括以赎回、继受、赠与等方式取得自己的股份，因此与公司取得自己股份的含义是一致的。

本书采用的是狭义的股份回购的概念。

---

① 张忠军．上市公司法律制度．法律出版社．2000：313

（二）股份回购的形式

股份回购有两种基本形式：一是目标公司将可用的现金或公积金分配给股东以换回后者手中所持的股票；二是公司通过发售债券，用募得的款项来购回自己的股票。

（三）股份回购的特征

股份回购具有以下特征：（1）在法律性质上，它是一种特殊的股份转让。这不仅是因为交易主体特殊——主体为公司股东与公司本身，也是因为交易客体特殊——客体为公司发行在外的自己的股份。（2）在结果上，股份回购是一种减资行为，不同方式的股份回购都会导致公司资本减少的后果。（3）在目的上，股份回购是一种重要的资本运作方式，在资本市场上发挥着重要作用。①

二、股份回购的动因

第一，股份回购是公司实施反收购策略的有力工具和常规武器，有利于稳定和维护公司股价。

股份回购在西方发达国家被普遍运用，是成熟资本市场上实施反收购策略的重要工具和常规武器。其原因在于：如果向外部股东回购股份，那么外部股东所持股份的比重就会降低，原来大股东的持股比重则会相应提高，其控股权自然会得到加强；如果公司的资产负债率较低，在进行股份回购后，可以适当地提高资产负债率，更有效地发挥财务杠杆效应，以增强公司的未来盈利预期，从而提升公司股价，抬高收购的门槛；如果公司现金储备比较充裕，就容易成为被收购的对象，在此情况下公司动用现金进行股份回购，可以减少被收购的可能性，这是反收购技术中的“焦土战术”；公司可以直接以高出市价很多的价格公开回购本公司股份，促使股价飚升，以击退其他的收购者，从而达到反收购的目的。

① 童兆洪．公司法法理与实证．人民法院出版社．2003（7）

第二，股份回购可以抑制过度投机行为，有利于平滑股市的大起大落，促进证券市场的规范、稳健运行。

按照西方经典理论，股份回购对于确定公司合理股价、抑制过度投机具有积极的促进作用。其原因有以下几个方面。（1）通常在宏观经济不景气、市场资金紧张等情况下，股市行情容易低迷。若任其持续低迷，将可能引发股市抛压较重，导致股价下跌、流动性更差的恶性循环。此时若允许上市公司进行股份回购，将上市公司的闲置资金返还给股东，可以在一定程度上增强市场的流动性，有利于公司合理股价的形成。同时也表明上市公司董事会对自己的股票很有信心，认为其股价被低估了。回购股份后，公司每股收益会增加，意味着股票含金量增加，股价自然会上升。如李嘉诚的长江实业 1998 年 5 月提出的回购价仅为每股 25 元，但至 1999 年 12 月股价上升到每股 80 元，股东回报十分丰厚。（2）上市公司对本公司信息最知情，其确定的回购价格在一定程度上比较接近公司的实际价值（反兼并情形除外），使虚拟资本价格的变动更接近实物生产过程，从而抑制股市的过度投机。（3）在市场过度投机的情况下，若股价过高，可能在投机泡沫破灭后导致股价持续低迷。此时公司有必要动用先前回购的库存股份进行干预，促使股价向内在价值回归，从而在一定程度上有助于遏制过度投机行为。值得注意的是，在国外通过股份回购来抑制过度投机、平抑股市大幅波动的作用机制中，库存股的运用是一个非常重要的因素。库存股的存在使得公司可以灵活地调控流通股数量，有利于公司合理股价的形成。而我国现行法律规定，回购股份必须在 10 日内注销，除非明确规定回购的股份用于员工持股计划，否则不允许公司拥有库存股。这是我国上市公司实行股份回购所遇到的一大法律障碍。

第三，股份回购有利于建立员工持股制度和股票期权制度。

国外公司中，员工持股特别是管理层持股是非常普遍的现象。当存在库存股制度时，公司可以从股东手里回购本公司股份，并将其交给职工持股会管理或直接作为股票期权以奖励公司的管理人员，这有利于建立有效的激励和约束机制，增强公司内部的凝聚力和向心力。就员工持股或管理层持股制度在我国上市公司实施的可行性而言，我国《公司法》规定，可用公司税后利润的资金进行股份回购，并将回购的股份作为奖励让职工持有，这在一定程度上解决了股份的来源渠道；但同时又规定回购的股份在一年内必须转让给职工，这就给在我国建立员工持股制度和股票期权制度带来了难度。国外公司实施股份回购的重要功能之一就是回购一部分股份专门用于本公司员工或管理层持股计划。而我国目前法律已经允许库存股的存在，员工持股制度和股票期权制度也就能够得以建立，但由于存在一年内转让给职工的时间限制，导致实施的难度加大。

第四，股份回购是保护公司少数股东利益的需要。

当公司的决定或多数股东的行为有损少数股东的利益时，允许少数股东强制要求公司回购其股份[①]，有其他救济权无法实现的独特功效。其一，股份回购解决了股东间“搭便车”的问题。“搭便车”是《公司法》中仍需完善一个漏洞。在许多救济手段中，由于单个股东的努力会使其他股东受益，所以每个股东都不愿耗费很多的时间和金钱去行使权利制止不正当行为，而寄希望于他人出面干预，自己“搭便车”。股东大会决议无效确认诉权、公司合并无效确认诉权等即属此类。股份回购的受益者只是要求回购的股东自身，其他股东不可能“搭便车”，这促使少数股东积极行使自己的权利。其二，股份回购在保护公司少数股东利益的同时并不妨碍企业的维持和发展。当公司合并有违公平时，赋予少数股东合并无效确认权虽有力地保护了少数股东的权益，但也难免有阻碍公司规模扩张之虞；当有限责任公司股东间产生僵局，或少数股东受多数股东压迫、排挤无法与其共处时，简单地采用解散公司的方法不免有损企业的经济效益。而股份回购可以一方面使少数股东依公平合理的价格退出公司，免受不公平损害；另一方面，又无

①《公司法》第一百三十四规定，股东因对股东大会作出的公司合并、分立决议持异议，可以要求公司收购其股份。

需解散公司或停止公司合并、营业转让等重组方案，有利于公司经营扩张和持续发展。其三，股份强制回购克服了少数股东举证上的困难。在公司合并、营业转让等场合，股东要提起公司无效之诉必须承担举证责任。而在公司多数股东控制公司内部信息的情况下，这对少数股东显然是不易克服的障碍。行使股份收买请求权无需举证，只要股东认为公司交易不符合自己的预期即可，这使股东利益在更大程度上得到保护。在我国公司实践中，少数股东遭受多数股东侵害的案例屡见不鲜，因此，确认股份回购作为保护少数股东利益的方式实有必要。

三、股份回购的类型

现实中，根据回购的动因不同，可以将股份回购分为常规回购和战略回购两种基本类型。

（一）常规回购（红利替代型回购）

常规回购是直接派发现金红利的一种替代政策，也称为资本收益型现金红利。与直接派发现金红利一样，股份回购所用资金通常来源于公司经营现金流盈余。一般而言，常规型股份回购政策主要适用于具有如下特征的公司：（1）公司经营净现金流量或现金储备大大超过能够为投资者创造价值的投资机会所需资金，即流动性资金严重过剩；（2)公司由高速成长阶段进入增长率下降的阶段，或已处于成熟阶段，缺乏预期收益超过资本成本的投资机会。对公司管理层来讲，股份回购与直接派发现金红利相比，可以减少发行在外股票的数量和每股收益的计算基数，即使在盈利增长速度下降或无增长的情况下，公司仍可维持甚至提高每股收益水平，提升公司股票价值，减少管理层的经营压力。如联合电信器材公司在1975～1986年，一直采用股份回购现金红利政策，使公司股票价格从4美元/股上涨至355美元/股。①

① 蒋屏．公司财务管理.对外经济贸易大学出版社．2001：333

（二）战略回购

战略回购往往直接服务于公司的战略目标，而不是以向股东发放股利为目的。战略回购的规模较大，公司往往不仅需要动用现金储备，而且需要大规模举债，或出售部分资产或子公司以筹集股份回购所需资金。战略回购一般基于以下动机：

1. 优化资本结构，即通过股份回购提高公司财务杠杆度，优化资本结构。

这种战略回购通常适用于市场竞争地位相当强、生产经营进入稳定增长阶段，但长期负债比率过低的公司。这类公司通常具有可观的未充分利用的债务融资能力储备，通过提高债务比率、提高财务杠杆度（DFL）可以降低公司总体资本成本，提升公司价值，从而为股东创造价值。另一方面，也有助于防止敌意并购的袭击，因为在发达资本市场中，具有大量未充分利用债务融资能力的公司往往容易受到敌意并购者的袭击。1985 年 Atlantic Richfield 公司为了避免敌意收购袭击一次性举债 40 亿美元用于回购股票，将公司负债比率从 12%提高到 34%。

2. 实现对公司股票价值的重新评估。

在股票市场上，常常由于市场低迷或信息严重不对称而导致股票价值被严重低估，公司可以采用股份回购策略，支撑公司股票的市场价格，增强投资者信心。1987 年 10 月 19 日的“黑色星期一”①，纽约股票市场暴跌，当日股票价格平均跌幅超过 20%。第二天，花旗集团董事会即宣布回购公司 2.5 亿美元的股票。随后，对股票市场忧心忡忡的上市公司管理层纷纷效仿花旗集团，宣布回购本公司股票。短短两天内，股票市场宣布股份回购计划的总金额达 62 亿美元。这些巨额股份回购行动成功地阻止了各公司股票价格的持续下跌。

---

① 纽约股票交易市场保持很久的牛市在 1987 年 10 月 19 日星期一这一天惊人下落，道-琼斯工业股票平均指数骤跌 508 点，下跌幅度 22%，一天内跌去的股票价值总额令人目瞪口呆——是 1929 年华尔街大崩溃时跌去价值总额的 2 倍。

3. 作为一种投资机会，即公司管理层将本公司股票视为一种良好的投资机会。

根据信息不对称理论，与外部投资者相比，公司管理层通常掌握着更多的公司信息，对公司有更准确的认识。如果公司管理层认为公司缺乏实业投资机会，同时本公司股票价值被市场严重低估，极具投资价值时，可以通过股份回购增加公司价值。尽管公司投资于自己的股票并不符合逻辑，但单从获取收益的角度看，当公司股票被市场严重低估且极具投资价值时，投资于自己的股票是一种理性的投资行为。

四、股份回购的模型

（一）股份回购模型的基本假设

为了更好地理解股份回购，让我们先看一下某些数量关系。按照习惯，首先对所用模型作些假设是必要的。

l. 市场是有效的，即在任何时间市场价格都反映了所有对证券价格有影响的公开信息。

2. 市场在信息意义上是有效率的，即所有投资者能够无成本地同时接受到信息。在经济文献中，这些条件一般被称作纯粹竞争（pure competition）条件。

3. 证券市场完全竞争。这意味着单个投资者是价格接受者，并且不能影响股票回购要约的结果。

4. 考虑到税收和交易费用后，投资者力图使其财产价值最大化。

5. 公告日后，每个投资者对由股份回购将造成的价值变化、愿意出让的比例和公司将要购买的比例有相同的预期。

6. 要约是上限要约，这就是说，如果愿意出让不足，公司要买入所有愿意出让的股份；但是，如果愿意出让超额，公司可以买入所有愿意出让的股份，或者按比例买入——公司从每个愿意出让股份的股东那回购相同比例的股份。

7. 与股份回购有关的价格变化是对整个市场的价格变化进行调

整后的结果。

（二）股份回购的基本模型

在上述假设条件成立的前提下，股份回购必须满足下列基本方程：

$$P_1N_1=P_0N_0-PT\,(N_0-N_1)+W \tag{1}$$

式中：

P_0——公告前股票价格

P_1——回购到期后的股票价格

PT——要约标购价格

N_0——公告前股票总数

N_1——回购后股票总数

W——股份回购产生的股东财富

方程（1）表明：

回购后股份市值＝回购前股份市值－回购的股份价值＋股东财富的变化

如果令回购股份比例为 FP，那么未回购股份比例即为 1-FP，其中：

$FP=(N_0-N_1)/N_0$

$1-FP=N_1/N_0$

方程（1）两边除以 $P_0\cdot N_0$，变换后可得到：

$$W\%=W/(P_0\cdot N_0)$$

$$=FP\,(PT-P_0)/P_0+(1-FP)\,(P_1-P_0)/P_0 \tag{2}$$

方程（2）表明：

股东财富效应=回购股份比例×出让股权的股东收益率＋未回购股份比例×未出让股权的股东收益率

五、股份回购的相关理论

（一）资本结构优化理论

股份回购涉及上市公司资本结构与股利政策。作为股利政策的一种手段，股份回购通过减少发行在外的股票数量，增加每股收益，能够提高公司股票的市值。作为调整资本结构与财务结构的一种手段，上市公司可用负债回购股份，通过增加负债，减少权益资本，能够达到提高财务杠杆效果、提升股票内在价值的目的。

无论是用现金回购还是负债回购股份，都会改变公司的资本结构，提高财务杠杆率。在现金回购方式下，假定公司中长期负债规模不变，则伴随着股份回购而来的是股权资本在公司资本结构中的比重下降，公司财务杠杆率提高；在增加负债回购股份的情况下，一方面是公司中长期负债的增加，另一方面是股权资本比重的下降，公司财务杠杆率得以提高。公司资本结构中权益比重的下降和公司财务杠杆率的提高一般来说会导致两个相互联系的结果：一是公司加权平均资本成本的变化；二是公司财务风险可能会在债务比重增大到一定程度之后而增大。

最低加权平均资本成本是公司的筹资决策目标。一般地，中长期债务的资本成本最低，而普通股票的资本成本最高。所以增加中长期负债在公司资本结构中的比重或降低普通股权益资本的比重，通常可以降低公司整体资本成本。但是，过度举债也会导致公司财务状况恶化，增加公司财务风险，最终导致公司整体资本成本上升，所以公司必须优化资本结构，根据加权平均成本最低原则保持各种资金来源间的最佳比例关系。由此，优化公司资本结构应是公司作出是否回购其已发行股份决策的重要依据。

就财务杠杆率而言，只要公司举债的成本率不大于资产收益率，财务杠杆的作用将是有利的，即在此范围内举债通过提高财务杠杆率会提升净资产收益率，公司加权资本成本会下降（债务利息有免税效应)。但是，随债务比率和财务杠杆率的增大，公司的财务风险会随之上升。当债务比率大到一定程度时，公司财务风险的加大势必使债权人要求提高贷出资金的收益率，公司财务成本率将会上升并超过资产收益率，公司的加权资本成本也会由此上升。由此可见，公司债务比率和财务杠杆率存在一个“最适度”。因此，公司在作是否回购股份以及是否增加负债尤其是中长期负债来购回普通股股本的决策时，必须考虑资产收益率和负债成本率的对比关系、最优债务比率和最优财务杠杆率等方面。

（二）避税假说

避税理论认为，股份回购使得股东能够以较低的资本利得税取代现金分红所应交纳的较高的个人所得税。Bierman 和 Wess（1966）认为，股份回购能使公司价值增加，并认为股份回购的唯一动机为税收规避。但 Edwin 和 Gruber（1968）提出，如果考虑到交易成本，股份回购的成本会增加；而考虑到股东偏好的异质性，发放股利的成本将增加。因此，股份回购对公司价值的影响是不确定的。有证据显示，股份回购作为抵消对股征收较高个人税赋的手段，它所涉及的交易费用确实减少了。以云天化回购为例来看，当时回购协议价为 2.01 元/股，回购股份总数 2 亿股，意味着该次回购的资金总数为 4.02 亿元。如果该公司不进行回购，直接将这部分资金作为股息发放给股东，按照我国现行《所得税法》规定，股东应纳个人所得税 0.804 亿元（4.02 亿元×20%）；若公司进行股份回购，股东转让股份所得按当时我国法律规定只征收 4‰的印花税和 3‰的手续费，暂不征收个人所得税，因此股东应支付交易费用 0.02814 亿元（4.02 亿元×7‰）。相比之下，股东所纳费用在股份回购的情况下确实少了。因此，股份回购具有避税功能。

（三）经理人股票期权假说

经理人股票期权理论认为，经理人股票期权影响公司股价和股利发放形式。一般而言，公司推出经理人股票期权计划就意味着公司股权的稀释和股票价格的下跌。当公司存在自由现金流并决定发放股利时，选择现金股利与选择回购股票对经理人的影响是截然不同的。有研究表明，美国企业经理人的股票期权计划一般是不受股利发放的保护的。所谓受股利发放保护指的是公司采取措施使得期权价值不受股利发放的影响。在美国，只有 1.1%的股票期权计划受到这一保护（Murhpy，1998）。选择现金股利将导致公司股票价格的下跌，这时，经理人的股票期权价值将下跌；而选择股票回购意味着公司股价的上升，这时，经理人的股票期权价值将增大。因此，在通常情况下，作为股利发放方式决策者的经理人，当他们持有大量股票期权时，他们更倾向于通过股票回购发放股利。Lambert、Lanen 和 Larcker（1989）对这一理论进行了实证检验。三位学者对 221 家刚刚采用管理层期权计划的美国企业进行了详尽分析，他们发现，在采取了期权计划后，企业发放的现金股利相对预期水平发生了明显的下降。而 Fenn 和 Liang（2001）的实证研究也表明，在管理层期权计划与股利支付之间存在很强的负相关关系。Jolls[①]（1998）也发现，如果管理层持有较多的股票期权，他们就更愿意进行股票回购操作。因此，理论和实证研究均表明，经理人股票期权将影响公司的股票回购行为。

特别需要注意的一点是，公司首席财务官首先必须要决定是否发放股利。已有的研究表明，在成熟资本市场中，决定公司是否发放股利的最重要因素就是公司是否具有自由现金流。当公司存在大量自由现金流时，作为公司代理人的经理人就可能会利用这些现金流谋取私利而损害股东利益；同时，公司存在大量自由现金流也可能意味着公司目前缺乏净现值为正的投资项目。在这样的情境下，如果公司治理状况良好，公司经理人就会有动力发放股利，以使用这些自由现金流，缓解委托—代理问题。

很长一段时间以来，我国《公司法》不允许库存股存在，股票来

① Jolls, C. Stock Repurchases and Incentive Compensation. NBER Working Paper, 1998, No. 6467

源就成为限制我国股票期权的一个最大障碍。我国有实证研究表明，经理人股票期权计划在我国资本市场并没有得到像美国资本市场那样的充分运用，因此，在过去经理人股票期权计划不是股份回购的根本原因。值得注意的是，2005 年 8 月 23 日，中国证监会等五部委联合发布的《关于上市公司股权分置改革的指导意见》中提出，“完成股权分置改革的上市公司优先安排再融资，可以实施管理层股权激励”，并在 2005 年底发布、2006 年 1 月 1 日正式实施《上市公司股权激励管理办法》（试行），在发布通知中规定，“已完成股权分置改革的上市公司，可遵照该办法的要求实施股权激励，建立健全激励与约束机制”。因此，在股权分置改革完成后，经理人股票期权假说将成为一个很有解释力的假说。同时我国现行《公司法》规定，如果公司将股份奖励给本公司职工，可以收购本公司的股份，但是所收购的股份应当在一年内转让给职工。从这个层面上说，我国法律已经允许在一定范围内存在库存股。这也为经理人股票期权假说在我国得到运用提供了强有力的支持。

（四）信号理论

信号理论认为，在信息不对称的情况下，企业经理对本企业的经营拥有优势信息，他们向投资者传递企业信号，而股东根据对这一信号的理解进行投资决策。根据这一理论，股份回购可以传递公司内部运作信息，上市公司股份回购的公告对市场来说就是一个信号。一般而言，当企业股票市值被市场严重低估时，企业就可能通过公开市场回购一部分股票，以引导市场投资者重新评估该企业。这一点在 Ikenberry、Lakonishok 和 Vermaelen（1995）的研究中得到了有力的验证。事实上，经理人往往也将股份回购作为一项有价值的投资行为。一些实证研究，如 Vermaelen（1981）、Comment 和 Jarrell（1991）等人的研究，分析了美国企业进行股票回购操作后的短期经营业绩，他们发现，这类企业具有显著的超常正收益。这就意味着，那些进行股票回购的公司已经预期到了公司美好的发展前景，因此，他们进行与稀释股权相反的操作——回购股票，以提高每股实际收益。一些研究则进一步分析了那些宣布股份回购的公司的事后长期业绩表现，研究人员得出了类似的实证结果。同时，研究人员还发现，那些具有较低的市值/账面价值的公司，股份回购后的异常收益更高。这些证据初步表明，当企业内在价值被市场低估时，企业会通过股票回购支付股利，同时借以重新唤起投资者信心。

实证研究表明，我国的证券市场仅是弱式有效。①在这样的一个市场中，证券的交易价格仅能够真实反映历史价格信息。导致我国证券市场上证券价格缺乏效率的原因是多种多样的：股权分置、证券交易操纵频繁发生、投资者结构缺乏合理性、政府政策的不适当干预等。一些人指出，某些证券价格已经低于净资产价值了，这就说明股价被低估了。这样的推论是难以立住脚的。如果股票价格低于净资产价值就说明股价被低估，那么，在一个竞争性的资本市场就应该有大量的投资者买入这种股票，直到价格恢复到均衡位置；同时，股票价格是基于未来收益的预期，而净资产价值只能够表明当前实物资产的估算价值，这是两个不同的概念。除非公司开始破产清算，此时公司的净资产价值才与证券交易价格接近。但是这又涉及清算价值与当前估算的净资产价值的差异问题。这两个概念是存在很大差异的，因为清算存在巨大的交易成本，这就使得公司净资产价值往往远高于清算价值。此外，我国上市公司会计信息的准确性一直受到人们的普遍质疑，因此，这些净资产价值数据的准确性和可靠性也是一个大问题。概括言之，证券交易价格低于净资产价值，未必能够说明股价被低估。

当然，我们也不排除存在这样一种可能性，即我国一些上市公司的股价确被低估了。如果是这样一种情况，公司选择回购股票是一种明智的投资选择。例如，邯郸钢铁董事会就认为公司实施股份回购计划是因为公司股票市场表现与经营状况不相符，公司的投资价值被严

① 张斌，李晓明．中国市场的渐进有效性研究．经济研究．2003（1）

重低估，有损全体股东的共同利益。因此，此理论对我国当前推行股份回购是具有一定解释力的。

第二节　股份回购文献综述

一、股份回购文献综述

在中国，企业股份回购是近年来才兴起的话题，广大学者根据最近几年国内特殊的国情和经济环境，对股份回购进行了详细研究。

徐红、李刚①（2012）认为在成熟的证券市场中，回购公司股票是一种有效的资本运作模式，公司在适当的时机进行合理的股本收缩，是上市公司面临外部市场环境变化进行自我调节和保护的一种有效的应对策略。近年来随着我国股票市场的发展，股票回购的案例日渐增多，文献中分析了我国股份回购的现状，提出我国上市公司股票回购有五大一般动因，分别为：（1）股票回购可以优化上市公司资本结构，提升上市公司的盈利能力，有助于实现企业的经营目标。（2）股票回购是公司开展保护控制权实施收购战略的常规有效手段之一。（3）股票回购是一种替代现金股利的股利分配手段。（4）股票回购可以调节股票供应量，提高或稳定公司股价，实现股价的价值回归。（5）股票回购有利于实施公司员工的股权激励机制。同时又存在两大特殊动因：规范和优化股权结构，完善上市公司治理；降低上市公司融资成本，提升股票价值。但与西方成熟的资本市场相比，在回购过程中还存在着许多问题和不足，文章结合国内证券市场发展的实践，给出了相关的五点建议。

---

① 徐红，李刚．我国上市公司股票回购的动因与问题分析．常州工学院学报．2012（25）：76-79

西南财经大学研究所的郝清、李喆[①]（2008）在《我国上市公司股份回购动因分析》中提出，按时间点划分回购动因。该文认为，在2005年6月16日的《上市公司回购社会公众股份管理办法（试行）》颁布前有三大动因：一是减持国有股、优化公司的股本结构。二是用于企业并购。文中列举了1992年大豫园回购小豫园的案例。三是为了进一步增资。在管理办法颁布后有六大动因。作者得出的结论是我国的企业股份回购的动因有多样性。这主要是由我国证券市场发展的历史和所发布的一系列法律制度方面的原因造成的。

靳光辉[②]（2009）由20世纪50年代美国上市公司股票回购的案例引出对股份回购动因的分析，认为股份回购有以下七大动因。（1）提升股东价值。（2）将财富在投资者之间转移。（3）传递股票价值被低估的信号。（4）反收购措施。（5）降低代理成本。（6）增加财务灵活性。（7）降低职工股票期权的稀释作用。并提出由于国情的不同，我国上市公司股票回购有三大特殊动因：规范和优化股权结构，完善上市公司治理；降低上市公司融资成本，提升股票价值；增强股改方案的吸引力，服务于股权分置改革。最后指出在上市公司股票回购过程中应注意的三大问题：（1）完善股票回购的相关规定；（2）保护好债权人和流通股股东的利益；（3）防止利用股票回购进行盈余管理。

裴国铭、李进博[③]（2010）从股份回购动因的概述与作用入手，认为在上市公司独特的资本结构之下，股份回购在我国有着独特的作用：一是服务于股权分置改革，有利于上市公司股本结构合理化；二是股份回购可以带动公司股票价格的上升；三是可以缓解国有股减持对市场的压力。随后以海马股份为例，探讨存在大量可转债时的股份回购的动因所在。由此得出结论，提出中国的上市公司有四大潜在动因：一是法人股股东套现，侵占上市公司的资产；二是提高公司的每股收

① 郝清，李喆．我国上市公司股份回购动因分析．中国商界．2008（6）：40
② 靳光辉．上市公司股票回购动因分析．科学时代．2009（1）：42-43
③ 裴国铭，李进博．中国上市公司股份回购的潜在动因分析．经济研究．2010（11）：65-66

益，避免出现巨额亏损；三是规避可转债回售；四是避免非流通股解禁后的股价下跌，为减持创造条件。

张淑丽[①]（2009）根据我国证券市场上2000～2005年发生的三个经典股票回购案例（冰箱压缩、长春高新和电广传媒），结合我国特有的政策背景，对上市公司股票回购动因进行了分析，并对于股份回购的真实动因进行了探究，并提出三大问题：回购是否规范或改善了上市公司的股权结构？回购能否提高资产质量？回购是否优化了资本结构？结论表明，我国股票回购的主要动因是上市公司向国有股控股大股东的利益输送。上市公司宣告的回购理由也并不是其实施回购的真正动因，通过对回购过程中大股东的受益分析，得知国有大股东从中谋取利益才是真正的潜在的动因。

郑珺[②]（2009）在《公开市场股票回购的潜在动因》中分析我国证券市场2008年宣告的天音控股和海马股份两起案例，结合制度背景对上市公司宣告的回购动因进行了分析，总结出两大潜在动因：（1）不排除是为公司限售股减持服务。（2）回购股票意在可转债顺利转股。分析结果还显示，我国公开市场除宣告的动因之外，管理层隐藏了不利的回购动因，文章给出了解决这一问题的建议。

刘珊珊[③]首先在背景分析中回顾了股份回购在我国的发展进程，列举了一些国内回购的案例，探讨股份回购对于我国金融市场的现实意义，并从多角度具体分析了我国股份回购的动因，最后给出了相关的建议。

二、旅游业股份回购相关文献综述

虽然股份回购在西方资本市场是一种常见的资本运作方式，但在我国应用并不多见。因此相关的研究比较少，与旅游业相关的文献则

① 张淑丽．我国股票回购动因探讨．现代商贸工业．2009（19）：157-158
② 郑珺．公开市场股票回购的潜在动因．财会研究．2009（3）：55-58
③ 刘姗姗．我国股份回购的动因分析．现代商业．59-60

更是凤毛麟角。

李军、张方彪[1]（2012）在《产权式酒店经营中投资者利益保护探究》中提出，回购可以作为一种完善投资者退出机制的手段。文中指出，完善投资者的退出机制是保障投资者利益、转移投资者风险的有效补救措施。为了打消投资者的顾虑，开发商在作销售宣传时，除了向投资者承诺一定比例的回报率，还会承诺如果投资者得不到约定的投资回报，可由开发商或酒店管理公司回购。该文提出三大观点：（1）回购不属于返本销售。（2）回购属于附期限附条件的合同。（3）不应该强制回购。

李魏晏子[2]（2010）在《锦江探路股权激励》中讲述了锦江回购的成功案例。文章指出锦江回购是围绕着迂回激励进行资产重组的一种行为，属于创新型股权激励。通过资产重组，使上市公司和锦江国际集团的定位更加清晰：锦江股份今后将被打造成为酒店管理集团，而H股上市公司锦江酒店以后将主要定位于酒店投资运营业务。文章指出，锦江此次股权的回购，实现了国资股东增值，个人收益，并为公司长期健康发展和资本运作、高管长效激励的建立奠定了坚实的机制基础。

Scott、Maxwell[3]（2010）研究了恢复基因属性与服务失误严重性对顾客的口碑和回购行为的影响。结果表明，一个酒店公司，相对于员工或客户归因，顾客更有可能与更大范围的社会网络讨论、共享信息，并说服其他人使用的服务提供者和重新赞助者。文章还建议，初始失败越严重，一个严重的事件被更广泛的社会网络讨论和说服他人不光顾酒店组织的可能性越大。在这项研究中，失败的基于服务复苏意图，恢复心理归因与口碑与再购行为调查并不相关。以此验证了在

① 李军，张方彪．产权式酒店经营中投资者利益保护探究．探索与争鸣．2012：85-89

② 李魏晏子．锦江探路股权激励．上海国资．2010：60-61

③ Scott, Maxwell. The Effect of Recovery Locus Attributions and Service Failure Severity on Word-of-Mouth and Repurchase Behaviors in the Hospitality Industry. Hospitality &Tourism Research, 2011: 511-529

酒店行业中复苏归因与服务质量等动因对于回购的影响。

Graham、Beverley[①]（2011）从确定客户的满意度和忠诚度方面入手探索两个问题：为什么旅游产品的消费者评价或多或少是有利的？什么使他们改变了他们的评估时间？调查结果显示消费者价值的改变影响了回购意图。

Glauber Eduardo、Moises Diniz Vassallo、Wilson Abrahao Rabah[②]（2009）主要研究巴西入境游旅游产品的特色对于回购意图的影响。该文献通过比较和对照资本市场和机构，研究餐饮加盟连锁的所有权结构。在这项研究中使用了广泛而综合的饭店连锁案例。与以往的服务文化相比，该研究发现，组织形式的选择（公司所有与特许经营）很大程度上受代理成本的影响。

Myungsook An、Chongho Lee、Yonghwi Noh[③]（2010）主要研究旅游目的地四大风险因素（自然灾害风险、实体风险、政治风险、绩效风险）对于回购意图的影响。该文章目的为探讨这四个旅行风险因素对有着不同特性的旅行者团体的影响及其与旅游满意度、游客回购意愿之间的关系。文章以一个国际航空公司的基础数据为分析依据，结果表明，具有不同特点的旅行者团体（性别、旅游目的、旅游目的地、旅行时间、旅行同伴、收入水平）的反应不同。

三、股份回购文献综合评述

在国内，由于股份回购的概念近年来才逐渐被学界熟悉，关于股份回购的文献一般是研究其动因居多，揭露了在中国特有的国情与独特的经济环境下，股份回购在企业中还隐藏着巨大的潜在动因，同时表明股份回购对于我国上市公司股权结构改造具有特殊意义。

① Graham, Beverley. Antecedents and Consequences of Consumer Value: A Longitudinal Study of Timeshare Owners. Travel Research, 2011: 191-203

② Glauber Eduardo, Moisé et al. Determinants of Perceived Value and Repurchase Intentions in Brazilian Inbound Tourism. hospital & tourism research, 1997: 75-85

③ Myungsook An, Chongho Lee et al. Risk factors at the travel destination: their impact on air travel satisfaction and repurchase intention. Springer, 2010: 155-166

国内关于旅游业股份回购方面的文献，提出了相关成功案例及其现实意义，而国外的相关文献则主要偏向研究回购意图的几大动因。

第三节 旅游业股份回购案例

案例一：华侨城集团股份回购案例

一、交易概述

华侨城的控股股东华侨城集团公司于 2004 年 9 月 24 日发布公告表示决定通过深圳证券交易所集中竞价的交易方式增持华侨城流通股，投入资金不超过 2 亿元，回购规模不超过华侨城总股本的 3%。对于本次增持行为，该集团表示，不存在应披露而未披露的对华侨城 A 股价有重大影响的其他信息。同时承诺，在回购增持过程中严格履行信息披露义务，在回购完毕后立即向深交所申请对所回购增持流通股进行锁定，在回购过程中和回购完毕后 2 年内对所增持的流通股部分不进行减持。此次增持已获得中国证监会批准豁免要约收购义务。

上市公司大股东如此高调地回购增持流通股，这在沪深股市十分罕见，这也是《上市公司收购管理办法》实施以来，上市公司大股东通过二级市场增持股份并被豁免要约收购义务的首个案例。

二、交易背景

（一）集团简介

华侨城集团成立于 1985 年 11 月 11 日，是隶属于国务院国资委管理的大型中央企业之一。成立二十多年以来，华侨城由深圳湾畔的一片滩涂起步，发展成为一个跨区域、跨行业经营的大型国有企业集团，培育了房地产及酒店开发经营、旅游及相关文化产业经营、电子及配套包装产品制造等三项国内领先的主营业务。

华侨城集团公司旗下拥有华侨城控股、华侨城（亚洲）控股、康佳集团三家境内外上市公司以及锦绣中华、民俗文化村、世界之窗、欢乐谷、波托菲诺、新浦江城、何香凝美术馆、OCT-LOFT 创意文化园、华夏艺术中心、长江三峡旅游、华侨城大酒店、威尼斯酒店、茵特拉根大酒店、城市客栈等一系列国内著名的企业和产品品牌。同时它也是少数几个连续 6 年入选中国企业 500 强的企业之一。与此同时，随着深圳东部华侨城、深圳西部华侨城、北京华侨城、成都华侨城、上海华侨城及泰州华侨城多个大型综合性旅游项目和高尚居住社区的先后投资建设，华侨城集团全国发展的战略布局已经形成。

旅游是华侨城集团最具社会影响力的业务。华侨城集团从“一步迈进历史，一日游遍中国”，到 20 世纪 90 年代初开始以“让世界了解中国，让中国了解世界”为宗旨，提出建设具有中国特色的主题公园群，先后投资建设了锦绣中华、中国民俗文化村、世界之窗和深圳欢乐谷主题公园，在深圳湾畔形成了中国最大的主题公园群，打造了一个深受游客喜爱的旅游目的地。行业权威机构 TEA（主题休闲娱乐行业协会）和 ERA（经济研究事务所）联合发布旅游行业最权威的统计数据显示，华侨城旗下已经开业的旅游景区 2007 年入园人数合计达到 1350 万人次，与美国迪士尼乐园、英国美林娱乐集团公司、美国环球影城、六旗集团、布什系列公园和西德角连锁主题公园等一起进入年入园人数千万人次以上的全球旅游景区集团八强，名列第七，为亚洲地区唯一入围者。深圳欢乐谷单个景区以 320 万的年入园人数连续两年跻身亚太地区十强。

（二）回购背景与动因

华侨城 A（000069），总股本 104626 万股，流通股本 32837 万股。华侨城集团是国务院国资委直属的大型国有企业，在 2004 年股票回购之前，华侨城集团持有华侨城 A 71772.48 万股，占总股本的 68.6%，均属非流通的国家股和国有法人股，是绝对的大股东。华侨城集团回购增持“华侨城A”流通股的理由，一是华侨城A的市值被市场低估，这种状况不利于华侨城A的未来发展，也有损其全体股东的共同利益。二是华侨城A属于该集团的核心资产，所从事的旅游及旅游地产主业属于该集团的核心业务。公司上市以来业绩稳健增长，2004年中期每股收益0.22元，是一只典型的绩优成长股，从而获得了机构投资者的长期大力追捧。华侨城集团认为，作为大股东有责任表达对华侨城A未来发展的信心，有义务强化全体股东价值取向的一致性，有必要为建立和完善激励约束机制、保证华侨城A的股东权益不断增值创造有利条件，使华侨城A的全体股东能在利益趋同的基础上共谋发展。

三、财务分析

为了说明华侨城集团2004年9月24日至2005年6月23日发生股票回购对该公司产生的重大影响，笔者选择分析了2004年第二季度到2005年第三季度各项财务指标发生的变化。

（一）盈利能力反映

如图6-1所示，股本报酬率是指公司税后利润与其股本的比率，表明公司股本总额中平均每百元股本所获得的纯利润。

股本报酬率＝（税后利润÷股本）× 100%

式中，股本指公司按面值计算的总金额，股本报酬率能够体现公司股本盈利能力的大小。华侨城集团在2004年9月24日至2005年6月23日发生股票回购，公司的股本报酬率总体趋势相比回购后有所下降，但是大于回购前的股本报酬率，并且盈利能力在回购后呈上升趋势。

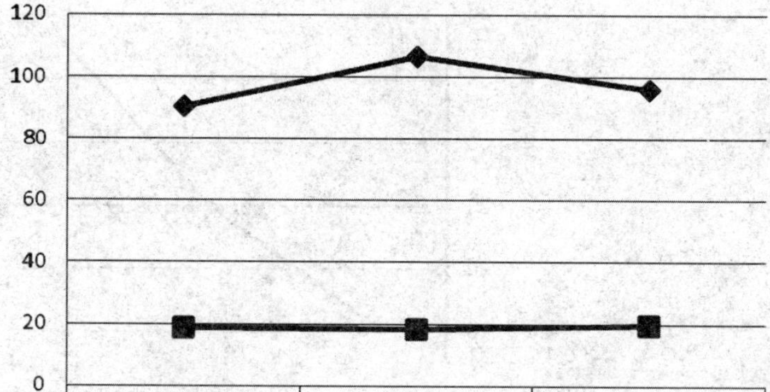

	2004	2005	2006
股本报酬率	90.4084	106.3452	95.7348
净资产收益率	18.68	18.23	19.45

图 6–1　盈利能力分析

净资产收益率又称股东权益收益率，是净利润与平均股东权益的百分比，是公司税后利润除以净资产得到的百分比，该指标反映股东权益的收益水平，用以衡量公司运用自有资本的效率。指标越高，说明投资带来的收益越高。华侨城集团的净资产报酬率在股票回购期间呈现明显的上升态势，股票回购以后呈现上升趋势，说明华侨城集团盈利能力有所增强。

（二）成长能力反映

如图 6–2 所示，净资产增长率是指企业本期净资产总额与上期净资产总额的比率。净资产增长率反映了企业资本规模的扩张速度，是衡量企业总量规模变动和成长状况的重要指标。净资产增长率是指期末净资产减去期初净资产之后与期初净资产的比值。从回购过程到2005 年回购顺利结束后，华侨城集团的净资产增长率呈现一路飙升的趋势，企业的成长能力增强，并且趋势越来越明显。

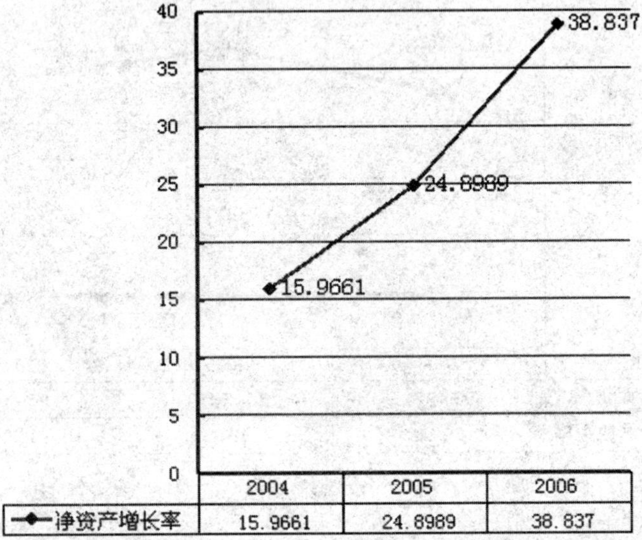

图 6-2　成长能力分析

（三）营运能力反映

股东权益周转率是销售收入与平均股东权益的比值。其计算公式为：

股东权益周转率＝销售收入/平均股东权益

其中：

平均股东权益＝（期初股东权益＋期末股东权益）/2

该指标反映的是公司运用所有者资产的效率。该比率越高，表明所有者资产的运用效率越高，营运能力越强。华侨城集团在股票回购期间股东权益的周转速度呈现先下降后上升的趋势，在股票回购以后企业的营运能力逐渐增强。股本报酬率是指公司税后利润与其股本的比率，表明公司股本总额中平均每百元股本所获得的纯利润。

股本报酬率＝（税后利润÷股本）×100%

式中，股本指公司按面值计算的总金额，股本报酬率能够体现公司股本盈利能力的大小。如图 6-3 所示，华侨城集团在 2004 年 9 月

24 日至 2005 年 6 月 23 日发生股票回购，公司的股本报酬率总体趋势是先下降后上升，营运能力在回购后呈上升趋势。

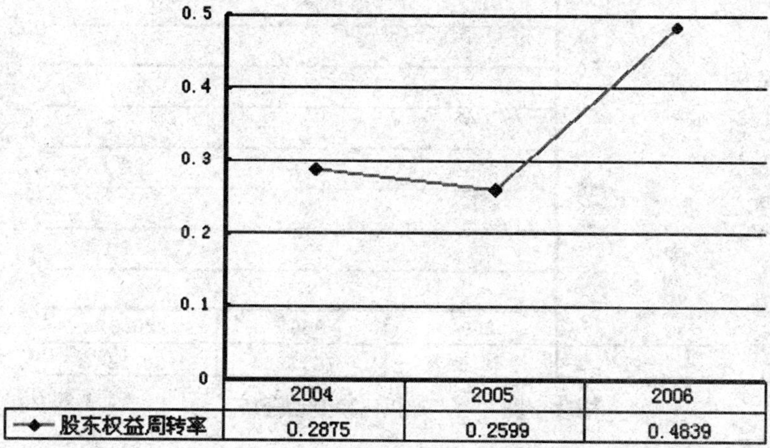

图 6-3　股东权益周转率变动分析

（四）偿债能力反映

产权比率，又称债务股权比率，也是衡量企业长期偿债能力的一个指标。它是负债总额与股东权益总额的百分比。如图 6-4 所示，华侨城的产权比率在股票回购后增加。

资产负债率＝（负债总额/资产总额）×100%。

资产负债率是负债总额除以资产总额的百分比，也就是负债总额与资产总额的比例关系。资产负债率反映出总资产中有多大比例是通过借债来筹资的，也可以衡量企业在清算时保护债权人利益的程度。如图 6-4 所示，华侨城集团的资产负债率在股票回购后上升，企业的财务风险提高。

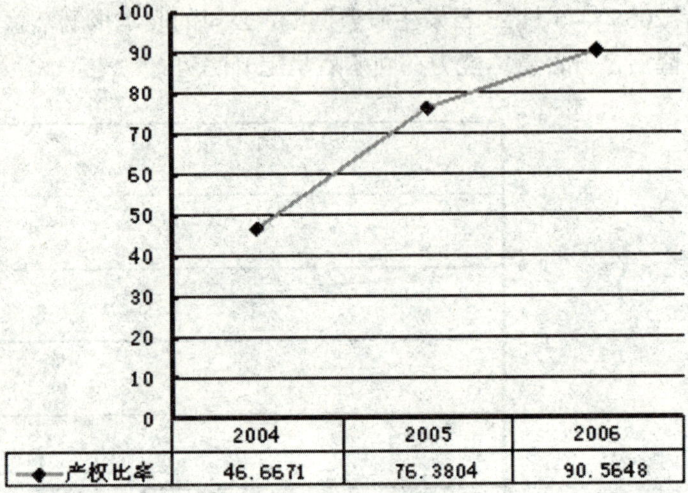

图 6–4　产权比率变动分析

（五）现金流量变动

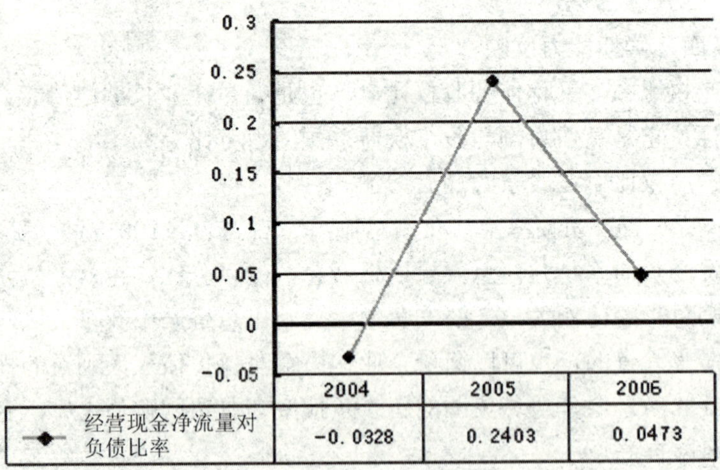

图 6–5　经营现金流量对负债比率变动

经营现金流量对负债比率是经营活动产生的现金净流量与总负债之比，其计算公式为：

上式中，负债总额可以是年末负债总额，也可以是全年平均负债总额。该项比率反映了公司用年度经营活动产生的现金净流量偿还公司全部债务的能力，体现了公司偿债风险的高低。一般而言，该比率值越大，说明公司偿债能力越大，相应的风险越小；该比值越小，表明公司偿债能力越小，相应的风险越大。如图 6-5 所示，华侨城集团经营现金净流量对负债比率在股票回购后呈先增长后下降的态势，但是明显高于回购之前，企业的偿债能力强于回购前，风险变小。

（六）股票市场的反应

华侨城集团于 2004 年 9 月 24 日发布公告开始启动回购方案，且交易于 2005 年 6 月 23 日完成。笔者拟选择 2004 年 9 月 24 日和 2005 年 6 月 23 日为两个时间点，分析这两个时间点上及其前后 2 天的股价波动情况。但由于 2004 年 9 月 24 日以及前后 2 天的数据缺失，因此围绕该时间点选择 9 月 20 日、21 日、27 日、28 日进行分析，并以考虑现金红利再投资的收盘价的可比价格作为当日股价。

由图 6-6 得知，回购前股价上涨，当宣告回购后股价猛然下跌，说明刚开始投资者对于华侨城的回购行为持怀疑的态度，而从图 6-7 可以发现，6 月 23 日即交易完成后，股价只有 6 月 24 日比 23 日低 0.02 元/股，但是整体股价都有明显的上涨，说明市场对此次回购的结果反应是积极的。总的来说，华侨城此次的回购增强了投资者对公司未来发展的信心。

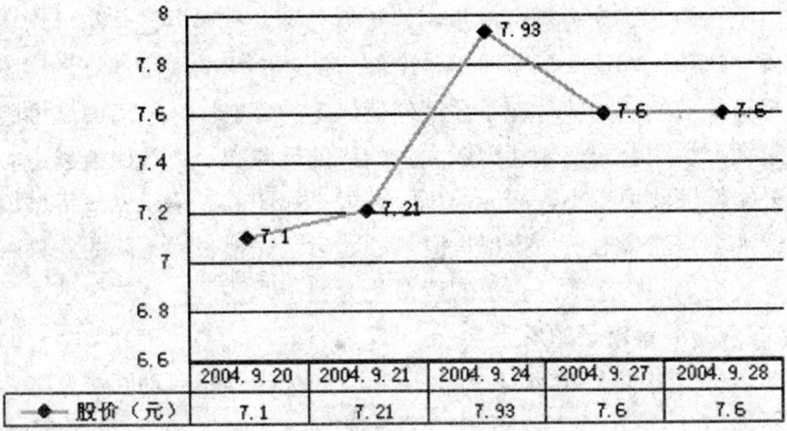

图 6-6 回购前股价变动

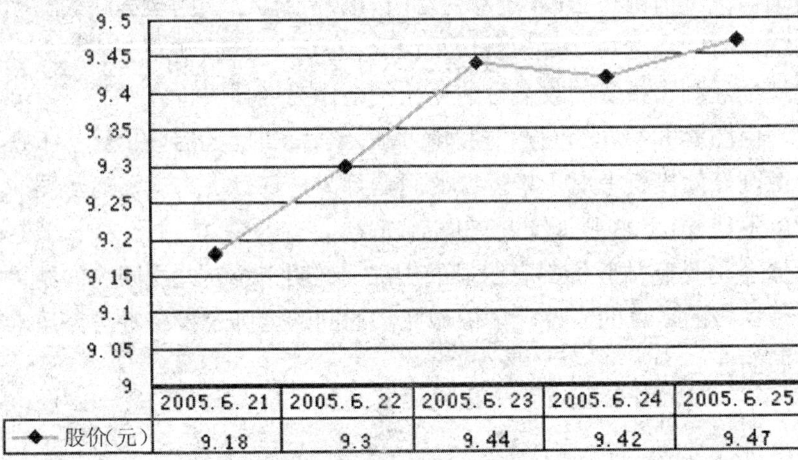

图 6-7 回购后股价变动

五、回购影响

华侨城集团此次创新的股票回购，客观上起到了稳定股市、鼓励中小投资者的作用。而这种大股东国企资金合法流入二级市场的途径，也值得其他国有企业上市公司的控股股东借鉴。

华侨城集团股价自发布公告日起（2004 年 9 月 24 日至 2005 年 6 月 23 日）以转股价格 6.15 元计，股价上扬了 53%。在回购后的一年时间内，华侨城增持了 1060 万股，由于华侨城没有公告回购价格，从公告的时间来估算，其平均价格在 7.5 元/股左右，实际动用资金不到 8000 万，回购股份浮动盈利 2000 万左右。

华侨城集团大股东此次回购增持流通股，为上市公司未来建立股权激励机制埋下了伏笔，既保证了上市公司未来业绩增长的持续性，也显示了华侨城大股东对上市公司发展前景的信心。而一直以来，华侨城 A 大股东华侨城集团都在谋求境外整体上市，此举提升了华侨城集团的企业形象，为以后华侨城集团的整体上市作好了铺垫，也由此引起了投资者的重点关注。

作为中国主题公园产业化的先行者和探索者，如今的华侨城旅游以“深圳华侨城和东部华侨城示范基地，深圳、北京、成都、上海、武汉等五个连锁欢乐谷，天禅、金面王朝、欢乐无极等十大旅游演艺，华侨城旅游讲习所、旅游研究院、国际传媒演艺公司三大智慧平台”为基本框架，强调每一处华侨城主题公园的原创性、产品的差异化，全面构建华侨城旅游文化产业。

华侨城控股将把“华侨城旅游”打造为全国第一旅游品牌，把“欢乐谷”品牌打造成为具有自主知识产权的、全国第一连锁的主题公园品牌，在不断发展的“华侨城旅游”旗下各产品品牌中不断创新、培育新的连锁产品品牌。华侨城控股还将在资本市场充分放大华侨城 A 资本平台价值，扩大产业规模和资本规模，持续保持华侨城 A 为中国证券市场优质上市公司的地位。

华侨城控股以“华侨城旅游”统一链接旗下旅游的利益相关者。“华侨城旅游”为华侨城控股股东创造了良好的投资回报；在资本市场，“华侨城旅游”将充分释放资本平台价值，树立蓝筹股形象，成为优质上市公司；对消费者，“华侨城旅游”不断创新旅游产品形态，提供满足消费者娱乐、休闲需求的旅游产品；在旅游行业，“华侨城旅游”

将是行业创新的领头羊，不断引领行业升级；对华侨城控股企业员工，“华侨城旅游”将给员工带来企业的自豪感、使命感，给员工带来持续成长空间。

六、案例评价

在以前，虽然也出现过丽都药业在B股市场收购流通股，北大方正通过二级市场收购方正科技等案例，但它们与华侨城集团的回购是有区别的：丽都与北大方正都有收购或反收购目的；而华侨城集团则是在股价低迷的情况下以自己的信心来激励投资者，并没有收购行为。

在国际资本市场上，股价出现疲软，投资者对公司股票冷淡时，大股东出面救市，自己掏钱购买公司的流通股，以维护中小股东的利益，这是一种正常的行为。在国外，更多的是采取大股东回购股票，然后注销股权的股票回收方式。在我国之所以一直禁用这种方式，主要是为了防止关联交易方内幕操纵，避免因信息披露不透明而导致的炒作股价情况的发生。

但华侨城集团这次回购增持流通股，市场人士普遍是赞同的。过去都是大股东通过上市公司套钱剥削中小投资者，而华侨城集团愿意自己拿钱出来推动股价，使众多中小投资者实现更多的投资回报，这不仅是一种观念的转变，而且是实实在在地付诸行动了。

对于流通股的回购，境外市场主要有库存股制度、股票回购注销制度和大股东回购制度。库存股制度指公司购入流通股作为高管人员股权激励的股票来源。而股票回购注销制度主要发生在金融危机等股价被严重低估的时候，拥有足够现金流的公司回购一部分股票并注销，或者大股东通过股票回购增持公司股份，减少公司发行在外的股票的市场流通量，以起到支持股价的作用。一种极端的情形，是大股东在流通市场收购全部流通股，让公司股票摘牌和私有化。

华侨城集团大股东回购流通股的行为，客观上减少了公司流通在外的股本，直接导致了以下两个后果：一是加重了公司本已存在的“一股独大”现象；二是推动了公司股价的上涨。如果在整个市场价值水平被严重低估的情况下，大量上市公司采取这个方法，有助于抵消系统性因素对市场的影响，稳定整个市场股价体系。不过，必须看到，对于“一股独大”的公司，股价上涨为大股东在再融资等方面带来的好处可能要远远大于其购买部分流通股的成本。

从华侨城集团回购流通股案例中，我们可以得到如下的启示：

1. 市净率是判断指标。

从目前A股市场情况看，上市公司回购流通股，其初始动机应是，在公司股价接近或跌破每股净资产之时，利用回购流通股，明确上市公司对自身投资价值的信心，并以此提高企业经营业绩，进而维护公司股价。

从国外经验来看，股价是否接近或跌破每股净资产，也是上市公司是否回购流通股的重要指标。

2. 财务指标必须考虑。

回购流通股的资金来自上市公司，因此，回购是否会影响上市公司正常经营肯定是另一个必须考虑的重要问题。

首先，回购流通股是一种减资行为，实施结果将导致上市公司负债率上升，而且其实施与否还要得到债权人的认可，因此，较低的资产负债率是必备条件。从另一角度看，较低的资产负债率也反映了上市公司未能充分利用财务杠杆来提高公司收益水平，回购却恰恰有利于公司每股收益的提高。因此，低资产负债率将是上市公司回购与否的重要参照指标。

其次，采用现金回购会给经营资金造成压力，因此上市公司经营性现金流的状况、货币资金存量、稳定的盈利能力是回购是否可行的重要基础。如申能股份曾在回购国有股的案例中特别说明：电力投资已有了稳定的收益来源，且全部使用自有资金，不影响企业正常经营所需资金，且回购后所有的创利项目仍然具有稳定的收益。

3. 硬性指标不可违背。

对于上市公司回购流通股，中国证监会设定了一些最基本的硬性指标，如：公司股票上市已满一年；公司最近一年无重大违法行为；回购股份后，上市公司的股权分布原则上应当符合上市条件等。

在上述三点中，最后一点值得投资者注意。根据《公司法》规定，流通股占上市公司总股本的比例不得低于25%，总股本超过4亿股的，这一比例不得低于15%。因此，对于一些流通股比例已经接近最低要求的上市公司而言，回购流通股则有可能造成“撞线”。

4. 考虑B股、H股因素。

A股上市公司中，不少上市公司同时发行了B股与H股，鉴于这些上市公司B股、H股股价大多低于A股股价的状况，这些上市公司如果考虑回购流通股，应首先考虑回购B股与H股。从目前情况看，在B股、H股市场中，实施回购流通股的可能性也相当大。

此外，从国外经验来看，上市公司推出回购流通股方案往往成为确认股价触底的利好之举。因此很多回购方案往往由于股价的上升而最终没有实施。

5. 利好作用立竿见影。

上市公司回购社会公众股，其目的是为了降低资本总额，或因公司股票市价过低而“投资于自身的股票”。股份回购对公司股价的利好作用主要体现在两个方面：一是上市公司因实施股份回购注销总股本缩小，每股收益等指标的提高对公司估值有利；二是“内部信息”的引示作用，股份回购往往预示着管理层认为公司股价被严重低估，公司的投资价值突出。

上市公司回购流通股份将会对股价本身，特别是优质上市公司的股价给予支撑，股票回购可以实现上市公司和流通股东的“双赢”：对上市公司而言，可以减少权益资本，增加每股收益，优化股本结构，从而提高股票的内在价值，而且还能缓解未来的派息压力；对股东而言，上市公司回购股票将使公司的每股收益提高，从而促使股价上升。

在目前A股市场“长期价值投资理念”受到“短期非理性逐利行为”挑战的情况下，优质上市公司的价值常常会出现较长时期的低估，上市公司如果选择回购自身被市场低估的股票，给予投资者一定回报，有助于稳定股价。回购政策的出台反映出管理层对于市场的支持态度。随着股价的持续下跌，相当部分优质公司的流通股价已经偏离其基本面或者低于净资产，通过制度上的修改，这些公司可以通过回购股票来维持流通股价，这将有助于稳定投资者的预期。

股份回购具有改善市场资金供求关系的作用。上市公司回购社会公众股并依法注销具有“缩容”效果，而且是上市公司自有资金直接入市的一种途径，在一定程度上能消除当前市场对股权分置改革带来“大扩容”的担忧心理。

6. 回购动力与能力是关键。

股份回购管理办法的制定与推行有助于缓解市场下跌压力，但并不能从根本上稳定市场的预期。股份回购与股权分置改革一样，其预期的不确定性就在于上市公司有没有动力来推进实施。目前包括大多数国有企业在内的管理层并没有树立股东利益最大化的经营目标，更不愿意看到公司股本的缩小，而且股份回购行为将导致公司在一段时期内不可能实施再融资计划，在“圈钱”定式思维的影响下，相信绝大多数公司没有利益驱动来实施股份回购。一般认为，实施股份回购的上市公司具备的财务与股本特征是：资产负债率较低，现金充沛且经营性现金流良好，流通股比例相对较大。

现有股票的估值水平明显偏低并拥有充足现金的上市公司，同时出于有利于未来市场融资等企业自身可持续发展的考虑及希望维持长期良好公众形象的考虑，将有可能会通过股票回购的方式来回报现有流通股东。

案例二：锦江股份回购案

一、交易概述

2010年5月13日，锦江股份重大资产重组方案获得证监会核准，锦江之星旅馆有限公司（以下简称“锦江之星”）从L股回归到A股。2010年6月21日，锦江股份管理团队37人签署股权转让协议，锦江股份以1.32亿元回购了他们持有的锦江之星8.775%股权。至此，锦江之星成为锦江股份的全资子公司。半个月后，3位核心高管（也是锦江股份董事）以及下属子公司锦江之星、上海锦江国际旅馆投资有限公司的管理团队29人，以前期出售锦江之星股权所获现金，在7月2日至6日期间，从二级市场购入锦江股份A股股票合计358.67万股，约占总股本的0.6%，成交价格在16.81元至18.26元之间。以17.45元的均价计算，动用资金约6300万元，接近此前锦江之星股权回购款的一半。至此，锦江之星高管持股的激励预期通过从二级市场买入公司股票这种迂回的方式兑现。锦江之星旅馆2008年实现营业收入98318万元，同比增长46%。

本次交易完成后，上海锦江国际酒店发展股份有限公司将持有存续公司6.01%的股份，为存续公司第四大股东；上海锦江国际投资管理有限公司将持有存续公司1.46%的股份；两公司合计持有存续公司7.47%的股份。

二、交易背景

上海锦江国际酒店发展股份有限公司（原上海新亚[集团]股份有限公司）于1993年6月9日成立。上海锦江国际酒店发展股份有限公司及子公司和合营企业主要从事酒店、快餐等业务。上海锦江国际酒店发展股份有限公司于2005年12月16日召开的A股市场相关股东会议通过了股权分置改革方案，并已于 2006 年 1 月实施。上海锦江国际酒店发展股份有限公司控股股东上海锦江国际酒店（集团）发展股份有限公司根据《上海锦江国际酒店发展股份有限公司股权分置改革方案》中关于增持本公司 A 股股份的承诺，于上海锦江国际酒店发展股份有限公司股权分置改革方案完成后两个月内，从二级市场累计增持了本公司 A 股股份 14770003 股。锦江国际（集团）有限公司（以下简称"锦江国际"）是上海锦江国际酒店（集团）股份有限公司的控股公司。锦江国际是中国规模最大的综合性旅游企业集团之一。集团注册资本 20 亿元，员工 5 万余名。以酒店管理与投资、旅行服务及相关运输服务为主营业务。

三、财务分析

由于此次回购发生在 2010 年 6 月，我们采用了回购发生的前 1 年和后 2 年共 3 年的数据进行分析。我们着重分析了本次事件对公司财务指标造成的影响，从而进一步评价股份回购事件给整个公司的财务状况带来的影响。

（一）每股指数

每股收益（earning per share，简称 EPS），又称每股税后利润、每股盈余，指税后利润与股本总数的比率。它是测定股票投资价值的重要指标之一，是分析每股价值的一个基础性指标，是综合反映公司获利能力的重要指标，它是公司某一时期净收益与股份数的比率。如图 6-8 所示，锦江集团 2010 年 5 月 13 日发生股票回购，回购后锦江集团的每股收益由 2009 年的 0.3056 上升至 2010 年 6 月的 0.3824。

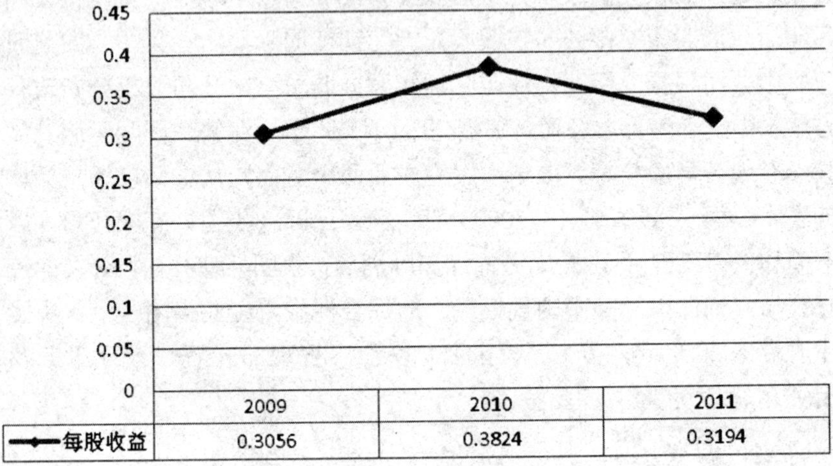

图 6-8　每股收益

每股净资产是指股东权益与总股数的比率。其计算公式为：

每股净资产＝股东权益÷总股数

这一指标反映每股股票所拥有的资产现值。每股净资产越高，股东拥有的资产现值越多；每股净资产越少，股东拥有的资产现值越少。通常每股净资产越高越好。如图 6-9 所示，锦江集团股票回购后每股净资产有所提高，由 2009 年的 5.6336 提高到 6.8781。

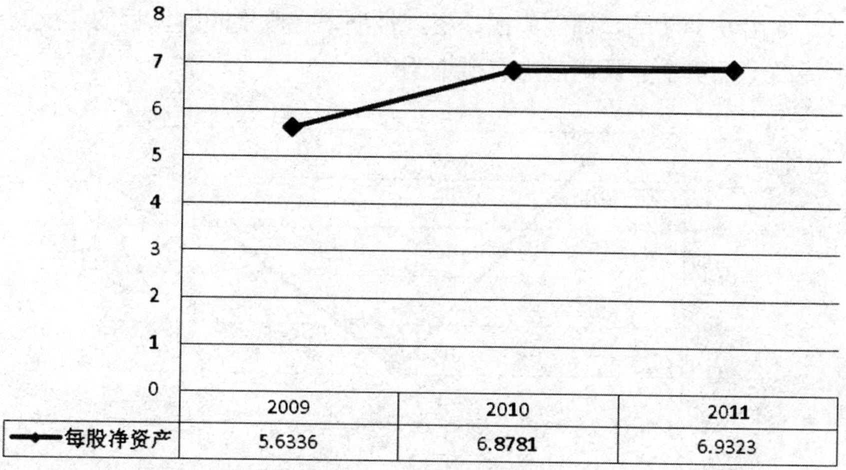

图 6–9　每股净资产

（二）盈利能力反映

如图 6–10 所示，锦江集团股票回购后由于流通股股数减少，股本报酬率大幅度提高。

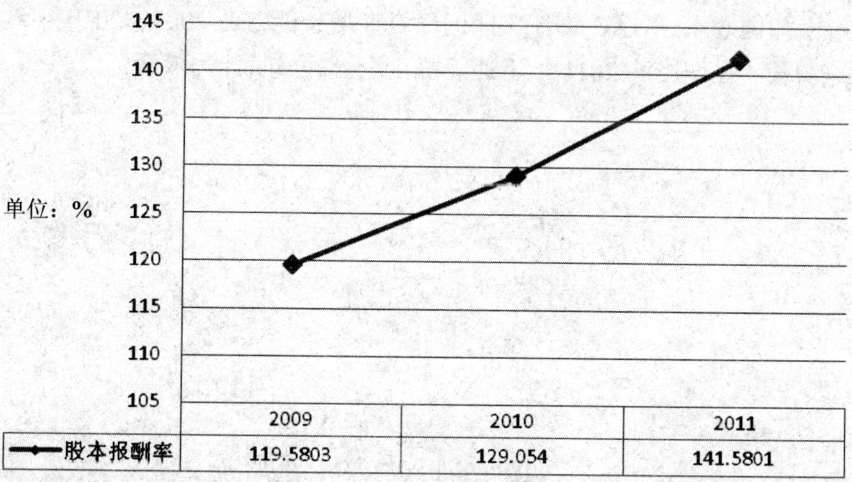

图 6–10　股本报酬率

如图 6-11 所示，锦江集团净资产报酬率在股票回购以后的年度有所提高，说明企业盈利能力有所增强。

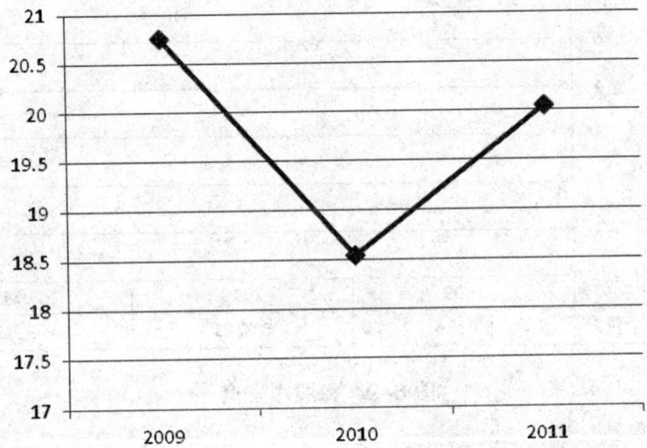

图 6-11 净资产报酬率

（三）成长能力反映

如图 6-12 所示，锦江集团的净资产增长能力在 2009～2010 年迅速增长，在 2010～2011 年迅速下降，企业的成长能力放缓。

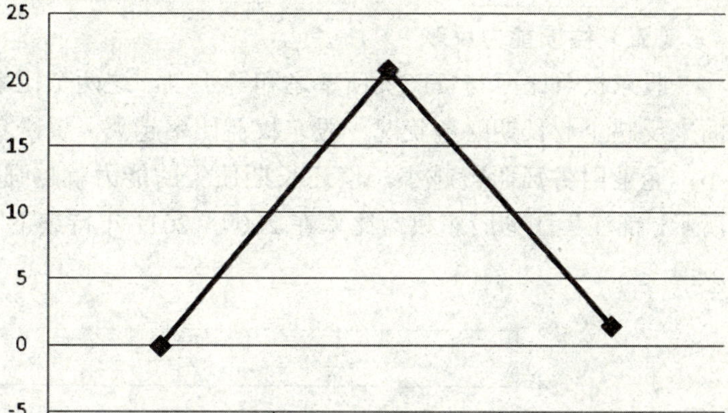

	2009	2010	2011
净资产增长率	-0.0678	20.7507	1.4701

图 6-12　净资产增长率

（四）营运能力反映

如图 6-13 所示，锦江集团在 2009～2010 年股东权益的周转速度上升，在 2010～2011 年周转速度下降，企业的营运能力呈下降趋势。

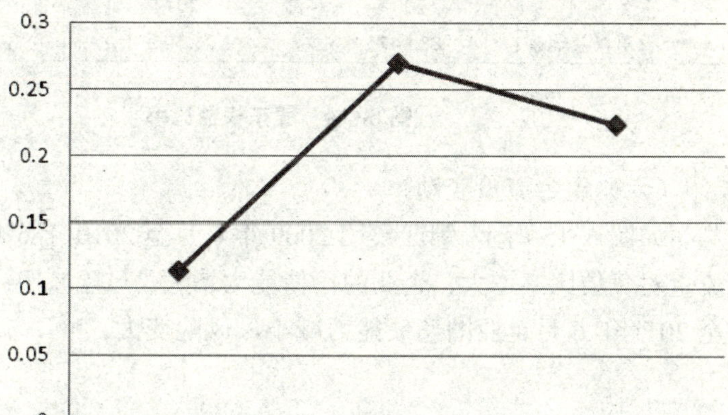

	2009	2010	2011
股东权益周转率	0.1132	0.2698	0.2237

图 6-13　股东权益周转率

（五）偿债能力反映

股东权益比率与资产负债率之和等于 1。这两个比率从不同的侧面来反映企业长期财务状况，股东权益比率越大，资产负债比率就越小，企业财务风险就越小，偿还长期债务的能力就越强。如图 6-14 所示，锦江集团的股东权益比率在 2009～2011 年持续下降，企业财务风险变大。

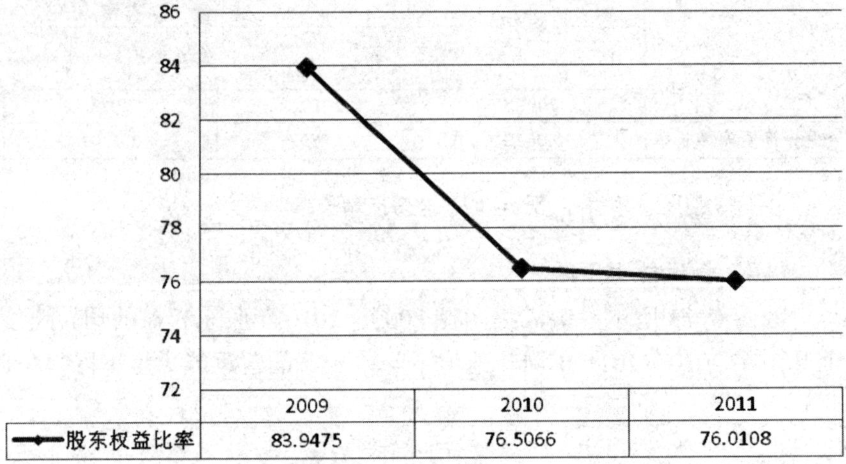

图 6-14 股东权益比率

（六）现金流量变动

如图 6-15 所示，锦江集团 2009 年 6 月至 2010 年 6 月经营现金净流量对负债比率增大，企业的偿债能力增大，风险减小；2010 年 6 月至 2011 年 6 月企业的偿债能力减小，风险变大。

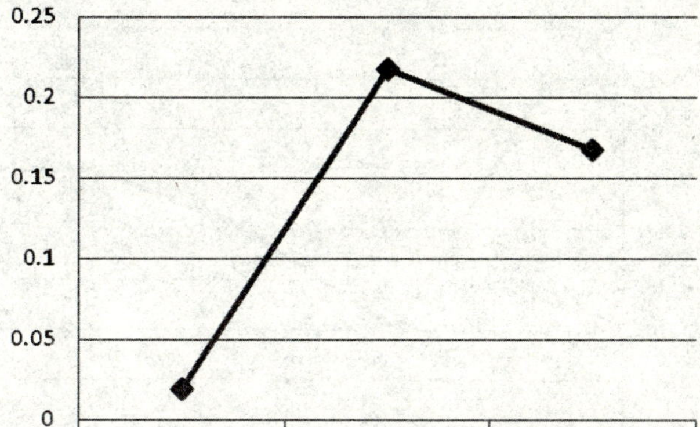

	2009	2010	2011
经营现金净流量对负债比率	0.0191	0.2179	0.1671

图 6-15　经营现金流量对负债比率

（七）股票市场的反应

锦江集团于 2010 年 6 月 21 日发布公告开始启动回购方案。笔者拟选择这个时间点，分析这个时间点及其前后 3 天的股价波动情况。但由于该时间点前 2 天的数据缺失，因此笔者只对这个时间点及其后 2 天数据进行分析，并以考虑现金红利再投资的收盘价的可比价格作为当日股价。

股票回购交易日为 6 月 21 日，在回购之前股价呈现下跌状态，交易之后股价有明显的上涨，说明市场对此次回购的反应是积极的，此次回购增强了投资者对锦江股份未来发展的信心。

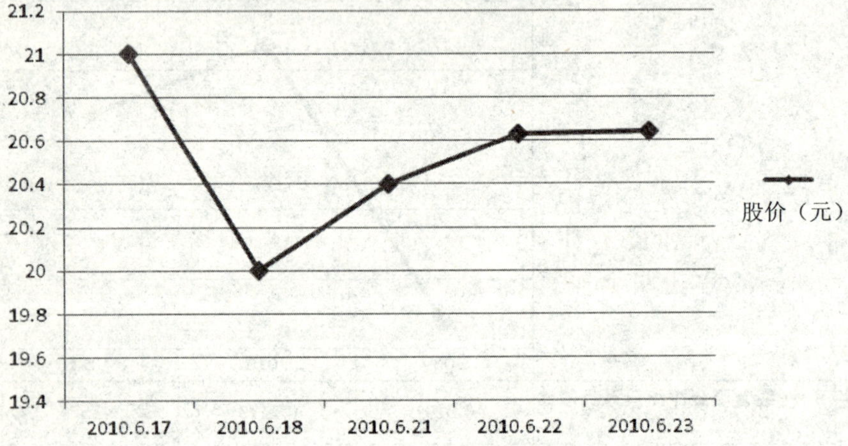

图 6-16 交易前后股价波动

四、案例评析

有专家大胆地称锦江集团的这次股票回购和增持行为是迂回股权激励。管理层直接入市购买股票，减少了通过增发方式授予管理层股权方式冗繁的审批程序，并且解决了由于资金瓶颈或内外部平衡导致的实施难题。

案例三：艺龙旅行网股份回购案例

一、集团简介

艺龙旅行网（以下简称“艺龙”）是中国在线旅行服务行业的领导者，依靠 www.elong.com 和 www.elong.net 两个网站和呼叫中心为会员提供旅游资讯及预订等一站式服务。目前艺龙可以提供国内 338 个主要城市近 5500 家酒店和海外数万家酒店的优惠预订服务，以及国内 80 个主要商务、旅游城市的出、送机票服务。艺龙 1999 年成立，总部设在北京，目前公司员工 2000 多名。2004 年 10 月艺龙在美国纳斯达克上市，目前全球最大的在线旅行服务公司 Expedia 拥有艺龙 52%的股权。

Expedia 是全球著名旅游服务品牌和国际领先的在线旅游产品分销公司。目前，艺龙已经成为 Expedia 公司亚洲地区的核心部分，与其在英国、加拿大、德国、法国等国家的公司共同致力于为消费者提供新鲜而满意的旅行体验。今天，艺龙与 Expedia 紧密携手，通过多资源、多渠道的市场整合，将自身已有的国内旅游服务网络与 Expedia 公司丰富的海外旅游资源、先进的服务理念及服务技术紧密结合，为会员提供高品质的出行服务。

二、交易概述

2001 年 5 月 16 日，艺龙公司宣布完成了 1000 万美元的融资，并从其母公司 Mail.com 回购包括艺龙城市生活网站、艺龙—LoHoo 商旅服务在内的 Asia.com 在中国大陆全部业务的 100%股权。Mail.com 出售其拥有的 Asia.com 的 90%的股份，出售价格是 300 万美元，其中 150 万美元为现金，另外 150 万美元是 elong 承担 Asia.com 的债务。Asia.com 自始至终都仅是包装艺龙的一个壳，收购完成后 Asia.com 公司被撤消。

为了达成回购 Asia.com、最终回购 elong.com 的目标，艺龙的创始人唐越和新投资人在英属维尔京群岛注册 elong.Inc。elong.Inc 此轮融资除了用于支付给 Mail.com 的收购价格之外，将全部用于艺龙在中国大陆的未来业务扩张。支持艺龙管理层完成回购的新投资集团主要包括美国联邦投资公司下属的投资机构和香港金亮发展有限公司。美国联邦投资公司是美国最大的资产管理公司之一，管理着 1500 亿美元的资金，在美国纽约股票交易所上市。香港金亮发展有限公司在金融、高科技、地产、零售等行业有广泛投资，其关联公司拥有国内上市企业。

三、交易背景

2000年3月，艺龙公司以6800万美元的价格向纳斯达克上市公司Mail.com出售其100%的股份，Mail.com进而投资了2500万美元的现金和价值2500万美元的Mail.com股票，建立了以艺龙为核心的Asia.com公司。2000年10月，Mail.com觉得与艺龙的长期合作和它自身向通信领域拓展的业务并不相符，于是对外宣布剥离在亚洲的业务，完全致力于其主营业务。当时由于市场与投资者仍然在追逐“无线互联网”的概念，而无线应用与服务是Asia.com当时的五大业务之一，所以Mail.com希望借助无线业务将整个Asia.com公司出售出去，同时也考虑将Asia.com旗下的资产分拆后出售出去。

从1999年11月到2000年1月，有很多全球性的互联网和无线技术与服务公司对Asia.com表示出兴趣。但是由于市场的进一步滑坡，购买方很难开出一个有足够吸引力的价格。所以，从2000年2月初开始，艺龙公司的管理层提出了由管理层回购的想法，并停止了所有将公司出售给第三方的谈判。

就在艺龙公司的管理层考虑回购的同时，Mail.com通过成功收购AT&T旗下的Easylink通讯公司一下成为了全球最大的企业互联网通讯提供商，并预计到当年第三季度达到收支平衡。在这种情况下，产生了另外一种新的可能性，就是将Asia.com从Mail.com中分拆出来后，独立在纳斯达克上市。所以Mail.com开始研究这种新的可能性，从而艺龙管理层的股份回购计划也就被搁浅下来。

由于使Asia.com独立运行继而上市需要很大的资金运转，Mail.com最后决定放弃将Asia.com分拆上市的计划，从而出售Asia.com成为了Mail.com的唯一选择。2001年4月，艺龙公司管理层最后确定了与两家新的投资者（美国联邦投资公司下属的投资机构和香港金亮发展有限公司）合作，在2001年5月初正式完成了从Mail.com购回艺龙公司100%的股份的计划。

四、回购影响

回购后，艺龙的核心业务作了微调，新业务主要包括两块——旅游服务和艺龙卡服务。原有五大业务的另三块——无线业务拆分给管理层经营，系统集成业务和企业资讯业务则不再经营。旅游是电子商务领域最易找到盈利点的业务。艺龙着力与全国2000多家星级酒店合作，建立国内规模最大的订房呼叫中心，公司新成立的集团客户部马不停蹄地拜访那些实力强大的公司，为其客户量身订做商旅计划。诺基亚、欧莱雅、中国移动这些响当当的名字都出现在艺龙的客户名单上。2001年与2002年之交，艺龙以不到100万元的净利润收入艰难成为国内第一家宣布盈利的互联网公司。而且，艺龙每月开支一降再降——从2000年最高时的200万美元到几十万美元，人员也作了相应的调整精简。从业务量来看，艺龙的商务订房量由2000年2月与LoHoo合并时每月2500间/夜上升到3万～4万间/夜。2001年订房数量为39万间/夜，2003年上升到103万间/夜，2004上半年实现84.7万间/夜，外加机票9.36万张。2004年第三季度，54万间/夜、8.1万张机票的成绩，已接近2003年度的业绩。是时，艺龙的客户已经可以享受220个城市2600间旅馆的优惠订房服务。艺龙从酒店收取旅客住宿费的10%～20%作佣金，从机票代理机构收取的费用则为票价的3%～10%。2004年，艺龙设在北京的呼叫中心也达到300人的规模，平均每天处理1.5万个来电，75%的收入通过呼叫中心实现。

自2001年回购后，艺龙正式进军在线旅游服务领域，业务有了飞速发展。据艺龙财报显示，2003年全年收入比2002年增长33%，2004年全年收入比2003年增长86%。其中酒店预订业务2003年比2002年增长39%，2004年比2003年增长91%；机票预订服务2003年比2002年增长93%，2004年比2003年增长242%。

五、案例评析

艺龙在卖掉股份后又回购成功的过程投射到其随着互联网市场环境的变化在业务发展上的调整，这其中既有波折也有转机。

波折主要来自三个方面：一是在长达6个月的过程中，一直有第三方的公司介入，从而阻碍了回购的进程；二是Mail.com一直舍不得剥离艺龙，希望自己有能力将艺龙进一步发展下去，从而给回购带来了几次反复；第三是新的投资伙伴的确定。由于回购实质性运行的时间很短，仅1个月时间，投资伙伴的选择与确定也出现过一些波折。

在完成回购后，最大的转机在于公司的管理层找到了能长期合作、志同道合的投资伙伴——美国联邦投资公司下属的投资机构和香港金亮发展有限公司，从而能专注于经营。另外，进一步确定将公司的核心业务定位在商务旅行服务与消费服务上，整合资源，回撤海外机构，收缩业务线也是其进行回购后的巨大转机。

多数IT企业启动时需要的资金较少，随着业务发展对硬件的要求才会逐步提高。对初始阶段的创业企业，VC（风险投资）一般不会投钱或投得极少，只在业务颇有起色时才会一点点“加注”。因此，VC的投资模式与IT企业发展中对资金的需求轨迹基本一致。艺龙这样的旅游电子商务模式在早期就需要巨额投入。首先，要与遍布全国的上千家酒店签下合作协议。如果签约酒店少或分布地域不广，这个品牌就没有价值。然后，要动用各种方式广而告知，让旅客有意愿体验这一便捷的出行安排方式。最后，每天要能够处理上万客户的订房、订票电话。如果旅客太少，商家也就没有了兴趣。另外，业务展开要求有强大的后台系统支持。总之，艺龙的模式是充分贴近社会实际需求的，却给企业的软硬件造成巨大压力。幸运的是，艺龙通过成功的股票回购获得了良好的盈利模式和现实的利润，赢得了海外资本的青睐，成就了今天的艺龙。

2003年8月，美国老虎科技基金以每股1.5325美元认购了978.7

万股 A 类可转优先股，给艺龙投入 1500 万美金。2004 年 8 月，全球第一大在线旅游商 Expedia 公司的控股子公司 IAC 以 5869 万美元认购了 1119 万股 B 类优先股（5.25 美元/股），占艺龙扩大后总股本的 30%。2004 年 10 月底，艺龙在纳斯达克上市。此番 IPO 销售 920 万股普通股，包括 724 万股新发行股票和 196 万股旧股（158.6 万股为老虎科技基金所购）。艺龙公司和售股旧股东分别得款 4550 万美元和 1230 万美元。

参考文献

[1] Afshar K.A., Taffler R.J., Sundarsanam P.S. The Effect of Divestment on Shareholder Wealth: UK Experience[J].Journal of Banking Finance. 1992, 16

[2] Allen, McConnell. Equity Carveouts and Managerial Discretion [J]. Journal of Finance, 1998, 53(2)

[3] Alexander G.J., Benson P.G., Kampmeyer J.M. Investigating the Valuation Effects of Announcements of Voluntary Corporate Sell-offs [J]. Journal of Finance. 1984, 9

[4] Aron. Using the Capital Market as a Monitor: Corporate Spinoffs in an Agency Framework [J]. Journal of Economics. 1991. 22(4)

[5] Baker and Wurgler. Market Timing and Capital Structure [J]. Journal of Finance. 2002, 57(1)

[6] Benou G., Madura J., Ngo T.Wealth Creation from High-tech Divestitures[J]. The Quarterly Review of Economics and Finance. 2008(l)

[7] Benveniste, Huijing Fu, Seguin. On the Anticipation of IPO Underpricing: Evidence from Equity Carve-outs [J]. Journal of Corporate Finance. 2008, (14).

[8] Bergh D.D. Size and Relatedness of Units Sold: An Agency Theory and Resource-based Perspective[J]. Strategic Management Journal. 1995, 16(3)

[9] Boudreaux K.J. Divestiture and Share Price [J]. Journal of Financial and Quantitative Analysis. 1975, 10(4)

[10] HSIU-Lang Chen and Re-jin Guo. On Corporate Divestiture [J]. Review of Quantitative Finance and Accounting. 2005 (24)

[11]Cho M.H., Cohen M.A.The Economic Cause and Consequences of Corporate Divestiture[J]. Managerial and Decision Economics. 1997, 18

[12]Comment and Jarrell. Corporate Focus and Stock Returns [J]. Journal of Financial Economics. 1995, 37

[13]Daley, Mehrotra and Sivakumar. Corporate Focus and Value Creation: Evidence from Spinoffs [J]. Journal of Financial Economics. 1997, 45(2)

[14]Frank and Harden. Corporate Restructuring: a Comparison of Equity Carve-outs and Spin-offs [J]. Journal of Business Finance and Accounting. 2001, 28(3)

[15]Gadad A., Thomas M. H. Effects of Divestiture on Operating Performance and Shareholders, Wealth: UK Evidence [A]. Working Paper, Middlesex University Business School. The Burmughs. London. 2001

[16]Geersing. What Creates More Value: Equity Carve-outs Versus Spin-offs. Working Paper, 2007

[17]Glauber Eduardo, Moisés ea al. Determinants of Perceived Value and Repurchase Intentions in Brazilian Inbound Tourism. Hospital & Tourism Research. 1997

[18]Graham, Beverley. Antecedents and Consequences of Consumer Value: a Longitudinal Study of Timeshare Owners. Travel Research. 2011

[19]Hand and Skantz. The Bad News in Equity Carve-outs. Working Paper. 1997

[20]Hanson R.C., Song M. Managerial Ownership, Board Structure, and the Division of Gains in Divestitures[J]. Journal of Corporate Finance. 2002, 6

[21]Harris and Raviv. The Capital Budgeting Process: Incentives and Information [J]. Journal of Finance, 1996, 51(4)

[22]Haynes M., Thompson S., Wright M. The Impact of Divestment on Firm Performance: Evidence from a Panel of UK Companies [J]. Journal of Industrial Economics.2002, 50

[23]Healy P., Palepu K.G., Ruback R. S. Does Corporate Performance Improve after Mergers? [J]. Journal of Financial Economics. 1992, 31

[24]Hogan and Olson. The Pricing of Equity Carve-outs during the 1990s [J]. The Journal of Financial Research. 2004, (4)

[25]Holmstrom and Tirole. Market Liquidity and Performance Monitoring [J]. Journal of Political Economy. 1993, 101(4)

[26]Hulburt. Equity Carve-outs and Changes in Corporate Control[J]. The Journal of Applied Business Research. 2003, 19(1)

[27]Jensen M.C.,R.S. Ruback. The Market for Corporation Control: the Scientific Evidence[J]. Journal Financial Economics. 1983, (1)

[28]John. K., Ofek E.Asset Sales and Increase in Focus[J]. Journal of Financial, 1995

[29]Johnson, Simon. Tunnelling. American Economic Review. 2000(05)

[30]Jolls C. Stock Repurchases and Incentive Compensation, NBER Working Paper. 1998, No. 6467

[31]Jones C., Hesterly W.S., Borgatti S.P. A General Theory of Network Governance: Exchange Conditions and Social Mechanisms[J]. Academy of Management Review. 1997. 22(4)

[32]Klein A. The Timing and Substance of Divestiture Announcements: Individual, Simultaneous and Cumulative Effects[J]. Journal of Finance. 1986. 41

[33]La Porta, Rafeal, Florencio Lopez-de-Silanes and Adrei Shleifer. Legal Determinants of External Finance [J]. Journal of Finance. 1997

［34］Lang, Poulsen and Stulz. Asset Sales, Firm Performance, and the Agency Costs of Managerial Discretion[J]. Journal of Financial Economics. 1995

［35］Madura and Nixon. The Long-term Performance of Parent and Units Following Equity Carve-outs[J]. Applied Financial Economics. 2002 (12)

［36］Mandelke G. Risk and Return: the Case of Merging Firm [J]. Journal of Financial Management and Analysis. 1999 (12)

［37］Meyer, Milgrom and Roberts. Organizational Prospects, Influence Costs, and Ownership Changes [J]. Journal of Economics and Management Strategy. 1992, 1

［38］Michaely and Shaw. The Choice of Going Public: Spin-offs vs. Carve-outs [J]. Financial Management. 1995, 24(3)

［39］ Ming Jian, T. J. Wong. Earning Management and Tunneling through Related Party Transactions: Evidence from Chinese Corporate Groups[J]. Accounting Research. 2006 (04)

［40］Montgomery C. A., Thomas A. R. Divestment: Motives and Gains[J]. Strategic Management Journal. 1988, 9

［41］Myers and Majluf. Corporate Financing and Investment Decisions When Firms Have Information that Investors do not Have [J]. Journal of Financial Economics. 1984, 13(2)

［42］ Myungsook An, Chongho Lee et al. Risk Factors at the Travel Destination: Their Impact on Air Travel Satisfaction and Repurchase Intention. Springer. 2010, 3

［43］Nanda. On the Good News in Equity Carve-outs [J]. Journal of Finance. 1991, 46(5)

［44］Pagano, Panetta and Zingales. Why do Companies Go Public? An Empirical Analysis [J]. Journal of Finance. 1998, 53(1)

[45] Perroti and Rossetto. Unlocking Value: Equity Carve-outs as Strategic Real Options [J]. Journal of Corporate Finance. 2007, 13(5)

[46] Powers.Deciphering the Motives for Equity Carve-outs[J]. Journal of Financial Research. 2003, 26(1)

[47] Powers. Spin-offs. Sell-offs and Equity Carve-outs: an Analysis of Divestiture Method Choice. Working Paper. 2001

[48] Prezas, Tarimcilar and Vasudevan. The Pricing of Equity Carve-outs [J]. Financial Review, 2000(35)

[49] Ritter. The Long-run Performance of Initial Public Offerings [J]. Journal of Finance. 1991, 46(1)

[50] Rosenfeld J. D. Additional Evidence on the Relation between Divestiture Announcements and Shareholder Wealth[J] .Journal of Finance. 1984

[51] Schipper and Smith. A Comparison of Equity Carveouts and Seasoned Equity Offerings: Share Price Effects and Corporate Restructuring[J]. Journal of Financial Economics.1986, 15(1/2)

[52] Scott, Maxwell. The Effect of Recovery Locus Attributions and Service Failure Severity on Word-of-Mouth and Repurchase Behaviors in the Hospitality Industry. Hospitality &Tourism Research. 35. 2011, 11

[53] Shin G.H.The Profitability of Asset Sales as an Explanation of Asset Divestitures [J]. Pacific-Basin Finance Journal. 2007

[54] Singh A. Take-overs. Cambridge University Press. 1971

[55] Slovin, Sushka and Ferraro. A Comparison of the Information Conveyed by Equity Carve-outs, Spinoffs and Asset Sell-offs [J]. Journal of Financial Economics. 1995, 37(1)

[56] Stein. Internal Capital Markets and the Competition for Corporate Resources [J]. Journal of Finance. 1997, 52(1)

[57] Vijh. Long-term Returns from Equity Carveouts [J]. Journal of

Financial Economics. 1999 (51)

[58] Vijh. The Positive Announcement-period Returns of Equity Carveouts: Asymmetric Information or Divestiture Gains? [J]. Journal of Business. 2002, 75(1)

[59] Williamson. Markets and Hierarchies: Analysis and Antitrust Implications [M]. The Free Press. 1975

[60] Woo C., Willard G., Daellenbach U.Spin-off Performance: a Case of Overstated Expectations[J]. Strategic Management Journal. 1992. 13(6)

[61] Wright M. Divestment and Organizational Adaptation[J]. European Management Journal. 1985, 3(2)

[62]曾学波．披露情况总体趋好，规范监管尚需加强——沪深A股上市公司 1997 年度关联交易及其披露情况综合分析．中国证券报．1998

[63]陈爱国，袁洪飞．谈基于核心竞争力的旅游企业并购[J]．商业时代．2008（07）

[64]陈晓、戴翠玉．A 股亏损公司的盈余管理行为与手段研究[J]．中国会计评论．2004（02）

[65]陈瑜．充分披露原则内涵剖析[J]．财会月刊．2001（06）

[66]陈玉罡，王苏生．我国上市公司中资产剥离公司的特征研究[J]．统计与决策．2007（15）

[67]陈玉罡．并购与剥离的市场反应预测[J]．资本市场．2004（6）

[68]程海霞．论控股股东在上市公司关联交易中的角色与义务[D]．中国政法大学．2002

[69]董建华，袁天荣．控股股东的并购融资动机分析[J]．财会月刊．2006（17）

[70]杜宁．我国企业资产剥离动机研究[J]．财务管理．2005（6）

[71]冯根福，吴林江．我国上市公司并购绩效的实证研究[J]．经济研究．2001（1）

[72]干春晖．资源配置与企业兼并．上海财经出版社．1997

[73]谷棋，刘淑莲．关于资本经营的几个问题[J]．财会通讯．1998（12）

[74]郭海星，万迪昉．分拆上市相关研究综述[J]．理论综合．2010（2）

[75]黄文锋．论关联方交易的实质及其治理——兼评世纪星源一案的判决结果[J]．当代财经．2003（7）

[76]郝清，李喆．我国上市公司股份回购动因分析．中国商界．2008（6）

[77]何建民．跨国经营中转让定价避税方法的利用与治理．世界经济．1996

[78]胡春林．我国旅游企业并购混合路径偏好的实证研究[J]．旅游学刊．2005（3）

[79]胡艳，周宏斌．谈企业资产剥离方式的选择[J]．财会月刊．2008（35）

[80]胡智超．我国旅游上市公司并购对绩效影响的实证分析[J]．消费导刊，2009（10）

[81]黄绍军．我国上市公司关联方关系及其交易的信息披露研究[D]．西南财经大学．2005

[82]蒋屏．公司财务管理．对外经济贸易大学出版社．2001

[83]金道政，王宏．上市公司资产剥离效应实证分析[J]．安徽工业大学学报（社会科学版）．2005，22（1）

[84]金桩．我国上市公司资产剥离类重组绩效的综合财务分析[J]．内蒙古财经学院学报．2005（1）

[85]靳光辉．上市公司股票回购动因分析．科学时代．2009（1）

[86]李高中．论关联交易与我国公司法完善[J]．华东政法学院学

报．1998（1）

[87]李红卫，李雪飞．论企业改制中非经营资产的剥离模式[J]．经济论坛．1999（16）

[88]李火亘．国有旅游企业“内部关联公司”造成国有资产流失问题及其思考[J]．桂林旅游高等专科学校学报．2006（5）

[89]李军，张方彪．产权式酒店经营中投资者利益保护探究．探索与争鸣．2012

[90]李明辉．试论关联交易的公司法规制[J]．证券市场导报．2002（04）

[91]李善民，陈玉箫．上市公司兼并与收购的财富效应[J]．经济研究．2002（11）

[92]李善民，李珩．中国上市公司资产重组绩效研究[J]．管理世界．2003（11）

[93]李善民，王彩萍．基于价值创造的资产剥离——深圳万科股份有限公司案例研究[J]．广州市财贸管理干部学院学报．2005（4）

[94]李魏晏子．锦江探路股权激励．上海国资．2010

[95]李心丹，朱洪亮，张兵，罗浩．基于 DEA 的上市公司并购效率研究[J]．经济研究．2003（10）

[96]李占猛．资产剥离的原因与绩效——基于中国上市公司的实证研究（博士论文）．复旦大学．2004

[97]梁国勇．企业购并动机和购并行为研究[J]．经济研究．1997（8）

[98]林黎，姚玲．关联方会计准则的最新发展与比较研究[J]．财会通讯．2006（11）

[99]林淑莉，陈富祥．企业出售资产行业之决定因素与对经营绩效及财务结构影响之研究[J]．台北科技大学学报．1994，37（2）

[100]刘峰，贺建刚，魏明海．控制权、业绩与利益输送——基于五粮液的案例研究[J]．管理世界．2004（08）

[101]刘建民．中国上市公司非公平关联交易的影响因素研究[D]．重庆大学．2007

[102]刘姗姗．我国股份回购的动因分析．现代商业．2009

[103]刘阳．当前企业并购的战略动机及其实[J]．江苏商论．2003（12）

[104]陆国庆．中国上市公司不同资产重组类型的绩效比较[J]．财经科学．2000（6）

[105]陆宇峰，李树华．上市公司关联方关系及关联交易披露的分析[J]．证券市场导报．1997（12）

[106]栾庆帅．我国旅游上市公司多元化战略与企业竞争力关系研究（硕士学位论文）．上海社会科学院．2008

[107]罗良忠，史占中．我国上市公司资产剥离公告效应实证分析[J]．电子科技大学学报．2006，35（4）

[108]马歇尔．经济学原理[M]．商务印书馆．1981

[109]毛蕴诗．全球公司重构．东北财经大学出版社．2004

[110]宓众，周香花．企业资产剥离时机选择的探讨[J]．科技创业月刊．2008（1）

[111]莫迁．我国上市公司资产剥离原因研究[J]．经济管理．2008（6）

[112]潘杰，唐元虎．治理结构对并购绩效的影响[J]．上海管理科学．2005，27（6）

[113]裴国铭，李进博．中国上市公司股份回购的潜在动因分析．经济研究．2010（11）

[114]彭晓洁．信息不对称与非公平关联交易的透视[J]．会计研究．2005（8）

[115]彭晓英，鲁永恒．基于核心能力的企业并购绩效研究[J]．财会月刊．2005（4）

[116]孙春晓．公司资产剥离动因和阻碍的研究综述[J]．新西

部．2008（11）

[117]孙京海，朱学义，王云龙．旅游业资本化运作研究[J]．江苏商论．2008（9）

[118]檀向球．沪市上市公司资产重组绩效实证研究[J]．中国证券报．1998

[119]陶毅，查秀芳，陈三梅．资产战略性剥离上市公司长期业绩实证分析[J]．商业时代．2007（36）

[120]童兆洪．公司法法理与实证．人民法院出版社．2003

[121]王凯．我国旅游企业产权重构中实施 MBO 的理性思考[J]．商业研究，2006（11）

[122]王来群．公允价值计量基础与关联交易监管[J]．山东大学学报．2003（3）

[123]卫建国，薛珊，黄怡锋．资产剥离对上市公司长期绩效的影响．华南理工大学学报（社会科学版）．2009，11（3）

[124]吴敬琏．现代公司与企业改革．天津人民出版社．1994

[125]吴秋生，胡玉可．关联方交易监管：充分公开[J]．当代财经．2005（3）

[126]吴志军．我国旅游景区类上市公司的资产重组[J]．经济管理．2010（4）

[127]向凯．上市公司关联方关系及其交易信息披露质量——来自上市公司的初步证[J]．价值工程．2004（7）

[128]肖虹．我国关联方关系及其交易披露规范研究．会计研究．2007（7）

[129]徐红，李刚．我国上市公司股票回购的动因与问题分析．常州工学院学报．2012

[130]燕兴．中国旅游业的购并与资本经营战略[J]．经济经纬．1998（4）

[131]姚岚．上市公司关联方交易监管规则的比较与评价研究

[D]．天津财经大学．2008

[132]尹艳丽．我国上市公司关联方交易及其会计信息披露研究[D]．天津财经大学．2005

[133]应唯．关联交易——政策及技术层面解析[J]．财务与会计．2002（3）

[134]俞铁成．公司紧缩——资本运营新境界[M]．上海远东出版社．2001

[135]原红旗．从中期报告看关联交易：现实问题与理性思考[J]．会计研究．1998（4）

[136]张斌，李晓明．中国市场的渐进有效性研究[J]．经济研究．2003（1）

[137]张春琳．旅游上市公司外资并购效应分析[J]，商业时代．2006（25）

[138]张淑丽．我国股票回购动因探讨．现代商贸工业．2009（19）

[139]张卫国，黄超．基于交易成本视角的资产剥离方式选[J]．技术经济与管研究．2009（4）

[140]张新．并购重组是否创造价值？——中国证券市场的理论与实证研究[J]．经济研究．2003（5）

[141]张雅斌，蔡爱平．论我国公司不公平关联交易行为的公司法规制[J]．政治与法律．1997（1）

[142]张艳，李书锋．上市公司资产重组绩效的实证研究[J]．石家庄经济学院学报．2004，27（6）

[143]张月华．企业并购动机的理论与现实分析[J]．陕西经贸学院学报．2000（6）

[144]张忠军．上市公司法律制度．法律出版社．2000

[145]郑辉．知识经济与旅游企业管理．西北大学学报．2003（1）

[146]郑江南．我国上市公司收缩性资本运营绩效的实证研究（硕士论文）．湖南大学．2007

[147]郑珺．公开市场股票回购的潜在动因．财会研究．2009（3）

[148]郑玉刚，龙成长．企业关联交易及其审计对策探析[J]．企业经济．2005（12）

[149]周凌霄，王禾军．全球企业大规模并购的战略动机分析[J]．企业经济．2004，（8）

[150]周阳敏．关联交易的经济分析及实证研究[J]．郑州工业大学学报．2001（2）